D1702853

Milch in Papier | Reihe: ZΩH / ZOE

Die Deutsche Nationalbibliothek – CIP-Einheitsaufnahme.
Die Deutsche Nationalbibliothek verzeichnet dieses Buch in der Deutschen Nationalbibliografie;
detaillierte bibliografische Daten sind im Internet über http://dnb.d-nb.de abrufbar.

Erste Auflage 2011
© Größenwahn Verlag Frankfurt am Main Sewastos Sampsounis, Frankfurt 2011
www.groessenwahn-verlag.de
ISBN: 978-3-942223-08-9

Stefano Polis

Milch in Papier

Kindheit und Jugend zwischen zwei Kulturen
Autobiographische Erzählung

IMPRESSUM

Milch in Papier
Reihe: ZΩH / ZOE

Autor
Stefano Polis

Seitengestaltung
Größenwahn Verlag Frankfurt am Main

Schriften
Constantia und *Lucida Calligraphy*

Covergestaltung
Peter Sarowy

Coverbild
Stefano Polis mit Schwester Koulitza

Lektorat
Thalia Andronis

Druck und Bindung
Print Group Sp. z. o. o. Szczecin (Stettin)

Größenwahn Verlag Frankfurt am Main
November 2011

ISBN: 978-3-942223-08-9

INHALT

Für meine Frau Monika
und meine Kindern Stella und Romeo

... unendlich müde schloss ich meine Augen und versuchte zu schlafen, doch die Erlebnisse des Tages ließen mich nicht los. Zu viele neue Eindrücke verlangten nach Einlass in meinen völlig überforderten Kopf. In diesem Wirrwarr der Gefühle und der tausend Fragen schaffte es eine Frage immer wieder, zu mir vorzudringen. Und einem Rätsel gleich sollte mich diese Frage an die Schwelle eines neuen Lebensabschnitts begleiten: Wie funktioniert das mit der Milch im Papier?

Ein großes Stück Marmor hatte sie sich gewünscht, ohne viel Schnörkel, und eine ruhige Ecke hinter der kleinen Kapelle am Ende des Dorfes Petraná. Am liebsten an einer höher gelegenen Stelle, damit sie der Sonne näher sein konnte, wohl auch, um ihr irdisches Haus in Sichtweite zu haben. Die im Osten liegenden kargen und mit wildem Thymian reich dekorierten Hügel wollte sie zur ihrer Linken wissen. Jeden Morgen wollte sie von den wärmenden Lichtstrahlen geweckt werden. Hinter ihr – im Norden – sollten jene dichtbewachsenen Hügel sein, die den Winter ins Dorf bringen. Einen schneereichen Winter, blütenweiß und klar. Die tiefgrüne Schlucht, an deren Anfang mit geometrischer Akribie die Weinfelder ruhen, wollte sie zu ihrer Rechten, weil dort das Dämmerlicht an lauen Abenden die Rebenblätter bunt malt und den Horizont in ein Farbenmeer verwandelt. Dort im Westen ruht auch Kozani, die Kreisstadt, auf dem Rücken eines Hügels. Aus der Ferne muten die Häuser dieser Stadt wie eine Ansammlung von weißen Steinen an, die eher zufällig dort liegen.

Ich war mir bewusst, dass jeder von uns sein irdisches Leben eines Tages aufgeben muss, und dennoch spürte ich eine zunehmende Leere in mir, als mich die Nachricht vom Tod meiner Tante vor einigen Monaten in Deutschland erreichte. Das schlechte Gewissen, nicht bei ihrer Beerdigung dabei gewesen zu sein, peinigt mich noch immer. Ist das der Preis, den ich nun zahlen muss, weil ich mein Geburtsland verlassen habe? Und warum in Gottes Namen habe ich es verlassen? Um das zu beantworten, muss ich weit zurückgehen, am besten dorthin, wo alles anfing.

Ich sehe den Jungen, der viele Wünsche hat, das Kleinkind, das weint, weil die Milch nicht reicht. Ich sehe die Mutter, meine Mutter, verzweifelt grübeln, wie sie ihre Familie am morgigen Tag satt bekommen soll. Ich sehe meinen Vater, der vor unserer Haustür von einem Fahrzeug der Polizei abgeholt wird und die ganze Nacht nicht nach Hause kommt. Ich sehe ihn am nächsten Tag durch den Spalt der Schlafzimmertür, wie er kraftlos und kreidebleich in sein Bett fällt. Dann schließt meine Mutter die Tür und umgeht jede meiner Fragen. Ich wusste damals nicht, welche Mächte Griechenland regierten, und ich wusste auch nicht, dass diese Mächte die Seelen aller Dissidenten und Andersdenkenden mit brutaler Gewalt brachen. Den Begriff »Militärjunta« hatte ich nie gehört. Den Begriff »Anwerbeabkommen« hingegen, jenem zwischen Deutschland und Griechenland aus dem Jahre 1960, das die Griechen schlicht »Sýmwasi« nannten, hatte ich oft genug gehört, und obwohl ich die Bedeutung des Wortes nicht kannte, wusste ich, es war das Synonym für volle Teller und viele Spielsachen.

Eines Tages sollte dann meine Mutter gehen – meine Schwester und ich kamen zu Tante Lina. Nur ein Jahr später holte meine Mutter meinen Vater per Asylantrag zu sich und wieder zwei Jahre später kam mein Vater und nahm uns Kinder mit nach Deutschland. Im darauffolgenden Jahr waren wir uns alle sicher, wir würden Deutschland für immer verlassen und nach Griechenland zurückkehren. Das ersparte Geld hätte gereicht, um das alte Haus fertig zu bauen und wieder von Neuem anzufangen. Doch diese Idee wurde aus Gründen, die ich damals noch nicht verstehen konnte, nie verwirklicht.

Inmitten einer vergessenen und nahezu verwüsteten Landschaft sehe ich dieses Stück einfachen Marmors, und meine Sinne sagen mir, es sei dasjenige, das ich suche. Aufgewühlt wate ich über ausgedörrte Gräser und säe links und rechts meine Blicke. Ich höre das Knistern unter meinen Füßen, das Huschen von flüchtenden Eidechsen, die meinen Weg kreuzen, und rieche die Düfte, die die Gräser freisetzen. Süß und einnehmend locken sie meine Erinnerungen aus mir, während meine Augen aufmerksam stets einen Schritt vorausspähen. Es ist ein Stück Marmor wie all die anderen, die hier zur Genüge liegen. Weder seine Form noch seine Größe finden meine Beachtung. Nein, es ist vielmehr der Ort, an dem es liegt. Ihr Wunsch ist offenbar erfüllt worden. Wie paralysiert verlangsamen sich meine Schritte, obwohl ich mir vorgenommen habe, das Geschehene zu akzeptieren. Hatte sie nicht immer gesagt, dass es Gottes Wille sei?

Obwohl sie Blumen liebte, hat sie anscheinend keine gewünscht. Blumen schenkt man den Lebenden, den Toten bringt man Erinnerungen mit, sagt mir meine innere Stimme. So oft habe ich ihren Garten bewundert, und sie war so stolz darauf. Das ganze Jahr über und in jedem Jahr an einer anderen Stelle blühten Farbtupfer in allen Farben und Tönen in ihrem überschaubaren, typisch griechischen Garten mit dem üppigen Gemüse im Sommer. Woran ich mich besonders gern erinnere, sind die mannshohen goldgelben Sonnenblumen, die am hinteren Rand des Gartens wie Wächter emporragten, um den Herbst einzuläuten.

Eine kleine Marmorkiste mit ihren letzten Habseligkeiten liegt auf dem Kopfteil der Platte. Das kleine Glasfenster verrät mir, dass die Kerze darin nicht mehr brennt, aber die verblichene Fotografie direkt daneben ist dennoch erkennbar. Es fällt mir schwer, die Stein gewordene Luft einzuatmen. Meine feuchten Hände wische ich an meiner Hose ab, mein Puls ist laut hörbar. Die letzten Schritte sind bleiern und zögernd, der Schweiß auf meiner Stirn spürbar. Ich halte an, reibe immer noch meine Hände an meiner Hose, beiße mir auf die Lippen, um nicht zu weinen, und stehe nun vor dem Grab. Ich schärfe meinen Blick und schlucke einmal so laut, dass ich es hören kann. Ja, das ist sie, ich erkenne sie. Selbst aus dem alten, verblichenen Bild schaut sie mich beschützend an. Ich muss mich setzen, vielleicht auf dieses Stück Marmor, um ihr ein bisschen näher zu sein.

Die aufkommenden Tränen lassen es kaum zu, den Namen auf dem Stein zu lesen. Wozu auch – ich weiß, wer unter diesem Stück Marmor seine ewige Ruhe findet. Vielleicht sollte ich leise ihren Namen aussprechen, um zu verinnerlichen, dass es Tante Lina ist, meine zweite Mutter. Blicke in alle Richtungen versichern mir, dass ich allein bin. Das ist gut, mir ist nicht nach Begegnungen, geschweige denn nach Gesprächen. Meine Augen wühlen erneut in der kleinen Marmorkiste mit den letzten Habseligkeiten meiner Tante. Neben ihrem Bild und der Handvoll Haarnadeln entdecken sie ein Osterei, blutrot gefärbt, wie man es in diesem Land seit ewigen Zeiten macht.

Ich weiß noch, wie ich an Karfreitag immer Wasser holen musste. »Dreimal bekreuzigen musst du dich, bevor du den Krug füllst, und sprich nicht dabei, sonst platzen mir die Eier beim Kochen, Stefanaki«, sagte meine Tante – Stefanaki nannte sie mich immer und alle machten es ihr nach – mit einer Ernsthaftigkeit, die ihresgleichen suchte.

Ja, da war sie eigen, meine Tante. Das Wasser, um die Ostereier zu kochen und sie dann zu färben, musste aus dem Brunnen neben der Kirche der Heiligen Mutter Gottes geholt werden. Das wollte sie so, möglicherweise auch, um mich für eine halbe Stunde loszuwerden. Für mich jedoch war es eine heilige Aufgabe, die ich prompt und voller Hingabe erledigte.

Ich beschließe, die Kerze anzumachen und vielleicht ein bisschen Unkraut zu rupfen. In der Kapelle sind bestimmt Streichhölzer und ein Besen. Ich begebe mich dahin und bin ungemein neugierig. In der Kapelle ist noch alles auf seinem Platz. Wann ich das letzte Mal hier war, weiß ich nicht, aber es hat sich nicht viel geändert. Das gleiche friedvolle Gefühl, das mich früher, als ich Messdiener war, beim Betreten der Kapelle überkam, überkommt mich auch heute. Sind es die alten Ikonen, die mich genauso fragend angucken wie einst? Oder der Weihrauchduft, mit dem der Raum noch erfüllt ist?

Vielleicht sind es die bunten Glasscheiben, durch die das Licht noch facettenreicher leuchtet und somit alles im Inneren noch mystischer wirken lässt, als es ohnehin schon ist. Die zittrige Kerzenflamme spendet mit letzter Kraft ihr Licht und zaubert Schatten an die Wände. Fast lebendig wirken die unzähligen Heiligen, die von der Decke mahnend herunterblicken. Lebendig auch das göttliche Auge in der Mitte der Decke. Es heißt, das Auge wache mehr über die Menschen, als dass es sie prüfe.

In einer Ecke in der Nähe des Altars werde ich fündig. Da befinden sich der Besen und die Streichhölzer. Mit der kleinen Sichel, die vergessen auf einer der Bänke liegt, werde ich die Gräser entfernen. Der Besen, Marke Eigenbau, hat die besten seiner Jahre hinter sich. Ein verrosteter Nagel hält ihn noch zusammen. Ihm fehlt die Hälfte seiner Borsten, und es ist nur schwer vorstellbar, dass er das kann, wofür er einst gebaut wurde. Die Streichhölzer sehen aus, als hätten sie mehrere Bäder in heiligem Öl genommen, und die kleine Sichel sollte man auch nicht überstrapazieren. Nur guter Wille wird wohl hier nicht reichen.

In dem kleinen Raum neben dem Altar hängen die Gewänder der Messdiener: ockerfarbener Stoff mit goldener Spitze an den Rändern und einem weiten Ausschnitt für den Hals. Sie hängen sonst in der Hauptkirche im Dorf. Wahrscheinlich wurden sie heute wegen einer Andacht hier benutzt. Welches habe ich wohl immer angehabt? Ich glaube, es ist das größere, obwohl das keine große Rolle gespielt hat: Das größere war mir zu groß und das kleinere entschieden zu klein. Die Frau unseres Pfarrers hatte sie – wer weiß woher – besorgt. Irgendwann passte mir das größere Gewand einigermaßen, doch das war erst 1980, kurz vor meiner Abreise nach Deutschland.

Während ich mit meiner Hand über das Gewand streife, verschmelzen Gegenwart und Vergangenheit miteinander. Ich spüre ein Kribbeln in meinen Fingerkuppen, spüre wie Fantasie und Realität in mir um die Herrschaft ringen. Platz genug habe ich für beides. Ich lasse Bilder vor meinem inneren Auge vorbeiziehen, sehe Gesichter, die ich zuerst einmal zuordnen muss, und erfreue mich daran. Ich sehe die volle Kirche, vernehme Gesänge und rieche aromatischen Weihrauch. Der Messdiener mit dem leichten Schwips in der Nische neben der Ikonostase bin ich. Ich warte auf das langersehnte Amen des Pfarrers, um die Hostie zu empfangen und anschließend nach der langen Fastenzeit wieder etwas zu essen. Den Schwips verdanke ich der Mavrodafne, einem griechischen Likörwein, der üblicherweise als Kommunionwein an die Fastenden am Ende der Messe verteilt wird. Bildüberflutet verlasse ich die Kapelle und stehe wieder vor dem Grab.

DER TAG, ALS MEINE MUTTER GING

Mit dem Unkraut bin ich nun fertig, ich setze mich für eine Minute, schließlich habe ich es nicht eilig. Von dieser Stelle aus hat man wirklich eine gute Sicht. Ich kann sogar unser altes Haus sehen, obwohl es schon lange nicht mehr dort steht. Es musste dem neuen, größeren Haus weichen. Meine Erinnerung aber zeichnet immer wieder das alte vor meine Augen. Das alte unauffällige, aus Naturstein gebaute Haus, das nie fertig wurde, mit der eisernen Doppeltür und der kleinen Terrasse, die meine Mutter jeden Tag sauber kehrte. Das kleine Haus mit der noch kleineren Küche, die unser ganzes Glück war.

Viel stand in der Küche nicht, aber für uns hat es gereicht. Ein Diwan, auf dem ich stets gesessen und meine Mutter bei der Arbeit beobachtet hatte, stand auf der linken Seite und ihm gegenüber der kleine Tisch mit der gehäkelten Tischdecke, die zur Aussteuer meiner Mutter gehörte. Unter dem Fenster stand die in Mosaiktechnik gemauerte Spüle. Der Gaskocher direkt daneben war die Feuerstelle in diesem kleinen und recht dunklen Zimmer. Auf dem zweiflammigen Gaskocher zauberte meine Mutter gelegentlich das eine oder andere einfache Gericht. Ja, das grenzte wirklich an Zauberei, denn sie hatte verblüffend wenig, um viel daraus zu machen.

Unter der Spüle, versteckt hinter einem geblümten Vorhang, befand sich in überschaubarer Menge allerlei Küchenzeug. Hinter der Tür zum Flur hing ein Kirchenkalender, auf dem alle wichtigen Feiertage zu sehen waren. Ausgestattet mit dreihundertfünfundsechzig Blättchen bot er Platz für alle Tage des Jahres. Auf der Vorderseite jedes Blättchens standen in Fettschrift das Datum und der dazugehörende Feiertag. Die Rückseite war mit kurzen »Stichákia« – kleinen Versen – versehen.

Meine Mutter las mit Vergnügen alle Verse und dichtete meist noch etwas hinzu, damit ja alles ein schönes Ende hatte. Irgendwie fühlte man sich aufgefordert, sie zu lesen oder zuzuhören, wenn jemand sie las. Kurze Weisheiten, die Mut machten oder aufheiterten.

Der Holzofen in der Ecke des Raumes wurde nur im Winter in Betrieb genommen und dann auch nur, wenn genug Brennholz vorhanden war.

Abends gab es fast immer »Kritharaki mit Tomatensauce« in erdfarbenen, emaillierten Metalltellern mit rotem Rand. Die Teller hatte meine Mutter zur Hochzeit bekommen.

Diese und ein paar Töpfe aus Kupfer waren aber auch alles, was zu ihrer Aussteuer gehörte. Gewünscht hatte sie sich Liebe und Einigkeit, einen Menschen in ihrer Nähe, bekommen hat sie emaillierte Teller und Kupfertöpfe.

Das alte Natursteinhaus hatte der Onkel meines Vaters gebaut, nachdem das noch ältere meine erste Schwester unter sich begraben hatte. Die Erwachsenen erzählten, dass sie sehr krank und schwach gewesen sei. Der Sturz des Daches sei nur die Erlösung gewesen, denn Gott habe schon lange ein Auge auf das Kind geworfen und es dann zu sich geholt. Schöne Kinder würden Engelchen und dienten Gott, sagten sie.

Mit mir im siebten Monat schwanger, klopfte meine Mutter die Steine für das Haus, um den Maurern zu helfen. Ihr zweites Kind sollte in einem neuen Haus geboren werden. Das sollte so sein, mit Gottes Segen.

Ich schließe meine Augen und sehe deutlich unser altes Haus. Ich sehe den Jungen, wie er vor unserem Haus spielt. Ich möchte seine Unbeschwertheit einfangen, möchte in ihm sein, eins mit ihm werden, aus seiner Sicht alles fühlen, durch seine kindlichen Augen alles noch einmal sehen können. Ihm sagen, dass alles gut wird und er sich eines Tages fast alle seine Träume erfüllen wird. Ihn belügen, dass die paar Jahre wie im Flug vergehen werden, wo doch eine Stunde aus vielen Jahren besteht in der Erwartung, das Liebste wiederzusehen.

Die Tür stand weit offen an jenem Tag, und Musik ertönte aus dem alten Tonbandgerät meines Vaters. Es war die Stimme von Kazantzidis, dem griechischen Volkssänger, der über die »verfluchte Fremde« sang. In seinem Lied besang er jene Menschen, die entweder vorhaben, ihre Heimat zu verlassen – aus welchem Grund auch immer –, oder jene, die schon lange in der Fremde leben, fern der Heimat und ihrer Familie.

Seine Worte waren einfach und für jedermann verständlich, jedoch vermochte ich damals nicht den Zusammenhang zwischen diesen Worte und meiner Familie zu sehen. Arglos lauschte ich auf dieses Lied und lachte, wenn auch sehr verhalten. Den aufkommenden Wunsch, zu erfahren, warum sich so viele Leute in unserem Haus versammelt hatten, unterdrückte ich. Im Flur saßen ein paar ältere Herrschaften um einige Koffer herum und versuchten, sich mit belanglosen Themen von ihrer Trauer abzulenken. Die Gespräche hatten jedoch immer nur einen Ausgang und endeten meist mit dem Wort »Xenitiá«, dem griechischen Wort für »Fremde«. Ein Wort wie ein steiniger Weg, den man barfuß gehen muss. Wie oft hatte ich dieses Wort schon gehört in den letzten Tagen und mir nichts dabei gedacht.

Überall im Haus waren Leute, die ich nur mit Mühe zuordnen konnte. Gott, so viele Leute – das hatte ich fast vergessen. Offensichtlich ein Ausnahmetag. Mit schwachen, kraftlosen Stimmen gelobten sich alle gegenseitig Mut. Unterwegs zur Küche fiel mir im Schlafzimmer das Bett auf. Jemand hatte die Matratze abgezogen und es stand da wie vergessen. Wenn ich nachts Angst hatte, und das kam sehr oft vor, nahm meine Mutter mich zu sich in dieses Bett. Geschichten hat sie mir dann erzählt von besseren Zeiten in einer schöneren Welt.

Eine Welt, in der Männer ihre Frauen lieben und achten, sich um das Wohl ihrer Familie kümmern, ihre Kinder lieben und nachts in ihrem Bett bei ihrer Frau liegen.

Auch in der Küche war nichts mehr so, wie es an den Tagen zuvor war. Nirgendwo war Geschirr zu sehen und unser kleiner Tisch fehlte gänzlich. Auf den grauen Wänden ließen nur helle Schatten erahnen, dass da mal Bilder hingen, und da, wo gestern der Diwan stand, stand nichts mehr. Etwas drängte mich unaufhaltsam aus meiner Welt, stellte ich wort- und machtlos fest. Ich wagte einen Rundblick durch das leere Haus, stieß an Frauen, die meine Mutter belagerten, und an wortlose Männer, die ins Nichts starrten.

– Wir Griechen kasteien uns gerne. Es ist eine uralte Sitte, in jeder Situation die Steigerung anzustreben. –

»Du wirst sehen, das Jahr vergeht im Nu«, sagte eine der Frauen zu meiner Mutter.

»Was ist schon ein Jahr, du kennst doch Sofia Krinou, sie ist auch seit einem Jahr in Deutschland. Ihr geht es sehr gut dort und die Sprache hat sie auch gelernt.«

Doch kein Satz, und sei er so liebevoll gesprochen, vermochte meine Mutter zu beruhigen, nicht im Geringsten. Zusammengesackt in den Armen meiner Tante Irini weinte sie ununterbrochen.

»Dora, hör mal«, hörte ich meine Tante Lina mit klangvoller Stimme sagen, und es gab mir irgendwie Kraft. Doch ihr nächster Satz sollte alles zunichtemachen: »Den Kindern wird es gut gehen bei mir, ich verspreche es dir. Es wird ihnen an nichts fehlen.«

»Du Magierin, du Diebin, du Xenitiá«, so nennt Kazantzidis in seinen Liedern die Fremde. Er beharrt darauf, dass die Xenitiá, die Fremde, nur die besten Menschen zu sich ruft, und beschwört sie, diese Menschen bald wieder zurückzuschicken. Seine Lieder sind wie Züge, die Menschen mitnehmen auf ungewisse Reisen. Reisen, auf denen es viel zu entdecken gibt und vieles aufzugeben gilt. Nachdem ich einige Male nach meiner Mutter gefragt hatte und mir der Wunsch, bei ihr zu sein, mit scheinheiligen Erklärungen verwehrt wurde, musste jemand für Ablenkung sorgen.

»Einem Kind muss man nicht viel erklären«, hörte ich eine Frau sagen.

»Darüber hinaus verstehen Kinder so etwas nicht«, unterstrich eine andere.

»Außerdem vergessen Kinder schnell.«

Kinder vergessen schnell. Das sagt nur jemand, der nie Kind sein durfte. Ich komme den Dingen, die ich in diesem Land nicht mag, immer näher. Wie vergesslich doch Erwachsene sind und mit welcher Ignoranz sie ausgestattet sind. Sie haben vergessen, dass das Leben mit der Kindheit beginnt.

Jedenfalls stand bald Toni, der jüngste Sohn meiner Tante Lina, auf der Matte. Ich weiß nicht, wie oft er mich fragte, ob ich mit ihm gehen wolle, doch eine richtige Antwort gab ich ihm nicht. Meine Gedanken waren so trübe, dass sie keine Antwort zuließen. Ich suchte erneut zwischen den Frauen meine Mutter. Sie riss sich sichtlich zusammen, weinte nicht mehr. An sie heran durfte ich trotzdem nicht. Bis zu jenem Tag waren wir zwei unzertrennlich gewesen. Was war passiert?

Einem Kind muss man nicht viel erklären, Kinder verstehen so etwas nicht und außerdem vergessen sie schnell.

Der Nachmittag neigte sich dem Ende zu. Die Lage hatte sich zusehends entspannt. Niemand wagte noch große Worte zu machen oder gar Versprechungen, von denen man wusste, dass sie sich nicht erfüllen würden. »Xenitiá, Xenitiá«, das waren die vorherrschenden Worte, die aus dem Tonband meines Vaters schallten. »Xenitiá«.

Im Schlafzimmer und in der Küche zog eine Frau mit Tränen in den Augen die Vorhänge zu. Es wurde dunkel in unserem Haus und auch in meinem Herzen.

»Schreib uns einen Brief, Theodora, und teil uns mit, wie die Männer dort sind.«

Fahle Gesichter kämpften um ein Lächeln Eine der Frauen verglich sogar die bevorstehende Reise mit einer herrlichen Kreuzfahrt, die man genießen sollte. Sie lobte das Essen an Bord und die frische Seeluft. Doch über Schotter fahrende Reifen und die dröhnende Hupe des Taxis vor dem Haus verhießen nichts Gutes. Sie erinnerten daran, dass es an der Zeit war, sich in die Arme zu fallen, Tränen zu vergießen und sich zu verabschieden. Die Lage schien sich wieder zu verschlechtern und ich stellte mich schutzsuchend zu meiner Tante, wo ich ihren festen Griff zu spüren bekam. Wie bei einem Appell standen die Sitzenden nun hektisch auf, und eilig wurde sich umarmt und verabschiedet, geweint und geküsst. Ich wollte meiner Mutter in die Augen sehen, wollte sehen, ob sie noch weint, aber im Gewirr war es mir nicht vergönnt. Meine Aufregung war so außerordentlich, dass ich hoffte, alles möge gleich ein Ende haben.

Hastig brachte mein Cousin Sakis – der Bruder von Toni – die Koffer, auf die die alten Männer die ganze Zeit über gestarrt hatten, zum Taxi und verstaute sie im Kofferraum. Ich wusste, der eine war ein mittelgroßer, rot karierter Koffer mit Holzbesatz an den Rändern, den zweiten kannte ich nicht. An der Hand meiner Tante Lina verharrte ich mit einem unechten Lächeln. Für einen kurzen Moment kam mir der Gedanke, mich von meiner Tante zu lösen, um zu meiner Mutter zu laufen. Doch fehlte mir die Kraft dazu. Als Nächstes hörte ich, wie Tante Lina ihrer Schwiegertochter die Anweisung gab, meine Schwester wegzubringen. Ihre Worte waren eisern, wie richterliche Anordnungen, die keine weiteren Fragen zuließen. Weinend gehorchte Evangeli, ihre Schwiegertochter. Ich sah ihnen kurz hinterher, blickte wieder zu meiner Mutter und spürte, wie meine Familie auseinandergerissen wurde. Nur meine Tante hatte nichts von ihrer Kraft eingebüßt. Sie stand dort aufrecht wie eine Kapitänin, die den Sturm unter Kontrolle hält und den Horizont im Auge.

»Weine nicht, kleine Schwester!«, rief sie meiner Mutter zu, während meine Mutter in die Limousine stieg. »Weine nicht«, wiederholte Tante Lisa leise.

Beim Einsteigen meiner Mutter in das Taxi und mitten durch das Menschengewirr kreuzten sich unsere Blicke ein letztes Mal. Ein kurzer Augenblick, ein letztes Bild von ihr, das mich für immer verändern sollte. Ein von Tränen überflutetes, fahles Gesicht mit zwei Augen, die wie in Zeitlupe laut um Hilfe schrien, sah mich an. Das Taxi hupte ein letztes Mal und fuhr los.

Ich konnte überhaupt nicht verstehen, warum meine bis dahin ohnehin nicht besonders heile Welt plötzlich komplett zerbrach. Meine Angst wurde von Wut abgelöst und ich verspürte den Willen, meine Mutter zu beschimpfen. Ja, beschimpfen wollte ich sie mit allen Worten, die mir gerade einfielen. Mir wäre nie der Gedanke gekommen, dass sie eigentlich keine andere Wahl gehabt hatte. Mein kindliches Gemüt konnte nicht begreifen, welchen Handel sie eingegangen war, um uns Kindern ein besseres Leben zu ermöglichen.

»Gute Reise!«, wünschte die Menschentraube, die sich um meine Tante und mich gebildet hatte, meiner Mutter, auch aus der Ferne. Hände wehten hoch über den Köpfen wie bebende Fahnen, Symbole einer Episode, die gerade zu Ende ging. Ich stand wortlos da und meine anfängliche Wut löste sich allmählich auf. Nun fühlte ich zum ersten Mal diese lähmende Leere in mir. Jene Leere, die sich fortan in mir festsetzte und mir bitter aufstößt, sobald ich jemandem die Hand zum Abschied reiche.

Als die Straße das Taxi verschluckte, löste sich sanft der feste Griff meiner Tante. Meine Hand glitt heraus und mein versteinerter Blick pendelte zwischen der Straße und Sakis. Dann verharrte er einen Moment lang bei ihm. Sakis schloss die eiserne Tür unseres Hauses ab. Rüttelte an ihr. Sie war zu. Den Schlüssel steckt er in seine Hosentasche. Wie eine dunkle Wolke löste sich nun die Gruppe der Leute auf, die sich von meiner Mutter verabschiedet hatte, und obwohl die Sonne schien, war es mir kalt. Den Versuch, irgendetwas zu sagen, unternahm ich erst gar nicht, und selbst, wenn ich etwas herausbekommen hätte, hätte es niemand gehört. Doch in mir kreisten Worte, die ausgesprochen werden wollten. Ich sehe den Jungen, der wie angewachsen seiner Tante nicht von der Seite weicht. Er ist das Kind und ich der Erwachsene. Wir werden uns nie begegnen, doch ich werde stets in ihm sein und er in mir. Seine Worte jedoch kann ich hören, die er sich mühsam im Geiste zurechtgelegt hatte. Es sind drei Worte, seine und meine letzten drei Worte an diesem Tag. Sie schallen heute noch in meinen Ohren und ich spreche sie für ihn leise aus: »Gute Reise, Mama ...«

Ich mag meine Augen nicht mehr öffnen. Zu fesselnd sind die Bilder, die meine lebhafte Fantasie herzaubert. Ich atme tief ein, und während ich meine Augen geschlossen halte, finde ich mich vor der grünen Eisentür im Innenhof von Tante Linas Haus wieder.

Es war viel Zeit vergangen, seit meine Mutter in das Taxi gestiegen war. Tausend Fragen schossen mir durch den Kopf: Wo ist meine Mutter hin? Warum ist sie gegangen? Warum ist sie alleine gefahren? Warum hat sie so schrecklich geweint? Wann wird sie wiederkommen? Warum kommt mein Vater nicht, um mich zu besuchen? Und immer wieder stieg der bittere Kloß in meinem Hals auf, und mir war zum Weinen zumute. Alles war so anders geworden. Nichts war mehr wie früher.

»Die Mama ist schneller da, als du denken kannst, Stefanaki, und sie wird dir bestimmt etwas mitbringen«, sagte mir Tante Lina.

Unzählige Male sah ich durch die Metalltür im Garten auf den Weg, der zu unserem Haus führte. Ich dachte an früher, als wir meine Tante besuchten. Wir hatten meistens zusammen gegessen und viel Spaß miteinander gehabt und gelacht hatten wir viel. Ich war immer so aufgedreht gewesen und hatte für alle getanzt. Ich liebte es, wenn man mich anfeuerte. Wie ein Derwisch war ich in eine Art Trance gefallen und meine Drehungen waren immer schneller geworden. Manchmal hatte uns Onkel Manos besucht, der Bruder meiner Mutter. Als erstes kniff er mich in die Wange, um anschließend zu fragen: »Grüße dich, Stefanaki, wie geht es dir, mein Lieblingsneffe?«

Wenn er mich seinen Lieblingsneffen nannte, war ich besonders stolz und wuchs gleich um einige Zentimeter. Onkel Manos verdanke ich letztendlich meine stattliche Größe.

Abends waren wir dann gemeinsam mit meinen Eltern diesen Weg entlang nach Hause gegangen. Es gab nur diesen einen Weg, ich war mir ganz sicher.

In mir wuchs das Verlangen, wieder diesen Weg zu gehen. Vielleicht war er die Antwort und vermutlich würde er mich irgendwann nach Hause führen. Das dürfte gar nicht so schwierig sein, aber was wäre, wenn ich mich verlaufe und nicht mehr zurückfände? Dieser Gedanke entmutigte mich kolossal. Allein war ich diesen Weg nie gegangen, immer nur mit meiner Mutter. Ich ging den Weg im Geiste durch, kam jedoch nur bis zur ersten Biegung.

Warum konnte ich mich nicht daran erinnern, wie er weiterging? Ich hätte besser hingucken sollen, dann hätte ich gewusst, wie ich gehen soll, dachte ich. Ein weiterer Blick durch die Metalltür brachte mich keinen Meter weiter. Vielleicht würde ich mich wieder erinnern, wenn ich den Weg entlangginge, und wenn nicht, könnte ich wieder zurückkehren, war meine Überlegung. Niemand dürfte mich dabei sehen. Tante Lina wollte ich auf gar keinen Fall verärgern. Mir kam ein weiterer Gedanke, den ich kaum zu denken wagte. Ich würde einfach warten, bis Tante Lina ins Haus gegangen wäre, und würde dann versuchen, dem Weg nachzugehen. Voller Hoffnung beschloss ich, es am darauf folgenden Tag, und zwar ganz zeitig, zu versuchen.

Zum Abendessen gab es die Reste vom Mittag. Es fiel mir auf, dass es bei meiner Tante Lina mehr zu essen gab, als bei uns zuhause. Das wunderte mich nicht, denn Onkel Kostas ging jeden Tag arbeiten, und wenn er nachmittags heimkehrte, kümmerte er sich um den Garten. In der Frühe melkte er die Kuh. Die dampfende frische Milch im Bottich bereicherte stets mein Frühstück. Ich dachte über meinen Vater nach und verglich ihn oft mit Onkel Kostas. Mein Vater hatte sich nie um den Garten gekümmert und ich hatte ihn auch nie melken gesehen.

»Iss, mein guter Junge, damit du groß und stark wirst«, sagte Tante Lina. »Der Teller mit dem Milchreis ist auch für dich.« Milchreis gehörte zu meinen Leibspeisen. Bei uns hatte es nur sehr unregelmäßig solch einen Luxus gegeben.

Während die Erwachsenen noch mit dem Essen zugange waren, machte ich mich bettfertig und legte mich neben meine Schwester ins Bett, das wir teilten. Gleichzeitig wechselten die Erwachsenen einige Worte miteinander. Ich hingegen täuschte unter der Decke den Schlafenden vor, wie ich es auch an den Abenden zuvor immer getan hatte, um aufmerksam jedes gesagte Wort hören zu können in der Hoffnung, daraus irgendeine Botschaft bezüglich meiner Mutter zu entschlüsseln. Die Fragen meines Onkels waren fast immer gleich: »Wie klappte es heute?«

»Ganz gut«, sagte meine Tante und fügte hinzu: »Mit Koulitza ist es kein Problem. Sie ist einfacher, macht keine Anstalten.« Wenige Minuten verstrichen, dann fragte Onkel Kostas erneut: »Hat er nach ihr gefragt?« Eine Antwort konnte ich nicht vernehmen. Ich spitzte weiter meine Ohren. »Er fragt jeden Tag nach ihr. Aber bald wir er es vergessen haben«, hörte ich Tante Lina sagen. Mein Herz pochte laut. Mit »Er« war ohne jeden Zweifel ich gemeint, doch was würde ich bald vergessen haben? Ich versuchte leise zu atmen, um nicht entdeckt zu werden. »Wir können nur gut zu den Kindern sein. Mehr können wir nicht tun«, ergänzte Tante Lina.

Dann folgte eine angespannte Stille, die ich nicht einschätzen konnte. Welches Unbehagen meinen sensiblen Onkel ereilte, konnte ich damals nicht ahnen. Erst viele Jahre später erkannte ich in ihm den Mann, der er in Wirklichkeit war. Hinter der rauen, von Fleiß und Ungeschontheit geformten Fassade verbarg sich ein liebenswerter, treuer Mann und Vater.

»War Filippos da?«, fragte Onkel Kostas irgendwann. Wieder gab es keine Antwort. Die hochmysteriöse Unterhaltung hatte ihren Höhepunkt erreicht. Darüber hinaus verinnerlichte ich, dass mein Vater – denn ohne jeden Zweifel ging es um ihn – uns schon lange nicht mehr besucht hatte. Was ich damals nicht wusste, war die Tatsache, dass mein Vater für eine Weile untergetaucht war. Das taten damals alle Linken, um von den Repressionen der Junta verschont zu bleiben. Heute weiß ich es, ich weiß aber auch, dass ich alles dafür tun würde, um meine Kinder sehen zu können. »Wenn der erste Brief seiner Mutter ankommt, werde ich es dem Jungen sagen. Schließlich muss er wissen, wo seine Mutter ist«, sagte

Tante Lina und fügte hinzu: »Dass sie nicht so bald zurückkehren wird, muss er ja nicht wissen.«

Tief unter der Decke versunken mochte ich kein Wort mehr hören. Kein Wort mehr über meinen Vater und am allerwenigsten über meine Mutter.

»Heute gehe ich früh ins Bett, ich bin müde«, hörte ich Onkel Kostas sagen und war irgendwie erleichtert.

Ich weigerte mich, an das Gespräch zwischen Onkel und Tante zu denken und verdrängte alles Gesagte mit aller Gewalt, bis ich mich im festen Glauben wog, es sei ein böser Traum, aus dem ich bald aufwachen würde. Verwirrt und durch meinen perfiden Plan, unser Haus zu finden, dennoch ermutigt, schlief ich irgendwann ein.

Am nächsten Morgen war es dann soweit. Die Abläufe waren jeden Morgen gleich. Eilig frühstückte ich und zog mich an. Die Männer gingen dann zur Arbeit und die Frauen kümmerten sich um den Haushalt. Bis zum Mittagessen blieben mir einige Stunden zur freien Verfügung. Die meiste Zeit spielte ich mit den Nachbarskindern, aber an diesem Morgen mussten sie ohne mich auskommen. Mein Plan war gut durchdacht, und mit ein bisschen Glück würde ich schnell daheim sein, sagte ich mir. Die Worte meiner Tante am Abend zuvor trieben mich ungemein, und nachdem ich mich bei ihr abmeldet hatte, machte ich mich hoffnungsvoll auf den Weg. Ich zählte jeden meiner Schritte. Bei zwölf hörte ich auf. Ich konnte nur bis zwölf zählen. Was soll's, dachte ich, dann würde ich eben immer nur bis zwölf zählen, und das mehrmals hintereinander.

Im Zählen versunken erreichte ich die erste Biegung. Bis dahin hatte ich es geschafft. Das hatte mich viermal bis zwölf zählen gekostet. Mein Gefühl sagte mir, dass rechts die richtige Richtung sei. Ich vertraute meinem Gefühl und ging auch rechts. Nach ein paar Schritten kam mir alles vertraut vor. Ich hoffte, auf dem richtigen Weg zu sein. Meine Gedanken kreisten nur um das eine Bild, dass ich mir im Geiste immer wieder malte. Es war das Bild von meiner Mutter, die vor unserem Haus auf mich wartete. Mal sah ich sie die Terrasse kehren und wieder einmal in der Küche kochen und dabei das Lied vom Halstuch aus Kalamata singen. Der bloße

Gedanken spornte mich ungeheuer an und entfachte in mir unendliche Sehnsucht.

Mit gedrosselter Geschwindigkeit erreichte ich rechts von mir eine Ziegenherde, die friedlich weidete. Ein kräftiger aschgrauer Bock mit dicken schwarzen Hörnern begleitete sie und hatte alles unter Kontrolle. Mir warf er nur einen gleichgültigen Blick zu. Ich vermied jeden Blickkontakt mit ihm und hielt gebührenden Abstand. Auf der Höhe der Ziegen wurde ich wieder schneller – die Angst vor dem Bock trieb mich an. Nach ein paar weiteren Metern sah ich links eine Frau, die einen Teppich ausklopfte, den sie über die Leine aufgehängt hatte. Mit Freude erkannte ich in ihr Frau Angela, die mich beiläufig begrüßte. Es tat gut, ein vertrautes Gesicht zu sehen.

»Ist deine Mutter schon weg?«

»Ja«, antwortete ich schüchtern.

Während sie weiter an ihren Teppich klopfte, fragte sie mich, ob ich traurig deswegen sei.

»Ein bisschen«, sagte ich zögerlich.

»Sie wird bald wiederkommen, mach dir keine Sorgen.«

Ich ging zügig weiter, weil ihre Worte mir ein Bild von der Situation vermittelten, das ich nicht sehen wollte. Ich wollte unser Haus finden, denn nur dort konnte meine Mutter sein und nirgendwo anders. Es waren nur noch einige wenige Schritte und ich konnte die Hauptstraße sehen. Das war die einzige Straße im Dorf, die asphaltiert war. Auf ihr fuhr der große Bus nach Kozani. Es war schon sehr heiß, und das so früh, ich musste einen Zahn zulegen. Ich weiß noch, wie furchtbar ich es fand, dass vor der Kreuzung ein riesiger Mähdrescher geparkt stand und alles versperrte. An diesem Respekt einflößenden Ungetüm wollte ich nicht vorbei und beschloss, mich auf die Wiese am Wegesrand zu legen und abzuwarten, bis der Halter es irgendwann wegführe.

Mit einem Grashalm im Mund legte ich mich so hin, dass ich die vorbeiziehenden Wolken eingehend betrachten konnte. Die zahllosen Gebilde sollten mir die Wartezeit verkürzen und mich entspannen, was sie auch taten. Wie ein Endlosband zogen sie über mich hinweg. Mir fielen in dem Zusammenhang die illustren Geschichten meines Onkels Manos ein, die von fernen Ländern handelten. Ich beschloss, die Wolken zu zählen. Ich müsste nur bis zwölf zählen, wenn ich alle erschienenen Wolkenformationen zählen wollte, und bei jeder Zwölf einen Finger strecken. Vor meinen Augen zogen ganze Flotten von Schiffen vorbei, die sich in unzählige Vogelschwärme verwandelten, um erneut irgendeine Tiergestalt anzunehmen, um letztendlich wieder zur Wolke zu werden. Gut abgelenkt und nachdem ich alle meine Finger gestreckt hatte, warf ich einen Blick auf den Mähdrescher.

Ich war gespannt auf unser Haus. Ob es überhaupt noch da stand, fragte ich mich. Warum eigentlich nicht, ein Haus verschwindet nicht über Nacht einfach so, gab ich mir zu Antwort. Es steht sicherlich noch da und wartet auf mich. Alles wird wieder gut, wenn ich unser Haus erst einmal gefunden habe.

Nach einem weiteren Blick war alles unverändert. Der Mähdrescher stand immer noch da. Um ihn herum traute ich mich nicht zu gehen. Meine Mutter hatte mir eingebläut, mich von derartigen Maschinen fernzuhalten. Ich fühlte es, es konnte nicht mehr weit bis zuhause sein, aber an diesem Ding wollte ich nicht vorbeigehen. Als ein Mann auf den Mähdrescher hochkletterte, sprang ich guter Dinge auf. Ich glaubte, er würde gleich sein Monstrum starten und abhauen, aber er dachte nicht daran, abzufahren. Wütend und fluchend kletterte er wieder herunter.

»Ich fahr in die Stadt mit Dimi«, rief er seiner Frau zu, die gerade die Hühner fütterte. »Ich muss dieses verfickte Ersatzteil holen.«

Die vorwurfsvollen Worte der verärgerten Ehefrau bereicherten mein karges Schimpfwortvokabular außerordentlich. Ihn ließ das augenscheinlich völlig kalt. Ungeachtet der Worte stieg er in ein Auto und fuhr ab, nicht ohne seinerseits einige Verbalattacken loszuwerden. Wenn mein Vater morgens weggegangen war, um etwas zu erledigen, kam er nie vor dem Abend zurück und hatte zudem nichts erledigt. Mit diesem Gedanken fragte ich mich, ob das nicht der Grund für das Gehen meiner Mutter war. Rasch unterdrückte ich diese abscheuliche Mutmaßung und versuchte darüber nachzudenken, welcher Schritt mein nächster sein würde.

Da ich wusste, dass das Ungetüm noch länger mein Weiterkommen blockieren würde, beschloss ich, den Weg zurückzugehen und am nächsten Tag an der gleichen Stelle weiterzumachen. Immerhin hatte ich ein gutes Stück geschafft. Unzufrieden machte ich mich auf den Heimweg. Meine Schritte brauchte ich nicht mehr zu zählen. Darüber hinaus hatte ich vergessen, wie oft ich bis zwölf gezählt hatte und es machte keinen Sinn, zurückzuzählen.

Der Rest des Tages war nicht nennenswert, ich verbrachte ihn mit den üblichen Spielen in der Nachbarschaft und war froh, als es Abend wurde und ich essen und ins Bett gehen konnte.

Ich erinnere mich an die Düfte, die aus der Küche meiner Tante durch das offene Fenster hinausdrangen, um mich schon auf der Straße zu verwöhnen. Sehr oft gab es auch mitten in der Woche Geschnetzeltes in Rotwein und mit viel Oregano. Wenn sich die Pfanne endlich in der Mitte des Tisches befand, schwiegen alle. Es wurde Brot gereicht und die dazugehörenden Beilagen. Anschließend wurde gebetet – darauf legte meine Tante großen Wert –, um es uns dann schmecken zu lassen. Die Augen meiner Tante leuchteten und ein knappes Lächeln zeichnete sich in ihrem Gesicht ab, wenn mein Onkel zum Schluss mit einem Stück Brotkruste die Pfanne auswischte.

»Das Brot ist nicht ganz frisch, aber morgen backe ich neues«, sagte an jenem Abend Tante Lina.

»Dein Brot ist immer gut«, antwortete mein Onkel lakonisch.

Er sprach nicht viel, mein Onkel Kostas, aber was er sagte, hatte Hand und Fuß, und charmant kann man auch mit wenigen Worten sein. Das verrieten seine zufälligen Blicke, die liebevoll seine Frau trafen.

Der nächste Tag war Freitag und freitags buk Tante Lina stets neues Brot und dazu die kleinen Schafskäsetaschen, die ich so sehr liebte. Sie buk sie genauso gut wie meine Mutter, denn sie hatten beide die gleiche Lehrerin gehabt, und die verstand ihr Handwerk. Meine Großmutter Koula, die Mutter der beiden, war eine Expertin in Sachen Haushalt und Kochkunst. Sie war die Sauberkeit in Person und ihre Rezepte waren unnachahmlich. Einen Tipp gab sie gelegentlich jedem, der danach fragte, aber nur ihren Töchtern vertraute sie alle ihre Köstlichkeiten an und die damit verbundenen Geheimnisse. Einmal fragte sie jemand, wie sie die gefüllten Blätterteigtörtchen mache, die mit der Kürbisfüllung. Sie überlegte nicht lange. »So wie alle anderen sie machen, so mache ich sie«, sagte sie.

Doch der so kurz Abgespeiste ließ nicht locker und fragte erneut, warum ihre denn so lecker seien. Darauf kannte sie nur eine Antwort: »Es gibt immer nur ein Rezept und das heißt Leidenschaft.«

Vom ehrgeizigen Gedanken, unser Haus zu finden, in den Schlaf begleitet, erwachte ich am nächsten Morgen voller Tatendrang. Die Männer waren schon lange weg. Tante Lina und Evangeli kneteten schon seit einigen Stunden den Teig für das Brot in der Backstube. Ich war spät dran. Nach einem flüchtigen Frühstück, dem Anziehen und dem Abmelden bei meiner Tante konnte ich es kaum noch abwarten, mein Abenteuer fortzusetzen.

Mit langsamen Schritten erreichte ich die erste Biegung, folgte meiner Route vom Tag zuvor und zählte zu meinem Erstaunen weniger Schritte als am gestrigen Tag. Ich überholte wieder die Ziegenherde, die rechts von mir graste und vom Bock mit den dicken Hörnern beschützt wurde. Meine Angst vor dem Bock hatte nachgelassen und auch er hatte nur Augen für seine Ziegen. Ein Stück weiter suchte ich nach Frau Angela, die an diesem Tag mit Abwesenheit glänzte. Auch gut, dachte ich, dann müsste ich keine lästigen Fragen beantworten.

Hinter mannshohen, ausgedörrten grauen Disteln – die hier überall unliebsamerweise wucherten – mit wunderschönen, zart lilafarbenen Hauben schien sich jemand zu verstecken. Jemand, dessen undefinierbares haariges Anhängsel einem Wedel glich. Ohne jeden Zweifel war dieser Jemand vierbeinig, mit einem langem Schwanz und großen Ohren ausgestattet. Beruhigt stellte ich fest, dass der wedelnde Schwanz hinter der großen Distelkolonie dem Esel von Michalis, dem Kirchensänger, gehörte. Mit seiner Zunge zog er die dicken, stachligen Stängel an sein Maul, um sie dann genüsslich wie Zuckerwatte zu zerkauen. Dicke, harte Dornen ließ er mit einer Leichtigkeit verschwinden, die ich mir nicht erklären konnte. Bei diesem Anblick musste ich schlucken, um mich der unzähligen spitzen Dornen zu entledigen, die mir meine Fantasie in meinen Mund geholt hatte.

Aus der Entfernung konnte ich nun bis zur geteerten Straße, auf der der Bus nach Kozani fuhr, sehen. Glücklicherweise stand der Mähdrescher nicht mehr dort. Nur noch ein paar Schritte und ich würde die Hauptstraße erreichen. Das bedeutete, ich würde vor der nächsten aufregenden Herausforderung stehen. Wie sollte ich bloß auf die andere Straßenseite? Erschwerend kamen noch die vielen Autos und Traktoren hinzu, die hier unterwegs waren. Ich wartete und selbst wenn kein Auto weit und breit zu sehen war, wagte ich es nicht, hinüberzulaufen. Zu allem Übel war ich mir nicht sicher, ob ich sechsmal die Zwölf gezählt hatte oder siebenmal. Ich beschloss, mit dem Zählen endgültig aufzuhören.

Stark entmutigt lehnte ich mich gegen die Wand des Hauses mit dem prächtigen Granatapfelbaum. Meine Erinnerung schlug Kapriolen, wollte mir weismachen, dass ich dieses Haus kannte. Überhaupt war ich mir sicher, unweit von unserem Haus zu sein.

»Huhu, Stefanaki, was machst du denn hier?«, fragte mich eine mir ebenfalls sehr vertraute Stimme. »Hast du dich etwa verlaufen?« Etwas unsicher erkannte ich Woula, die Kusine meines Vaters. Lieber Gott im Himmel! Das ist die Frau, die keinen ausreden lässt. Sie stellt immer Fragen, um sie dann selber zu beantworten. Ausgerechnet, als ich es fast geschafft hatte, musste sie auftauchen. Vertrautheit hat eben auch ihre Tücken, lernte ich.

»Was machst du mutterseelenallein hier, mein Junge?«

»Ich ...«

»Du hast dich bestimmt verlaufen, nicht wahr?«, fiel sie mir ins Wort.

»Es ist ...«

»Sag mal, du armer Kerl, wie hast du bis hierher gefunden?«, fiel sie mir erneut ins Wort. Keine Chance. Ihre Verschnaufpausen waren so kurz, dass ich nicht einmal Luft holen konnte, geschweige in der Lage war, ein Wort herausbringen. Ich würde wohl oder übel schweigend alles über mich ergehen lassen müssen.

»Über alles heilige Muttergottes! Soll ich dich zu deiner Tante Lina bringen?«

Bevor ich auch nur ein einfaches »Nein« von mir geben konnte, hatte sie mich schon an der Hand gepackt. »Na komm, ich bringe dich hin.

Deine arme Mutter, wenn sie das wüsste!« Das darauffolgende Bekreuzigen und einige wenige Tränen in ihrem Gesicht, die so platziert waren, dass jeder in der Nachbarschaft sie sehen konnte, sollten Mitgefühl erregen und Fürsorge signalisieren. Es gibt Menschen, die können so etwas auf Kommando.

»Deine arme Mutter. Wenn sie das in dem fernen Deutschland sehen könnte!«

Da war wieder dieses Wort, welches vor der Abreise meiner Mutter so oft gefallen war. Deutschland, wo in Gottes Namen war dieses Deutschland, das wollte ich unbedingt wissen. Und was wollte meine Mutter in diesem Land? Nein, meine Mutter war nicht in Deutschland, sie war in unserem Haus, wo sie auf mich wartete. Doch von Woula konnte ich keine Antwort erwarten. Sie packte mich zusätzlich noch an meinem Arm und zog mich den ganzen Weg zurück. Ihr Mitgefühl war herzzerreißend. Sie bemitleidete mich so sehr, dass ich ebenfalls anfing, mir Leid zu tun. Alle meine Mühen waren umsonst, und das so kurz vorm Ziel.

Vorbei an dem Esel, der selig seine Disteln verputzte, vorbei an dem Haus von Angela und den grasenden Ziegen, entfernte ich mich von meinem Ziel immer mehr. Es fiel mir auf, wie glücklich der Esel sein musste, um ihn scherte sich niemand, er hatte es richtig gut! An dieser Stelle und nachdem ich die Litaneien von Woula satt hatte, schaltete sich meine Akustik vegetativ ab. Diese Eigenschaft kannte ich bis zu diesem Zeitpunkt nicht an mir. Wir standen nun vor dem Tor und Woula schmetterte immer noch Sätze hinaus, ohne einen Atemzug zu machen.

»Gut, dass ich dich gesehen habe, mein armer Junge. Weiß Gott, was alles hätte passieren können. So, da wären wir. Lina, hallo Lina, wo bist du denn? Wo ist sie denn? Ist sie etwa drinnen? Sie kocht bestimmt.«

Niemand hörte ihre Rufe oder wollte sie nicht hören.

»Lina, bist du drinnen? Ich habe dir Stefanaki gebracht, der Junge hat sich verlaufen.«

Immer noch keine Reaktion. Selbst die Blumen im Garten schwiegen. Die Mittagshitze hatte eingesetzt und alles Lebende suchte ein schattiges Plätzchen. So auch meine Tante, die ohnehin weder die Sonne noch Woula am Mittag ertragen konnte.

»Na ja, sie hört mich nicht, grüße sie bitte von mir«, sagte Woula und öffnete das Tor.

Wie einen entlaufenen Hund lieferte sie mich ab. Sie drückte mich durch das eiserne Gartentor und machte es anschließend zu.

»Na geh schon ins Haus, die warten auf dich.«

Zufrieden mit sich und der Welt ging Woula den Weg, den ich hätte zu Ende gehen sollen. Ein bisschen gewurmt hat sie das schon, dass keiner da war. Sie hätte lieber meine Tante angetroffen, um zumindest ein Dankeschön von ihr zu ernten. Aber das war ihr nicht vergönnt gewesen. Für mich war das die einzige Genugtuung an diesem Tag. Na prima, nun hatte ich ein Problem mehr auf dem Weg nach Hause – jetzt musste ich mich noch vor Woula verstecken, wenn ich über die Straße wollte. Aus dem halb offenem Fenster erkannte ich die Silhouette meiner Tante Lina hinter der bestickten Gardine.

»Was wollte die Stecknadel, Stefanaki?«

Stecknadel war Woulas Zweitname oder, besser gesagt, der Name, den ihr die Leute aus dem Dorf gegeben hatten.

»Ich weiß es nicht«, antwortete ich.

»Ich bin froh, dass sie gegangen ist, vor der muss man sich in Acht nehmen«, murmelte meine Tante.

Das konnte ich gut nachvollziehen. Woula hilft denen, die keine Hilfe brauchen, und beschützt jene, die keinen Schutz wollen.

»Wasch dir die Hände, Stefanaki, und komm rein zum Essen, es gibt Bohnensuppe und frisches Brot.«

Freitag, was für ein gesegneter Tag, das wollte ich mir nicht zweimal sagen lassen. Meine Sorgen verblassten vorübergehend. Nach der sparsamen Handwäsche flog ich förmlich zu Tisch und konnte es kaum abwarten, meine Suppe zu verkosten. Eine ungeheure Delikatesse, die unbedingt die richtige Behandlung benötigte: etwas Olivenöl, ein Bund frische Frühlingszwiebeln und frisches, dampfendes Brot!

Mit der Gewissheit, dass Olivenöl nicht irgendein Öl ist, und dem unsagbaren Geschmack von frisch gebackenem Brot vergaß ich die kleine Panne mit der übereifrigen Woula und genoss mein Essen in vollen Zügen. Den laufenden Tag sah ich nicht als verloren, hatte er mir eine weitere Erfahrung und ein köstliches Essen beschert.

Nach dem Mittagessen zog ich mich zurück in die Obhut des Heubodens in der Scheune. Dort konnte ich ungestört verweilen und mich auf den morgigen Tag vorbereiten. Auf den Dachboden der Scheune zu liegen war reine Meditation, darüber hinaus liebte ich den Duft von Heu und Stroh. Am schönsten war es dort oben im Herbst, wenn der Wind den Duft von feuchter Erde und nassem Grün sanft hineintrug. Die Eindrücke der letzten Tage jedoch ließen mich nicht los. Am darauffolgenden Tag musste ich postwendend meinen Weg gehen, Woula geschickt umgehen und beherzt die Straße überqueren. Eine innere Stimme sagte mir: »Drüben auf der gegenüberliegenden Seite, unweit von der Straße warten dein altes Leben und deine Mutter auf dich.«

Am Abend war das bevorstehende Wochenende schon angebrochen, und während die Erwachsenen aßen, wurde das Programm für den morgigen Tag gestaltet. Ich hatte keinen großen Hunger, in mir wurden noch die drei Käsetaschen vom Mittag und die Bohnensuppe verdaut. Das war der hohe Preis meiner Zügellosigkeit.

»Morgen fahre ich zur Agora einkaufen und du, Evangeli, du kümmerst dich ums Haus. Stefanaki, kommst du morgen mit nach Kozani?«

Ich fuhr eigentlich gerne nach Kozani zur Agora mit den unzähligen aneinandergereihten Ständen und ihren Waren in einer ungeheuren Fülle. Gemüse und Obst in allen Farben und Größen, die alle nur erdenklichen Duftkombinationen produzierten. Schreiende Menschen, die euphorisch ihre Produkte anpriesen, und dazwischen einfache Leute, die ihnen zunächst interessiert zuhörten und sie anschließend nachahmten. Es waren Bauern aus der Umgebung, denen es an Übung fehlte, ihre wenigen, aufgereihten Produkte stammten aus ihren eigenen kleinen Gärten. Sonnengebräunte Gesichter ausgestattet mit unzähligen Falten, aus denen wachsame, ehrliche Augen herausschauten.

Es gibt nur einen See in meiner Heimatstadt und doch behauptete jeder der Fischverkäufer lautstark, die besseren Fische auf dem zerstoßenen Eis seiner Theke zu haben. Goldgelb schien das Sonnenlicht durch die mit Thymianhonig aus den Bergen gefüllten Gläser, und frisch geerntete

Kräuter lagen in jeder Ecke. Sie versprachen Heilung und Glückseligkeit und vereinzelt halfen sie auch gegen Trübsinn und Düsterkeit. Am Olivenstand konnte ich meistens einige der Oliven probieren. Tante Lina kaufte nur Oliven, wenn sie sie auch vorher probieren konnte. Tausend und eine Versprechung machte dann der Händler und erzählte von einem, der blind war und vom Essen seiner Oliven sein Augenlicht zurückerlangen konnte.

Manchmal schaffte ich meiner Tante ein paar Drachmen zu entlocken, um mir ein Stück Samalí – Grießkuchen – von dem kleinwüchsigen Mann mit dem weißen Kittel und der weißen Seemannsmütze zu kaufen.

»Das hat er nun davon, so viel von seinem Samalí zu essen«, sagte meine Tante, um einmal mehr deutlich zu machen, wie gefährlich es war, zu viel von dem goldgelben Grießkuchen, der in Honigsirup getränkt war, zu essen. Warum der kleine Mann wie ein Kapitän aussah, wusste keiner, aber sein Samalí war der beste in ganz Kozani. Inmitten der Farbenpracht, der betörenden Gerüche und Aromen auf der Agora erkannte ich sofort den kleinen Kapitän mit dem Backblech vor seinem Bauch. Abgedeckt mit einem Leinentuch, hütete er seinen Samalí wie seinen Augapfel.

»Kommt, Leute, nehmt ein Stück von meinem Samalí! Das beste Mittel gegen Bitterkeit und Freudlosigkeit!«, dröhnte seine Stimme und lud zu einem unvergesslichen Erlebnis ein. Seine Übertreibung kannte keine Grenzen. Maßlos erzeugte er freudestrahlend Maximen wie: »Der Bischof isst nur von meinem Samalí, kommt Leute, kommt.« Ob der Bischof von seinem Samalí je gegessen hat, weiß ich nicht mir Sicherheit, aber ich erinnere mich an seinen Samalí noch sehr gut. Er vermochte wirklich Bitterkeit und Freudlosigkeit zu vertreiben, nur, dass es nicht allzu lange anhielt.

»Stefanaki, was ist nun, fährst du mit?«, fragte meine Tante ein letztes Mal.

»Nee, ich möchte lieber hierbleiben«, antwortete ich.

Der Samstag begann so wie alle anderen Tage auch. Nach dem Frühstück machte ich mich auf den Weg. Mit fester Absicht und unbeirrbarem Willen wollte ich mein Ziel erreichen. Bis Mittag würde ich auf alle meine Fragen eine Antwort wissen, da war ich mir sehr sicher. Zügig ging ich bis zur ersten Biegung vorbei an den Ziegen, grüßte den glücklichen Esel und hoffte, niemandem zu begegnen, der mein Anliegen stören könnte.

Angela beachtete mich an diesem Samstag kaum, sie steckte mitten in der Wochenendreinigung, und als ich an Woulas Haus ankam, war höchste Konzentration erforderlich. Keine langen Pausen. An jenem Tag setzte ich alles auf eine Karte und richtete meinen Blick auf die Straße. Es waren nur ein paar Schritte für die Überquerung der Straße nötig. Hoffentlich kommt kein Auto vorbei, dachte ich. Ich konnte alles überschauen, zögerte aber immer noch.

Von links näherte sich mir ein Traktor, der runter ins Dorf fuhr, als hinter mir unerwartet Woula aus der Tür herausgeflogen kam mit einem Korb Wäsche. Ich wünschte mir frohe Weihnachten und wusste, was es hieß, vor einem reißenden Strom zu stehen und hinter sich eine tiefe Schlucht zu haben. In meiner Überlegung, was schlimmer sei, ein Sprung nach vorn, dessen mögliche Konsequenz die Kollision mit einem Auto wäre, oder die Begegnung mit Woula, die zur Folge hätte, den ganzen Weg zurückgehen und ununterbrochen mir anhören zu müssen, was alles hätte passieren können, entschied ich mich für den Sprung nach vorn. Mit geschlossenen Augen rannte ich um mein Leben. Die laute Traktorhupe und die wütenden Zurufe des Bauern höre ich heute noch in meinen Ohren.

Als ich auf der anderen Seite ankam, wirkte die Straße viel kleiner. Vielleicht hatte mich aber dieses kleine Abenteuer wachsen lassen. Mein Großvater sagte immer, mit jedem gelösten Problem wächst man über sich hinaus. Meine Augen nach vorn gerichtet und voller Aufregung ging ich weiter bis zur nächsten Biegung. Ich rang um jede Erinnerung, doch die mannshohen Büsche links und rechts hinderten mich bei meinen Orientierungsversuchen. Nichts von dem, was ich dort sah, kam mir bekannt vor, aber auch gar nichts, und wie weit es noch sein würde, wusste ich auch nicht. Aufgeben wollte ich jedoch nicht, das war mir ganz klar.

Nach Erreichen der nächsten Biegung erkannte ich schräg gegenüber das Haus von Wassili. Meine Freude hielt sich in Grenzen und ich hoffte, eine weitere Begegnung mit seinem Hund bliebe mir erspart. Oh, was habe ich diesen Hund gehasst – seit dem letzten Osterfest.

Die Großeltern väterlicherseits hatten Schafe und an jenem Tag wurde für Ostern geschlachtet. Das Verhältnis zu meinen Großeltern war nicht so besonders, um nicht zu sagen katastrophal. Streit war an der Tagesordnung. Mein Vater war auch keine besondere Hilfe zur Entspannung der Lage. Meine Mutter verkörperte all das, was unerreichbar für meine Großmutter war. Hinzu kamen noch unterschiedliche Lebensauffassungen. Eine Schaufel hat meine Mutter an jenem Tag genommen und ihren Stolz tief begraben und schließlich mich zu meinen Großeltern geschickt, um für etwas Fleisch zu betteln. Es war schließlich Ostern. »Sag der Oma, du hast Hunger und möchtest etwas Fleisch«, war ihre Order.

Ich nahm all meinen Mut zusammen und ging zu meiner Großmutter, um nach dem Fleisch zu fragen. Ich erinnere mich, als ich dort ankam, ließ sie mich eine Weile lang warten, und ich hatte die Gelegenheit, die vielen toten Tiere, die dort ausgenommen wurden, nicht ohne Unbehagen anzusehen. Irgendwann wickelte sie einen Schafskopf in Zeitungspapier und übergab ihn mir. »Da, für dich, und schöne Ostern«, sagte sie.

Im Glück schwebend ging ich den Weg zurück und traf bedauerlicher Weise auf den Hund von Wassili, der meine kostbare Fracht gerochen hatte. In meiner Panik übersah ich, dass der kläffende Hund an der Kette war, und rannte so schnell ich nur konnte, begleitet von Wassilis Gelächter. Als ich die Türschwelle unseres Hauses erreichte, machte ich drei Kreuze. Stolz erfüllt übergab ich anschließend meiner Mutter den in Zeitungspapier eingepackten Schafskopf, den sie kopfschüttelt entgegennahm. Im gleichen Moment schleuderte sie ihn gegen die Küchenwand. Aus allen Wolken gefallen, versuchte ich zu verstehen, was meine Mutter so tief gekränkt hatte. Sie fiel auf ihre Knie und versuchte, ihre Tränen zu verbergen. Ich legte stumm meine Hand auf ihre Schulter und war untröstlich. Nach nur kurzer Zeit stand sie allerdings wieder auf, wischte ihre Tränen ab und hob den verschmähten Schafskopf auf. Schweigend reinigte sie ihn und gab ihn in einem Topf. Das Osteressen war gerettet, nur ihr Selbstwertgefühl bekam irreparable Risse.

Nachdem ich mich vergewissert hatte, dass der Hund angeleint und satt war, wandte ich mich instinktiv gen Norden, in die entgegengesetzte Richtung. Ich versuchte aus der Ferne etwas zu erkennen. Das einzelne Haus ganz hinten hätte unseres sein können. Mit größeren Schritten kam ich dem Haus immer näher und konnte meine Freude nicht mehr zügeln, als ich im Haus am Ende der Straße unseres erkannte. Alles, was dort an Sträuchern wuchs, war dichter als vor wenigen Wochen noch. Der Sommer hatte unbeirrt aus unserem Grundstück einen üppigen Urwald gezaubert. Ich ging die letzten Meter zögernd und rieb mir dabei ungläubig meine Augen. Es bestand kein Zweifel mehr, das war unser Haus. Ich sah den Maulbeerbaum, der vor unserem Haus stand und der mich an eine Fee mit offenen Armen erinnerte.

Ich hatte es geschafft und mein Dank galt meinem Gott, der mich bis dahin begleitet hatte. Fassungslos und mit trockenem Mund starrte ich auf die Haustür. Wie sehr hatte ich meine Mutter vor der Tür sehen wollen! Wie sehr sehnte ich ihre Stimme herbei! Ich würde ihr in die Arme fallen und sie umarmen und nie wieder loslassen. Meine Sehnsucht gebar eine irre Idee: Ich redete mir ein, sie wäre im Haus und hätte sicherlich viel zu tun und deswegen müsste ich zu Tante Lina. Sekunden der Unsicherheit vergingen. Und wieder redete ich mir ein, jetzt, wo ich einmal da war, würde sie mich nicht mehr zurückschicken.

Suchende Blicke und schnelle Schritte brachten mich bis vor das einsam wirkende Haus. Ich stand nun vor unserer Tür. Meine Hand streckte ich zur Türklinke, obwohl Zweifel meine Hoffnung zu zerstören drohten. Ungeduldig und mit Herzklopfen drückte ich gegen die eiserne Tür mit dem profilierten Glas und versuchte es dann noch einmal mit Kraft. Doch ich stellte entsetzt fest, dass sie verschlossen war. Wie im Rausch schüttelte und rüttelte ich erfolglos an der zweiflügligen, geschmiedeten Tür. Wie ein Gewitter überkam mich der Verdacht, es sei niemand daheim. Alles, was ich mir so schön ausgemalt hatte, war eine Lüge, eine trügerische Wunschvorstellung gewesen. Oder etwa nicht? Wütend murmelte ich einige Schimpfwörter, die ich alsbald wieder bereute. In meiner Verzweiflung jedoch kamen mir noch weitere Ideen. Ich rede mir ein, meine Mutter sei wohl zuhause. Sie musste dort sein. Mir fiel das niedrige Küchenfenster an der Seite des Hauses ein. Ich war erneut überzeugt, dass meine Mutter mich von da aus sehen und mir aufmachen würde.

Mit wenigen Schritten stand ich davor. Die schmutzigen Scheiben verunsicherten mich. Ich fragte mich erneut, wieso meine Mutter sie nicht geputzt hatte. Erneut keimte in mir der böse Verdacht, den ich ohne Zögern verdrängte. Ich formte meine Hände zu einem Fernglas und versuchte durch das Fenster zu gucken. In meiner kindlichen Fantasie hatte das sonst immer funktioniert.

Die Scheiben waren jedoch so stark verstaubt, dass ein Durchgucken ausgeschlossen war. Auch als ich über die Scheiben wischte, verbesserte sich die Sicht nicht wesentlich. Meine Augen waren überall, um vielleicht etwas zu entdecken, was mich weiterbringen würde. Leicht befremdet über das Fehlen eines Glasstücks im unteren Bereich des Fensters, eröffnete sich mir dennoch eine weitere Chance zum Durchgucken. Meine Hoffnung lehnte sich noch einmal auf, und ich konnte tatsächlich Bruchstücke unserer Küche sehen. Das Bild, was sich mir allerdings darbot, war alles andere als aufbauend. Unverändert stand alles leer, genau im gleichen Zustand wie an diesem letzten Tag, an den ich mich nur ungern erinnern wollte. Meine Fantasie, die ich mit ungeheurer Sehnsucht nährte, malte unzählige Bilder. Schöne Bilder, Bilder in allen Farben und für einen Moment glaubte ich sogar die Stimme meiner Mutter, die von den Wänden des kalt wirkenden Raums widerhallte, zu hören. Mit gutem Willen konnte ich sogar ihre Lieder hören, die sie beim Kochen gern gesungen hatte. Für eine Sekunde war mir so, als ob ich ihr Essen gerochen hätte. Ihr Essen, armselig zubereitet, aber mit viel Liebe und Muße. Fast jeden Abend gab es dieses Essen, und ich habe es so oft abgelehnt. Es bestand aus Nudeln in Gerstenform mit ein wenig Tomate und Olivenöl, aber meine Mutter machte ein Festessen daraus und schaffte es jedes Mal, mich davon zu überzeugen, dass es schmeckte.

Bedauerlicherweise reichte an diesem Tag auch guter Wille nicht, um meine Mutter zurückzuholen. Die nackten Wände löschten jeden meiner mühevoll zusammengewürfelten Träume aus und zeigten mir unbarmherzig die Wirklichkeit. Eine Wirklichkeit, die mir ziemlich suspekt war und die ich in jedem Fall ungeschehen machen wollte. Ich weiß nicht mehr, was genau ich gehofft habe zu sehen oder zu hören und warum ich bis zuletzt daran geglaubt habe, hier meine Mutter zu finden. Verbittert wanderten meine Blicke erneut über die leeren Wände mit den hellen Schatten, die erahnen ließen, dass dort mal Bilder hingen. Der leere, dunkle Raum trug eine Wahrheit, die mir das Herz brach. Keine noch so schöne Vorstellung war jetzt in der Lage, meine Beklommenheit zu kurieren. Ich musste begreifen, dass es Dinge im Leben gibt, die man als Kind am wenigsten beeinflussen kann. Der Mut, Weiteres zu unternehmen, verließ mich nun endgültig. Er ging leise und kam lange Zeit nicht wieder.

Die Antworten, die ich mir an diesem Tag – bis Mittag noch – erhofft hatte, hatte ich nicht bekommen. Stattdessen versuchte ich mit der Tatsache, dass in unserem Haus keiner mehr wohnte und in absehbarer Zeit keiner mehr dort wohnen würde, umzugehen. Ein letzter Blick durch das fehlende Stück Glas ermöglichte mir ein nüchternes Bild ohne meine singende Mutter. Neue Untermieter waren nunmehr Staub, jede Menge Spinnweben, und die Luft war gefüllt mit zahlreichen Erinnerungen aus einem Leben, das es nicht mehr gab.

Ich kehrte wieder zurück vor unsere Tür und lehnte mich dagegen. Kraftlos sank ich zusammen und wusste keinen Rat mehr. Ich hatte es mit einem übermächtigen Feind aufgenommen, hatte den Kampf mit ihm nicht gescheut, doch ich hatte ihn verloren. Vollkommen erschöpft überfielen mich Weinattacken. Ich schüttelte mich und weinte, um die Trauer der letzten Wochen nachzuholen. Das half mir, den Kloß in meinem Hals loszuwerden.

Nach einer Weile löste vereinzeltes Schluchzen den Weinkrampf ab. Ich versuchte, mich zu beruhigen und an nichts mehr zu denken. Mein einziger Verbündeter war nun die Hoffnung, meine Mutter irgendwann wiederzusehen. Bis zuletzt hat sie mich nicht in Stich gelassen, und sie war auch jetzt noch da. Sie trug mich ein Stückchen weiter und versprach mir auch dann noch da zu sein, wenn mich alle anderen – wie ich dachte – schon lange vergessen hätten. Die Sonne und ihre sanft wärmenden Strahlen sollten Zeuge für dieses Versprechen sein. Meine Tränen wischte ich mit den Händen ab.

Den Gedanken, dass meine Mutter in einem fremden Land lebte und nicht so schnell zurückkommen würde, verinnerlichte ich jetzt endgültig. Die Zeichen der letzten Wochen, die zu sehen ich mit aller Gewalt abgelehnt hatte, bestätigten es mir. Ich wollte mir nichts mehr vormachen. In mir wuchs der Wille, über unser einsames Heim zu wachen. Tag und Nacht, wenn es sein musste. Das war das Einzige, was ich tun konnte. Ich beschloss, auf den Maulbeerbaum zu klettern, warum weiß ich nicht mehr, und als ich die buschige Baumkrone erreichte, schlug die Dorfglocke zwei Uhr. In einer Stunde würde der Bus aus Kozani mit meiner Tante kommen. So lange wollte ich die Stellung halten und Maulbeeren essen. Hunger machte sich in der Bauchgegend bemerkbar. Ich war selber schuld, am Morgen hatte ich kaum etwas gegessen.

Von da oben bekam ich die Gelegenheit, unser Haus zu betrachten. Einsam stand es da, ohne jegliches Leben, und schien auf bessere Zeiten zu warten. Es wird behauptet, dass leblose Dinge keine Seele haben. Ohne jeden Zweifel haben Steine, Ziegeln, Lehm und Holztüren keine Seele. Wenn aber all diese Stoffe zusammen zu einem Haus werden und in diesem Haus Menschen leben und lieben, weinen und lachen, Leben gebären und abends von ihren Träumen und Zielen erzählen, dann bekommt dieses Haus eine Seele und die behält es so lange bis jeder, der daran beteiligt war, seinen letzten Atemzug tut.

Für mich bestand kein Zweifel, unser Haus hatte eine Seele, und wäre es mit einem Mund ausgestattet gewesen, hätte es meinen Namen gerufen.

Auf dem Dach lagen einige lose Ziegel, aber sonst schien alles auf seinem Platz zu sein. Der alte Schuppen direkt daneben hatte mir früher immer Angst gemacht. In ihm vermutete ich alles Böse. Kleiner als das Haus und noch viel älter wurde er überwuchert von Unkraut. Das war schon so, als wir hier noch gewohnt hatten. Meinen Vater hatte es nicht gestört, auch wenn meine Mutter ihn unzählige Male darum gebeten hatte, das Unkraut zu beseitigen und für Ordnung zu sorgen.

Die Tiere, die einst im Schuppen hausten, waren bei Tante Lina und Onkel Kostas. Sie kümmerten sich wenigstens um sie. Mein Onkel kannte ihre Namen und ging sehr liebevoll mit ihnen um. Mein Vater hingegen mochte sie nicht sonderlich. Wenn er sie ab und zu füttern und melken sollte, hat er es kategorisch abgelehnt. Überhaupt hat er alles abgelehnt, was mit Arbeit und Pflichten zu tun hatte. In Wirklichkeit verließ er unser Haus vor meiner Mutter. Oder besser gesagt, er hat nie dort gewohnt, nicht wirklich. Es ist kurios, weil hinter diesem Verhalten nichts Böses steckte. Nur die Erziehung einer sehr ehrgeizigen Mutter, die Jahre zuvor ihren Sohn nach der Methode »Ich diene, um zu herrschen« großzog. Ich werde nie verstehen, warum Frauen, die unter einem patriarchalischen Mann leben mussten, ihren Sohn nach ähnlichem Muster erziehen.

Abends, wenn mein Vater noch mal in sein Kafenion gehen wollte, versuchte meine Mutter, ihn mit verlockenden Worten davon abzubringen. Egal, worum sie ihn bat, es war alles ohne Erfolg. Er zog seine Jacke an und ging. Zurück ließ er das, was eigentlich wichtiger als alles andere sein sollte. Aber er ging und wir wussten, dass er nicht zurückkommen würde, ehe es spät in der Nacht war. Traurig saß meine Mutter dann auf dem Diwan und dachte nach. Ich weiß nicht, wie oft ich ihr meine grenzenlose Ergebenheit versprach, auf jeden Fall war sie danach sehr bemüht, glücklich auszusehen.

In meinen Gedanken versunken verging die Zeit wie im Flug und als nach einer Stunde erneut die Kirchenuhr die Uhrzeit schlug, machte ich mich wie ein geölter Blitz auf den Rückweg und erreichte noch den Bus, der gerade auf der anderen Straßenseite anhielt. Zugegeben bot mir der parkende Bus eine gute Gelegenheit, die Straße zu überqueren. Ich rannte auf die andere Straßenseite und hielt Ausschau nach meiner Tante. Die Bustür ging auf und es strömten Düfte der Agora heraus. Eine Menge schwer bepackte Leute stiegen aus dem Bus. Sie hielten prall gefüllt Körbe und Plastiktüten, die in die Hände schnitten. In der Menge war es nicht leicht, meine Tante ausfindig zu machen. Hektisch wurde geschubst und gedrückt, als wäre das Aussteigen aus dem Bus eine olympische Disziplin. Das war damals wie heute so.

»Geh zum Hintereingang, Stefanaki«, empfahl mir jemand, ich gehorchte und da sah ich meine liebe Tante Lina. Vollgepackt mit den Köstlichkeiten der Agora stieg sie als Letzte aus. Hinter ihr, und nachdem er sie angerempelt hatte, sprang Ilias, der Stotterer, an ihr vorbei.

»Du kannst deine Schafe so schubsen, aber nicht mich, du Tölpel!«, rief ihm meine Tante zu.

Nachdem Ilias vergebens versuchte, meine Tante um Entschuldigung zu bitten, unterbrach sie ihn mit einer eher spöttischen Geste. Ja, Tante Lina konnte auch Zähne zeigen. Ohne ein Wort zu verlieren, ging ich auf sie zu, um ihr einige der Tüten abzunehmen. Ihre gütigen Augen sichteten mich im Gewirr der Menschen, und sie kam mir entgegen.

»Wie gut, dass du gekommen bist, mein guter Junge«, sagte sie und überließ mir zwei der leichteren Tüten.

»Was hast du mir mitgebracht, Tante?« fragte ich ungeduldig.

»Die besten Gaben Gottes.«

Für meine Tante waren Lebensmittel Gottesgaben.

»Ist auch Samalí dabei?«

Samalí steht für mich auch heute noch ganz weit oben auf der Liste der Gottesgaben. Wahrscheinlich hat unser Herrgott den Samalí zuerst erfunden und dann alles andere.

»Ich bin mir nicht sicher, ob ich den Samalí eingepackt habe«, sagte sie und versuchte, ihr Lächeln zu verbergen. »Aber sag mal, was hast du alles gemacht heute Morgen? Du siehst ziemlich mitgenommen aus.«

Der Tag war hart genug, ich umging die Frage meiner Tante und bat sie, mich nicht länger auf die Folter zu spannen und mir zu sagen, wo der Samalí war.

»In der kleinen Tüte ist dein Kuchen, nach dem Essen kannst du ein Stück haben.«

Mit diesem Satz war mein Tag gerettet und alles Unangenehme landete in der Schublade für Sachen, die schnell vergessen werden sollten. Aber zu früh gefreut und zu spät bemerkt, dass Stecknadel uns mit ihrem bionischen Auge erspäht hatte und schnurgerade auf uns zukam.

»Lina, hallo Lina, wo warst du gestern? Ich habe dir den Kleinen gebracht und ein paar Mal nach dir gerufen, aber niemand war da«, sagte sie atemlos.

Meine Tante zog sich eine ernstere Miene an und wich Woulas suchenden Augen aus.

»Ich habe bestimmt die Tiere gefüttert und dich nicht gehört, sehr bedauerlich, sonst hätte ich dich bestimmt hereingebeten.«

Mit gewohnter Freundlichkeit trug sie dick auf.

»Sag mir wann und ich werde kommen«, sagte Woula erwartungsvoll.

»Bestimmt, ich schicke dir Stefanaki, wenn es soweit ist.«

Ich glaubte, ich hätte mich verhört.

»Wofür soll das denn bitte gut sein«, fragte ich meine Tante.

»Sei still«, ermahnte sie mich und ging weiter. »Was hätte ich sonst sagen sollen, morgen wird sie es vergessen haben«, flüsterte sie mir ins Ohr. Ich wünschte mir ihr Wort in Gottes Ohr und hoffte, dass Woulas Gedächtnis Lücken aufweisen würde, während wir weitergingen.

Zuhause entledigten wir uns unserer Einkaufstüten. Es roch wunderbar nach Samstag. Evangeli hatte den Hausputz schon erledigt und spielte nun mit meiner Schwester. Onkel Kostas war im Garten rechtzeitig fertig geworden und Sakis hatte, wie abgemacht, ein Kaninchen abgezogen und somit unseren Sonntagsbraten gesichert. Toni kehrte gerade von der Platia zurück, wo er mit Freunden über den Sinn des Lebens philosophiert hatte und dabei die Sinnlosigkeit harter Arbeit erfahren konnte und wie man sich davor am besten schützt. Toni stellte viele Ansprüche an das Leben zum Ärger meiner Tante. Er war für das Leben hier im Dorf nicht geschaffen, sagte er immer. Reisen wollte er in ferne Länder, mit einem Motorrad am liebsten. Ein Fahrrad hatte er sich gewünscht und nach langen Verhandlungen mit seiner Mutter eins bekommen. Es war eins mit mindestens zwanzig Gängen. Das beste Fahrrad in der ganzen Stadt. Toni wusste stets, was gut ist und vor allen Dingen was noch besser ist. Zur seiner Einschulung trug er als Einziger einen Anzug. Eine Seidenjacke hatte er sich zugelegt, als er ins Berufsleben einstieg und über seine gelegentlich auftretende Schwermütigkeit tröstete ihn das Rennrad hinweg. An diesem Nachmittag drehte sich alles um ein Motorrad. Vor dem Essen lenkte er die Gespräche gezielt in diese Richtung und erfand förderliche

Argumente dafür. Den Preis verschwieg er und versprach all das zu tun, was er bis zu diesem Zeitpunkt versäumt hatte.

Es war einer jener Samstage, an denen es buntes gebratenes Gemüse gab, frisches Brot und zweierlei Käse. Ein Samstag voller Harmonie und Wärme und doch war er irgendwie anders als die Samstage zuvor, seit meine Schwester und ich bei meiner Tante lebten. Als Abschluss gab es an diesem Samstag für die Erwachsenen Obst und für uns Kinder süßen Samalí. So süß, dass er die Bitternis in mir vertreiben konnte. Ein schüchterner Blick in die liebenswerten Gesichter der Menschen, die mich umhegten, verriet mir ihre Bereitschaft, mich und meine Schwester als wirkliche Teile ihrer Familie anzuerkennen. Ja, so sollte eine Familie sein und nicht anders. In bescheidener Freude fühlte ich mich meiner neuen Familie allmählich zugehörig und beschloss, nicht mehr so oft an meine vorherige zu denken. Jede Erinnerung an vergangene Tage wollte ich aus meinem Kopf löschen. Ich empfand Scham für meine Zweifel an der Familie, die mich angenommen hatte, und ich nahm mir vor, sie in Zukunft genauso zu lieben wie meine erste Familie. In meinem Onkel wollte ich einen Vater sehen und meine Tante sollte meine Mutter sein, Sakis mein großer, starker Bruder und Toni ein guter Kumpel und gelegentlicher Pausenclown. Ich sah sie alle noch einmal an, sah in ihre greifbaren, voller Freude und Leben strotzenden Gesichter. Ihre aufmerksamen Blicke fielen während des Essens immer wieder auf mich und meine Schwester und sie fühlten sich an wie unsichtbare schützende Flügel. Sie verrieten, ohne eindringlich zu sein, die Liebe, die in ihnen schlummerte, und die Bereitschaft, mit all ihrer Kraft für uns Kinder da zu sein. Ja, ich nahm am selben Abend ihre Einladung an.

Später, als das Licht ausging und ich im Bett lag und versuchte einzuschlafen, ging ich jeden meiner vorherigen Gedanken durch. Meine Erinnerung blendete fortwährend das Gesicht meiner Mutter ein, auch wenn ich meine Augen geschlossen hielt. Ich sah ihr dunkles Haar, ihre braunen seelenvollen Augen, ihr Lächeln. Ich sah, wie sie das Lied sang, das sie beim Kochen immer gesungen hatte, während ich warme Tränen auf meinen Wangen spürte und ich lautlos meine Weinkrämpfe zu kontrollieren versuchte, bis mich tiefer Schlaf erlöste.

Ich muss mir das Bild meiner Tante in der Kiste genauer angucken. Ich wische mir ein weiteres Mal die Tränen von den Augen und nehme mir vor, das sei das letzte Mal. Der Knoten im Hals hat sich längst gelöst und ich sehe alles wieder klarer. Sie war eine sehr herzliche Frau, doch sie konnte auch Zähne zeigen, wie gesagt. Für mich war sie jedoch eine zweite Mutter, und das besonders in der Zeit, als meine leibliche Mutter in Deutschland lebte.

Viele Monate vergingen, und es ging mir den Umständen entsprechend gut. An meine Mutter erinnerte ich mich nur, wenn Post von ihr kam. Jeder Brief wurde von meiner Tante mit Ungeduld geöffnet und vor versammelter Mannschaft vorgelesen. Aus einem dieser Briefe erfuhr ich, dass mein Vater bei meiner Mutter lebte. Obwohl ich ihn in den Monaten zuvor nur selten zu Gesicht bekommen hatte, empfand ich das als so etwas wie Verrat. Dennoch wiederholte ich die vorgelesenen Zeilen im Geiste und gab mir große Mühe, sie nicht ganz ernst zu nehmen.

»Liebe Schwester und Schwager, gegrüßt seid ihr aus Deutschland. Nun ist mein Mann bei mir und es geht uns gut.«

Es fiel mir schwer, zu verstehen, dass es meinen Eltern ohne ihre Kinder gut ging. Des Weiteren schwärmte meine Mutter von Deutschland und den Deutschen. Es sei ein sehr schönes und sauberes Land mit vielen Wäldern und Flüssen, die selbst im Sommer Wasser führten, schrieb sie. Mehrmals betonte sie die Freundlichkeit der Menschen dort. Eifersüchtig bemühte ich mich, ihre Schwärmereien zu überhören. Ich dachte an meinen Großvater, der anderer Meinung war: »Sie kommen adrett in ihren makellosen Uniformen und eh du dich versiehst, stellen sie dich vor eine Wand und erschießen dich.«

Diese Worte machten mir Gänsehaut. Wie konnte meine Mutter sich so irren? Sicher war, dass ich in dieses Land keinen Fuß setzen wollte. Die Deutschen konnten mir gestohlen bleiben, sagte ich mir trotzig. Auf ihre Briefe antwortete meine Tante alsbald nach Erhalt. Sie mochte ihre Schwester nicht warten lassen.

Irgendwie hörte sich der Anfang ihrer Briefe immer gleich an. Zu Beginn nach festen Regeln der Höflichkeit formuliert, schwand unmittelbar danach alles Förmliche dahin und brandete über in eine Mischung aus Dialekt und etwas, was meine Tante als Neugriechisch verstand. Sie schrieb meiner Mutter alles, was im Dorf passierte oder nicht passierte. Wer geheiratet hatte und wer sich verlobt hatte, wurde ebenfalls erwähnt. Nicht verschwiegen wurden auch diverse zwischenmenschliche Arrangements. Danach schrieb sie über jeden aus der Familie etwas. Gerne wurden auch die Großeltern erwähnt und ihre Gesundheit. Zu guter Letzt fanden in den letzten Zeilen innigste Wünsche ihren Platz. Eine baldige Rückkehr und Gottes Segen waren nur einige davon.

Wenn genug Platz übrig blieb – und das war oft der Fall – mussten meine Schwester und ich unsere Hände auf das Briefpapier legen. Meine Tante zog dann mit dem Stift eine Linie um unsere ganze Hand, so dass eine exakte Kopie entstehen konnte. Darunter fügte sie unsere Namen und das Datum ein. Ich hatte nicht den blassesten Schimmer, wofür das gut sein sollte. (Als vor einiger Zeit mein Sohn einen Gipsabdruck seiner Hand aus der Schule mitbrachte, um ihn mir zu schenken, verstand ich, welche Sehnsüchte unsere Handkopien stillen sollten. Seit dem Tag sammle ich alles, was mit meinen Kindern auf irgendeine Art und Weise zu tun hat. Bekritzelte Blätter Papier, aus denen meine Tochter eine irrwitzige Geschichte lesen kann, die obendrein noch bebildert ist, oder ein Scherbenhaufen, den mein Sohn in kürzester Zeit zu einem Dinosaurier zusammensetzt und sogar hinterher den Namen kennt.)

Ich erinnere mich an einen Brief meiner Mutter, der uns zwei Jahre später erreichte. Meine Tante hatte ihn zuerst an jenem Vormittag gelesen. Mit einem Lächeln und feuchten Augen hatte sie uns anschließend angeschaut und uns offenbart, dass meine Mutter ein weiteres Kind zur

Welt gebracht hatte. Überrascht suchte ich im Geiste nach einem Gesicht für das Kind.

»Es ist ein Junge und heißt Georg, wie unser Vater«, rief meine Tante hocherfreut.

Ich wusste nicht, für welche Gefühle ich mich entscheiden sollte. Vorgenommen hatte ich mir, Abstand zu nehmen von meinen Eltern, jedoch angesichts solcher Nachrichten überkamen mich große Zweifel. Die Geburt meines Bruders warf meine hart erkämpfte heile Welt aus der Bahn. Wie sollte ich damit umgehen und vor allem, welche Gefühle wollte ich mir erlauben? Jedes zugelassene Gefühl war ein Risiko für sich. Eine reizvolle Reise mit ungewissem Ausgang. Nach langem Zögern malte meine Fantasie das Abbild meines Bruders. Dort spielten wir zusammen und erlebten viele Abenteuer. Dort rief ich seinen Namen und er meinen und zusehends nahmen solche Gedanken Besitz von mir.

Ferner schrieb sie, dass mein Vater uns im Sommer holen würde und wir dann endlich eine richtige Familie sein würden. Verwirrt stellte ich mir immer nur die eine Frage: Ein richtige Familie, was hieß das schon? Lebte ich etwa nicht in einer richtigen Familie, auch wenn sie nicht meine eigene war, und warum sollte ich die Liebe dieser Familie aufs Spiel setzen? Je mehr ich darüber nachdachte, desto konfuser wurden meine Gedanken, und jede Spur von Neugier auf das neue Land, meine Mutter und meinen Bruder, die mich überfiel, wurde im Keim erstickt. In der Hoffnung, dass das Vorhaben meiner Eltern sich nicht erfüllen würde, versuchte ich jeden Gedanken an dieses Thema zu verdrängen.

Meine Befürchtung sollte sich nichtsdestotrotz schneller bewahrheiten, als mir lieb war. Eines schönen Morgens hielt ein unbekanntes Auto vor unserer Tür und ein großer Mann mit Anzug stieg aus. Lachend beglich er seine Rechnung und verabschiedete sich vom Fahrer des Autos. Sein suchender Blick durch das Eisentor verriet Sehnsucht. Er trug einen Hut, wie ihn feine Herren in Schwarzweißfilmen trugen, und zwei Koffer in seinen Händen. Zwei ansehnliche Backenbärte wuchsen ihm fast bis zum Kinn. Sein Anzug passte wie angegossen und seine Schuhe waren frisch poliert.

»Lina, du, Lina, wo steckst du?«, waren die ersten Worte, die er laut-hals rief.

Um die Ecke tauchte meine entgeisterte Tante auf. Ihre Hände an der Schürze abtrocknend, suchte sie nach dem fremden Mann. Sie blieb vor dem Eisentor stehen. Fuhr mit ihren Händen ordnend durch ihr Haar und anschließend durch ihr rosiges Gesicht. Ein knappes Lächeln zeigte sich auf ihren Lippen. Ihre Augen wuchsen.

»Philip, mein Schwager, wo kommst du denn her?«

Mein Herz pochte ganz laut, als ich den Namen des Mannes hörte. Kreidebleich versteckte ich mich im Treppenabgang zum Brotkeller und hoffte, von allen in Ruhe gelassen zu werden. Was ich mir dabei gedacht hatte, kann ich gar nicht mehr zusammenfassen. In der Abgeschiedenheit des Treppenabgangs sah ich mein Problem gelöst. Aus meinem Versteck hörte ich widerwillig die Stimmen all derer, die am Empfang teilnahmen. Man begrüßte sich und weinte. Wie Nebel in den frühen Morgenstunden breitete sich eine Stimmung aus, die mir ungeheure Angst machte, und ich schaute mich suchend nach meiner kleinen Schwester um. In meiner Aufregung hatte ich übersehen, dass sie mir gefolgt war und nun neben mir saß. Sie hockte auf ihren Knien und lächelte wie ein Honigkuchen-pferd. Ihre Unterlippe hatte sie mit ihrer Zunge ausgefüllt.

»Spielen wir verstecken, Stefo?«, fragte sie mich.

Ich schwieg und versuchte meinen starken Harndrang zu bändigen. Meine kleine Schwester jedoch, die alles als Spiel verstand, fragte erneut.

»Ja ... vielleicht ... oder nein ... sei mal still jetzt«, antwortete ich hoch-gradig nervös.

Einer nach dem anderen waren sie mittlerweile auf der Terrasse und stellten dem Mann Fragen, die er selbstbewusst beantwortete.

»Wie lange bleibst du und wo ist Theodora?« hörte ich meine Tante Lina fragen.

»Nicht lange, Theodora musste arbeiten.«

»Nimmst du die Kinder mit?«, fragte Evangeli.

Mein Herz pochte laut, wohl wissend, um welche Kinder es ging.

»Ja, es sieht ganz so aus, Theodora will sie sehen.«

»Du sollst wissen, den Kindern geht es sehr gut« tröstete meine Tante.

Seine Stimme klang fremd, doch es bestand kein Zweifel, er war der, für den ich ihn hielt. Seinen Namen brachte ich nicht über die Lippen, gleichwohl wusste ich, wer er war. Er hatte sich sehr verändert und sah sehr kultiviert aus. Oh Gott, wie aufgeregt ich doch war. Sollte die Spannung weiter so rapide steigen, bräuchte ich dringend frische Unterwäsche, dachte ich und gestand mir mehrfach meine Feigheit ein.

»Wer ist der Mann, Stefo, und warum versteckst du dich?«, wollte meine Schwester wissen.

»Ich weiß es nicht ... ich meine, ich bin mir nicht sicher«, sagte ich ihr und war mir, dessen ungeachtet, sicher wie noch nie.

»Sollen wir Mama fragen?«

Die kleine Koulitza nannte unsere Tante »Mama«. Sie war zu klein, als unsere Mutter ging, und sah in Tante Lina ihre Mutter.

»Nein, wir können jetzt nicht zu Mama«, antwortete ich schnaufend.

»Warum nicht? Sag schon.«

»Na weil der Mann da ... ist ...«

Ich zögerte es auszusprechen.

»Und wer ist der Mann?«, drängte mich meine Schwester.

»Ich weiß es nicht, ich glaube, das ist unser ...«

»Welcher unser? – Nun sag schon!«

Mein Sinneschaos war vollkommen. Ich mochte nicht antworten. Wollte so klein sein wie eine Ameise. In eines der Löcher an der Wand des Kellerabgangs wollte ich abtauchen.

»Stefanaki, Koulitza, wo seid ihr denn? Kommt raus ihr zwei, wollt ihr denn nicht sehen, wer da ist?«, rief Onkel Kostas.

Nein, wir wollten nicht heraus, auf keinen Fall würden wir herauskommen. Die Lage da unten war zwar unerträglich, aber herauskommen würden wir nicht. Koulitza schaute mich fragend an.

»Kennst du den Mann, Stefo? Bitte sag es mir.«

»Ja, ich kenne ihn ... das ist ... Papa ...«

»Warum flüsterst du denn?«

»Stefanaki, dein Papa ist da, komm schon!« versuchte es nun Evangeli.

Ich hatte immer noch Angst und wollte – wenn ich nur gekonnt hätte! – diesen Moment aus meinem Bewusstsein löschen. Übel und kalt war mir auch.

Heute erinnere ich mich, welches Unbehagen solche Situationen auch in den folgenden Jahren – bis auf den heutigen Tag – in mir auslösten. Eine Mischung aus Übelkeit und Taumel, und wenn ich aus Verzweiflung meine Augen schloss – im Glauben, dem so zu entfliehen –, stand ich in einem dunklen Raum, an dessen Decke lange Vorhänge hingen, die mir das Weiterkommen unmöglich machten. Wie gelähmt trottete ich dort zwischen den langen Vorhängen auf der Suche nach dem Ausgang.

»Koulitza, der Papa ist da, komm raus, er hat dir ganz viel mitgebracht. Eine Puppe ist auch dabei.«

Für einen Moment wuchsen die kleinen Augen meiner Schwester. Ihre Lippen formten ein Lächeln.

»Hast du das gehört? Ich gehe hin, komm mit«, beschloss sie augenblicklich.

Ich dachte, oh Gott, wieso musste das passieren? Ich hasste solche Momente und wünschte mir, es wäre alles schon vorbei.

Meine Schwester meinte es ernst. Sie wollte tatsächlich hochgehen. Das hieß, ich würde dort unten im Treppenaufgang ohne Begleitung sein. Womöglich müsste ich dann allein aus meinem Versteck heraus und das würde mir noch schwerer fallen. Nichts half, ich musste es hinter mich bringen und ihn begrüßen, je eher desto besser. Nach einem kurzen Gebet bekreuzigte ich mich dreimal, dann war ich so weit. Wie ein programmierter Roboter erhob ich mich und nahm meine Schwester an die Hand. Was war schon dabei, es waren ja nur eintausend Stufen bis zu der Hölle, die sich in jenem Moment auf unserer Terrasse abspielte, und noch mal eintausend bis zu meinem Vater. Jeder Schritt war eine Qual auf diesem endlosen Weg und je näher wir kamen, umso größer wurde der Knoten in meinem Hals. Alle Versuche, ihn runterzuschlucken, scheiterten. Meine Sinne schalteten sich der Reihe nach aus. Ich nahm mir vor, ihn nicht anzugucken und alles über mich ergehen zu lassen, ich bekam ohnedies keinen Ton heraus – wie immer seit dem Weggang meiner Mutter in solchen Situationen.

Unser Ziel fast erreicht und ich beinahe ohnmächtig, pochte mein Herz so laut, dass jeder es hören konnte. Lachende Gesichter und ein Stimmengemisch begleiteten uns. Ab hier schien alles in mir außer Kontrolle zu geraten. Kein Organ meines Körpers gehorchte mir. Es lief alles in Zeitlupe vor mir ab. Reale und irreale Welt verschmolzen miteinander, so dass ich nur Bruchteile wahrnehmen konnte. In diesem tranceähnlichen Zustand wurde ich umarmt und begrüßt. Anschließend durfte ich mich zum Aufwachen auf einen Stuhl setzen.

Es vergingen einige Minuten, bis ich aus der »Narkose« erwachte, wieder Stimmen auseinanderhalten konnte und zahllose Fragen beantworten musste, bis meine Tante Lina erlösend unserem Vater fragte, ob er hungrig sei. Er bejahte und Tante Lina richtete provisorisch den Gartentisch her. Evangeli brachte emsig Brot und Käse. Die reifen Tomaten und die Gurke, die Onkel Kostas geschwind aus dem Garten geholt hatte, wurden fachgerecht von Tante Lina in einen bunten Salat verwandelt. Der Tisch war im Nu gedeckt mit allem, was schmeckt und satt macht. Meine Tante vergaß nichts. Ich hingegen saß wie angewachsen auf dem Stuhl und fand nur langsam zu mir.

»Komm, Schwager, genier dich nicht und greif zu«, bot sie ihm an.

Das ließ sich unser Vater nicht zweimal sagen. Während er das Brot schnitt, sprach Tante Lina das »Vater unser«. Alle bekreuzigten sich andächtig, nur mein Vater nicht. Mir waren die Hände gebunden und Koulitza hatte andere Pläne – die neue Puppe verlangte ihre gesamte Aufmerksamkeit.

Während er aß, betrachtete ich ihn sehr eingehend. Ein fremder Mann, der in mir gleichermaßen Unsicherheit und großes Interesse erzeugte. Als wir noch zusammenlebten, war er zum Leidwesen meiner Mutter und dem meinen sehr selten zuhause, und wenn er da war, sprach er nur wenig mit uns. In seiner Nähe wurde man das Gefühl nicht los, er sei stets woanders mit seinen Gedanken. Auf Fragen hatte er nie gern geantwortet, und welche gestellt hatte er nur selten. Jede Begegnung mit ihm wurde stets von Angst begleitet, die ich nicht mehr erklären kann. Vielleicht weil er bei jeder Kleinigkeit so laut werden konnte oder meine Mutter nicht besonders gut behandelte. Glücklich war er nur, wenn er bei seinen Freunden sein konnte. Vorzugsweise im Kafenion, wo er leidenschaftlich Backgammon spielte.

Seine Anwesenheit ließ keinen Zweifel daran, dass er uns beide mitnehmen würde. Nach Deutschland wollte ich nicht, das stand fest. Geschworen hatte ich mir, meine Heimat nicht zu verlassen. In keinem Fall würde ich klein beigeben. Mich konnte nichts erweichen. Selbst der Anblick des Koffers nicht, der auf den Stufen des Hauses stand und mir zuzwinkerte.

»Hast du gut auf deine Schwester aufgepasst, Stefanaki?«, fragte unser Vater mich wie aus heiterem Himmel, während er den Salatteller mit einem Stück Brot abtupfte.

Darauf war ich nicht vorbereitet. Ich schluckte erst einmal. Gleich im Anschluss ließ ich meinen Kopf sinken und ich fühlte mich wie ein Schüler, der von seinem Lehrer befragt wird.

»Ja«, sagte ich leise.

»Warst du auch ein guter Junge?«

Ein weiteres ängstliches »Ja« folgte. Er lehnte sich zurück und strich über sein Gesicht. Dabei bemerkte ich sein Lächeln – es nahm mir die ungeheure Angst.

»Wollt ihr zwei mit nach Deutschland, na?«

Ich zuckte mit den Schultern, wollte nicht zu viel von meinen Gefühlen preisgeben. Verunsichert täuschte ich Entgegenkommen vor. In meinen tiefen Inneren jedoch suchte ich nach einer Entscheidung.

»Macht mal den kleinen Koffer da auf«, unterbrach mein Vater meine Gedanken.

Meine Schwester stellte sich, weniger zögerlich, mit ihrer neuen Puppe unter dem Arm vor den Koffer und versuchte, ihn aufzumachen. Die Puppe musste sie zweifelsohne bekommen haben, als ich mich noch in der »Narkose« befand. Mein Vater nickte andeutungsweise.

»Komm, Stefanaki, hilf ihr.«

Auf den Koffer war ich neugierig, hatte aber immer noch Hemmungen, mich dorthin zu begeben. Nach einigen Minuten und mehrmaligem Zureden meiner Tante löste sich der Krampf in mir, und ich nutzte die kurze Unaufmerksamkeit meines Vaters, um zum Koffer zu gehen.

Meine Schwester begrüßte meine Entscheidung mit einem Lächeln, und mit vereinten Kräften öffneten wir den Koffer und wurden erschlagen von dem grandiosen Inhalt. Unzählige Tüten voller Süßigkeiten, jede Menge Schokolade und die vielen bunten Riegel stillten allein durch ihr Dasein unseren Hunger nach Süßem. So viele schöne Sachen auf einmal hatte ich noch nie gesehen. Mein anfängliches Zögern ließ nach und ich wartete auf die Aufforderung, diese herrlichen Sachen zu verkosten.

»Das ist alles für euch, ihr könnt euch etwas nehmen.«

Das sollte der Startschuss sein. Mit Vergnügen stürzten wir uns auf die Süßigkeiten und probierten einen Riegel nach dem anderen. Während weiche Schokolade sich in meinem Mund ausbreitete, gingen mir etliche Gedanken durch den Kopf. Interessant wäre das schon, dieses Deutschland, und der Wunsch, meinen Bruder zu sehen, wuchs stetig. Nicht ganz unbeteiligt an diesem Sinneswandel waren ohne jeden Zweifel die vielen Sachen, die wie ein Geschenk des Himmels zu uns heruntergeflattert waren.

»In Deutschland gibt es noch mehr davon«, sagte mein Vater.

Schlagartig wurde dieses Land mir immer sympathischer. Jeden Tag einige dieser Riegel und ich würde vielleicht meine Meinung ändern und doch mitfahren, dachte ich.

»Da gibt es die tollsten Sachen, sage ich euch. Es gibt nichts, was es nicht gibt.«

»Gibt es Tiere in Deutschland?«, fragte ich und wundere mich über mich selbst. Mut war nicht meine Stärke, Schokolade jedoch vermochte meine Zunge zu lösen.

»Oh ja, ganz viele.«

Mein Vater erzählte uns einiges über das fremde Land. Über seine Erfahrungen in Deutschland, die nur Gutes kannten. Über die Menschen dort, die Häuser, die Straßen, die Landschaft. Dann erzählte er über meine Mutter und meinen Bruder und irgendwie verblasste meine anfängliche Scheu und ich verspürte große Lust, noch mehr zu erfahren. Ich traute mich, weiter Fragen zu stellen, und zwar all jene, die mich damals am meisten interessierten. So fragte ich meinen Vater:

»Gibt es auch Kühe?«

Nachdem mir mein Vater bestätigt hatte, dass es in Deutschland viele Kühe gab, nahm mein Wissensdurst rapide zu und ich beschloss, nach meinem Lieblingsgetränk zu fragen.

»Und Milch, gibt es da Milch?«

Er lachte und trank den letzten Schluck aus seinem Glas aus. Dann wand er sich wieder mir und meiner Schwester zu und guckte ernst.

»Milch gibt es auch und du wirst es nicht glauben, eingepackt in Papiertüten.«

Schweigsames Staunen zeichnete sich in allen Gesichtern ab.

»Milch im Papier? Wie machen die das denn?«, fragte meine Tante ungläubig.

Just in diesem Moment keimte in mir der Wunsch, mehr zu erfahren von dieser Milch im Papier. Eine merkwürdige Vorstellung, die in mir den Verdacht schürte, die Deutschen müssten zaubern können. Ja, die Milch im Papier wollte ich sehen, unbedingt.

Zucker löst bei mir das aus, was bei einem Alkoholiker der Alkohol auslöst. Nach der dritten Schokolade und dem zweiten Riegel war meine Neugier genau so schnell wie meine Sympathie für das neue Land gewachsen, und meine Zustimmung zu einem Besuch dorthin wurde immer wahrscheinlicher.

»Ihr zwei, ihr habt mir noch nicht geantwortet, wollt ihr mit, um eure Mutter zu sehen?«

Wir zogen es vor, nicht mehr zu antworten. Es könnten kostbare Minuten sinnlos vergeudet werden, in denen wir den einen oder anderen Riegel verdrücken könnten. Wir nickten ein paar Mal stellvertretend für ein »Ja« und widmeten uns dabei den angenehmeren Dingen des Lebens, deren Hauptbestandteil Zucker war. So nah war ich dem Zuckerkollaps noch nie.

Dass mein Vater irgendwann ins Haus ging, um sich hinzulegen, haben wir nicht bemerkt. Zu betörend die vielen und fremden Aromen und Geschmäcker. Zu bunt die Farben und Formen. Selbst die Verpackung war anders und so schön, einfach nur schön. Die Krönung jedoch, ja die Krönung war für mich die Sache mit der Milch in Papiertüten. Ich stellte mir dünnes Zeitungspapier vor, in eine Form gewickelt und gefüllt mit

Milch. Aus allen Ecken und Kanten schoss Milch heraus und das Papier fiel in sich zusammen. Mehrmals versuchte ich in meiner Vorstellung, eine Tüte zu formen, die imstande wäre, Flüssigkeiten zu verwahren, ohne dabei beschädigt zu werden.

Noch bis zum Abend sollte mich das Thema nicht in Ruhe lassen. Überwältigt von der Idee, ein neues und fremdes Land zu bereisen, lag ich in meinem Bett und konnte kein Auge zumachen. Ständig versuchte ich mir das alles vorzustellen. Von den anfänglichen Ängsten keine Spur mehr, und alle Vorurteile ertränkte ich in flüssiger Schokolade mit Nüssen und Rosinen. Ja, ich war bereit, dem Ruf meines Vaters zu folgen. Wie werden wohl die Menschen dort sein? Wie klingt ihre Sprache? Wie werden wir wohnen? Wie sieht mein kleiner Bruder aus? Und werde ich meine Tante und meinen Onkel vermissen? Fragen, die nicht enden wollten. Bei all der Euphorie quälte mich aber eine unterschwellige Unschlüssigkeit. Je länger ich darüber nachdachte, desto mehr Zweifel überkamen mich, ob ich das Richtige tue. Ich hatte schon einmal neu beginnen müssen und mich in ein neues Leben eingefügt. Ob es ein weiteres Mal genau so gut klappen würde, das konnte mir niemand sagen. Mit einem lachenden und einem weinenden Auge redete ich mir ein, dass alles gut würde. Neben mir schlief meine Schwester schon. Die einzige Vertraute in einer neuen Welt. Dafür war ich Gott dankbar.

Unendlich müde schloss ich meine Augen und versuchte auch zu schlafen, doch die Erlebnisse des Tages ließen mich nicht los. Zu viele neue Eindrücke verlangten nach Einlass in meinen völlig überforderten Kopf. In diesem Wirrwarr der Gefühle und der tausend Fragen schaffte es eine Frage immer wieder, zu mir vorzudringen. Und einem Rätsel gleich sollte mich diese Frage an die Schwelle eines neuen Lebensabschnitts begleiten: Wie funktioniert das mit der Milch im Papier?

IN EINEM ZUG NACH DEUTSCHLAND

Mit der Handvoll Haarnadeln, die in der Kiste mit den anderen Habseligkeiten liegen, konnte Tante Lina stets ihre typische Frisur stecken. Nach dem Waschen und bevor sie sie mit den Nadeln fixieren konnte, trug sie immer Lavendelöl auf die Haare. Dann sah ihre Frisur streng wie die einer alten griechischen Skulptur und glänzend wie Seide aus. Ich erinnere mich an den einnehmenden Lavendelduft. Auf meiner Nachtkommode liegt stets ein Säckchen mit Lavendelblüten. Immer wenn ich zu Bett gehe, halte ich es mir unter die Nase, manchmal schließe ich dabei meine Augen. In der Ruhe, die mich dann erfüllt, tauchen betörende Bilder auf, die den Duft der Vergangenheit mitbringen.

»Deutsche Frauen tragen Hüte und nicht Öle in ihren schön gelegten Haaren«, sagte Tante Lina einige Tage, bevor meine Schwester und ich unserem Vater nach Deutschland folgten.

Sie glaubte, dass ein Hut allemal besser sei als ein Duftöl, und obwohl sie alles Moderne lobte, zog sie die altbekannten und vertrauten Dinge vor. So hatte sie oft den Wunsch geäußert, irgendwann einmal auch nach Deutschland zu reisen.

„Dann werde ich mir einen Hut kaufen, wie sie ihn die wohlhabenden deutschen Frauen haben", sagte sie.

Doch den Weg dorthin hat sie nie gefunden.

»Geht ihr schon mal vor und ich werde ganz sicher nachkommen«, hatte sie zuletzt gesagt.

Ihr Satz war gerade mal eine Woche her, und es traf das ein, was unvermeidlich war. Ich saß auf einem Sitz in einem Abteil eines Waggons in Richtung Deutschland, und alles um mich wirkte irgendwie unwirklich. Ich hatte nicht die geringste Vorstellung davon, wie weit oder wie lange die Reise dauern würde. Angestrengt versuchte ich zu begreifen, wie groß unsere Erde sein musste.

Ablenkung bot mir das große Panoramafenster im Abteil des Zuges, der länger war, als jedes andere mir bekannte Gefährt. Langweilig war mir nicht, aber unruhig war ich. Wie ein Film fuhr die Landschaft an meiner Nase vorbei. Das Programm recht vielseitig, bot es mal große Städte, mal ein paar dahingeworfene Häuser und Menschen bei ihrer Arbeit. Tiere, die völlig unbeeindruckt vom vorbeifahrenden Zug friedlich grasten, und wärmende Sonnenstrahlen, die gelegentlich von längeren rabenschwarzen Tunneln unterbrochen wurden. Ich hatte zuvor einen Wechsel der Landschaft erwartet, weil ich mich im Glauben wiegte, Deutschland liege gleich hinter Griechenland. Ich würde es sofort erkennen, glaubte ich. Nur woran? Mein Vater hatte mir von mehrstöckigen Häusern erzählt, und ich hielt eisern Ausschau danach. Seit vielen Stunden wurden wir nun unsanft gerüttelt und geschüttelt. Währenddessen las mein Vater vertieft in seiner Zeitung und meine Schwester übte sich fasziniert in ihrer Mutterrolle. Als Kind diente ihr die kleine Puppe, die ihr unsere Mutter geschickt hatte. Die Enttäuschung war perfekt, als mir bei der letzten Passkontrolle bewusst wurde, dass wir nicht die Grenze zu Deutschland passierten, sondern die zum damaligen Jugoslawien. Erschwerend kam noch die Tatsache hinzu, dass wir seit dieser letzten Kontrolle mein über alles geliebtes Griechenland verlassen hatten. Das Land der Götter und Helden war nun sehr weit weg und der Abstand zwischen uns wurde rasend schnell größer.

Zum ersten Mal war ich so weit weg von meinem Dörfchen und von der Frau, die in den letzten Jahren meine Mutter war. Ich gab mir große Mühe, mich von solchen Gedanken abzulenken. Einige Hochhäuser aus einer Platenbausiedlung in Titos Hauptstadt waren dabei ein willkommene Hilfe. Das Wetter war klar und sonnig und dennoch wirkte die Stadt auf mich kalt und ungemütlich. Ich konzentrierte mich auf die vielen Menschen, die überall auf den Straßen zu sehen waren. Auf die Autos, die wie aus anderen Epochen aussahen, und auf die zahlreichen Symbole sozialistischer Ideologie, deren Bedeutung ich erst viele Jahre später verstehen sollte.

Mittlerweile hatte mein Vater die Zeitung beiseitegelegt und stöberte in der Tasche mit dem Essen. Es war schon spät und draußen wurde es langsam dunkel. Er fragte, ob wir Hunger hätten, und wir bejahten seine Frage wie aus einen Mund, ohne von unserer Beschäftigung abzulassen.

»Na kommt, wir essen eine Kleinigkeit, bevor wir die Grenze nach Österreich passieren«, sagte er.

Beim Aufmachen der Proviantasche wurden vertraute Düfte frei. Das Verabreichen einer gehörigen Portion Heimat holte mich wieder auf den Boden der Tatsachen zurück. Der aufkommenden Sehnsucht begegnete ich mit Taten und packte mit aus. Die Tasche, eine regelrechte Grube von Vertrautem, machte alle meine Ablenkungsversuche zunichte. Es gab Hackbällchen, Käse, Brot, einen Salat und ganz viel Obst. Die Sachen, die Tante Lina für uns eingepackt hatte, waren nicht nur irgendwelche Lebensmittel. Nein, es waren bitterschöne Erinnerungen. Noch nie zuvor hatte ich eine solche Erfahrung machen können.

Außer der Reihe hatte sie auch eine Lauchpastete gebacken, eingewickelt in ein Leinentuch. Das blaue karierte Küchentuch und der eigenartige Knoten waren unmissverständliche Insignien meiner Heimat.

Mein Vater verteilte das Brot und die Hackbällchen. Ebenfalls schnitt er jedem von uns ein Stück vom Käse ab. Mein Hunger hielt sich in Grenzen. Mehr aus Sympathie als aus Hunger aß ich mit den beiden.

Nach dem Abendessen wurde es draußen schnell dunkel. Die erste Nacht im Zug brach an. Wie eine Ewigkeit kamen mir die letzten Stunden vor. An jenem Morgen um fünf Uhr waren wir noch in Griechenland gewesen und in Kürze sollten wir die österreichische Grenze passieren. Was bedeutete, dass wir noch weiter weg von meiner Heimat sein würden.

Kurze Zeit später wurde der Zug langsamer, bis er geräuschvoll anhielt. Wir waren an der Grenze. Menschen stiegen nicht aus, aber Kontrolleure mit Uniformen stiegen ein. Uniformen und Waffen erfüllten mich schon immer mit Unbehagen. Die jugoslawischen Kontrolleure am Morgen waren sehr übellaunig gewesen.

Sehr sparsam mit Höflichkeiten und mächtig in Eile kontrollierten sie dennoch peinlich genau unsere Pässe. Begrüßung und Abschied fielen weg.

»Passport, Passport!«, waren ihre einzigen Worte.

Als mein Vater unsere Pässe herausholte und sie dem bewaffneten Kontrolleur anvertraute, wurde es im Abteil still.

»Dobro!«, rief er und ging.

Stolz auf unseren handlungsfähigen Vater lehnten wir uns zurück, bis der Grenzposten dann das Abteil wortlos und mit donnernder Abteiltür verließ.

»Grüß Gott die Herrschaften, Ihre Pässe bitte.«

Verblüfft verfolgten wir das mittlerweile gewohnte Prozedere, ohne ein Wort zu sagen. Wozu auch, mein Vater hatte alles im Griff.

»Na, schau 'n mir mal, wen wir da haben.«

Ich lächelte ihn feierlich an, was, wie ich hoffte, den Eindruck erweckte, ich verstünde alles. Indes übte sich mein Vater in Smalltalk. Das ließ mich zur Schlussfolgerung kommen, er beherrsche auch Österreichisch.

Ich fragte mich unentwegt, wie viele Sprachen er noch sprach? Meine Achtung für ihn stieg von Stunde zu Stunde.

»Wünsche den Herrschaften gute Reise und angenehme Nachtruhe.«

Wieder allein im Abteil, machten wir uns zum Schlafen bereit. Ich musste nur noch mich des Drucks, der seit einigen Stunden meiner Blase immens zu schaffen machte und den ich bis dahin mit Erfolg unterdrückt hatte, entledigen. Mein Vater verstand meine Anstalten.

»Am Ende des Ganges ist ein kleiner Raum auf der rechten Seite – das ist die Toilette«, sagte er hellseherisch.

Ich entschied mich allein dorthin zu begeben, nicht ohne etwas Angst. Um nichts auf der Welt hätte ich jedoch meinem Vater von meiner Angst erzählt. Er sollte keinen falschen Eindruck von mir bekommen. Das Letzte, was ich wollte, war ihn zu enttäuschen. Er sollte stolz auf seinen Sohn sein.

Als der Zug sich erneut mit lautem Zischen in Bewegung setzte, machte ich mich auf den Weg. Der Gang war eng, es herrschte Durchzug und das monotone Geräusch der Schienen war lauter als im Abteil. Die vielen Menschen, die in den Stunden zuvor noch überall gestanden hatten, waren nicht mehr da. Runde Deckenleuchten versorgten den Gang mit gedämpftem Licht. Ausdauernd hielten sie die übermächtigen Attacken der

Nacht fern, die durch die Fenster den Gang wiederholt in Besitz zu nehmen versuchten.

Ich krallte mich an den Griffen der Außenwand fest und ging langsam vorwärts. Mein Unternehmen erwies sich als sehr wacklig. Ringend um Gleichgewicht, nahm ich auf meinem Weg zur Toilette ungewollt sowohl visuelle als auch akustische Eindrücke auf. In dem Abteil neben uns saßen vier Leute. Ein älterer Herr las vertieft in einem Buch. Drei gut gelaunte Soldaten ihm gegenüber spielten Karten. Ein Stück weiter im nächsten Abteil saßen zwei Nonnen. Sie sahen ähnlich aus wie unsere Nonnen. Eine lächelte mir zu und nickte freundlich. Ich nickte zurück, studierte dabei die fremden Physiognomien ganz genau und suchte nach eventuellen Ähnlichkeiten mit meinen Landsleuten. Das erste Bild von den Deutschen hatte ich mir machen können.

Als ich vor der Toilette stand, musste ich warten, sie wurde offensichtlich von jemand anderem beansprucht. Ich stellte mich vor die Tür und übte mich in Geduld.

Sonst immer eher schüchtern und kleinmütig, fühlte ich mich jetzt vergleichsweise sicher angesichts der Nähe meines Vaters.

»Mein Vater ist bei mir«, wiederholte ich im Geiste und wurde von einem Gefühl der Vertrautheit heimgesucht. Ich klappte einen der Wandsitze, die an den Gangwänden hingen, auf und setzte mich hin und erfreute mich am sanften Schwindelgefühl. Meinen Blick richtete ich auf die Schlossöffnung an der Toilettentür. Mein Gehör hingegen konzentrierte sich auf das Abteil mir gegenüber. Ich war mir nämlich sicher, zwischen aufreibendem Schluchzen Griechisch gehört zu haben. Ich versuchte durch die Scheiben des Abteils die Leute auszumachen. Von Tante Lina hatte ich erfahren, dass die Geheimnisse anderer Leute eine schwere Last seien und machte mich bereit, ein paar Kilo auf meine Schultern zu laden. Kaum weg von zuhause und die Sehnsucht nach vertrauten Lauten kannte keine Grenzen. Eine junge Frau weinte und der Mann neben ihr versuchte, sie zu beruhigen. Er saß neben ihr und hielt ihre Hände in seinen. Unter eindringlichen Blicken sagte er:

»Wir werden sie alle wiedersehen, Lenió, deinen Vater, deine Mutter und auch die anderen.«

»Ja, aber das Jahr ist so lang«, entgegnete sie.

»Aber denk doch darüber nach, wir haben doch uns, und unseren Sohn darfst du nicht vergessen«, sagte er, während er ihr liebevoll über den Bauch streichelte, der verriet, dass sie in freudiger Erwartung war.

Seine Stimme bemühte sich nicht zu versagen, doch seine Augen verrieten seinen Kummer.

»Du hast Recht, aber wer sagt dir, dass es ein Junge wird, ich wünsche mir ein Mädchen«, sagte sie und ließ ein kaum wahrnehmbares Lächeln zu.

Nun schauten seine Augen wieder hoffnungsvoll, seine Stimme wurde leichter.

»Alles, was du willst, mein Leben, doch weine jetzt nicht mehr, und nächstes Jahr feiern wir Taufe zuhause in Griechenland.«

Eng umschlungen in ihrem Abteil trösteten die zwei einander und träumten wer weiß von welchen Träumen. Meine kindlichen Augen konnten kaum erahnen, welche Sehnsucht sie erfüllte. Heute weiß ich es. Ich habe mir im Laufe der letzten Jahre einen Satz angeeignet, der genau das ausdrückt: »Glücklich der, der träumen kann, und selig der, der Träume leben darf.«

Die Toilettentür ging auf und ich sprang auf wie ein Grashüpfer. Der Mann, der herauskam, trug einen Hut mit einem Pinsel und sein Gesicht war ein einziges Lächeln. Wie angewachsen bestaunte ich seine seltsame Kluft. Der Pinsel auf seinem Hut wurde, kaum zu glauben, von anderen Merkwürdigkeiten übertroffen. Er trug eine kurze Lederhose und seine kniehohen Strümpfe sahen aus, als wäre seiner Frau beim Stricken das Garn ausgegangen. Ob sie ihn wärmten, wagte ich zu bezweifeln in Anbetracht der sichtbaren Waden. Doch sein Schnauzbart stellte die absolute Krönung da. Fuchsrot und ellenlang war er zur Brezel gezwirbelt.

Zwei in buschige Augenbrauen eingepackte Augen schauten mich liebenswert an und eine tiefe Stimme versuchte, Kontakt zu mir aufzunehmen.

»Wuilst nei Buam?«

Ich zeigte ihm nur meine Handinnenseiten und zuckte mit den Schultern. Angst hatte ich keine, nein. Dieser Mann würde mir nichts tun, da war ich mir sicher.

»Scho recht Buaschi, kannst nei, wenn du wuilst.«

Verstanden hatte ich kein einziges Wort, doch es klang liebenswert und ungeheuer sympathisch. Ohne jeden Zweifel, das musste ein Deutscher sein, da war ich mir sicher. Er entsprach allen Klischeevorstellungen, die ich damals von den Deutschen hatte. Der Mann ging seines Weges und ich in die Toilette. Die fünfzehn Minuten, die ich dort verbrachte, sollten mein erstes Abenteuer sein. Ich ließ mir Zeit mit dem Studieren dieses überschaubar kleinen Raumes, der mit mehr Luxus ausgestattet war, als das Plumpsklo bei Tante Lina. Es gab viel zu entdecken. Aus meiner Sicht war dieser kleine Abort eine Ansammlung von Raritäten. Eine wahre Zauberkiste.

Eine Toilettenschüssel, ein Becken mit fließendem Wasser und ein Spiegel waren fest an der Wand installiert. Das Fenster war entsprechend klein und mattiert. Das gab mir die Privatsphäre, die ich brauchte, um mich zu erleichtern. Ich verriegelte erst einmal die Tür. Dann öffnete ich den Deckel und setze mich auf die Schüssel. Ein leichter Zug von unten irritierte mich ein wenig. Ich hatte das Gefühl, durch die Schüssel bis zum Gleisboden gucken zu können.

Nach getaner Arbeit zog ich an der Leine hinter der Toilette und schloss wieder den Deckel. Anschließend wusch ich mir die Hände. Am Becken montiert und einem übergroßem Ei ähnlich, hing der Seifenspender. Am oberen Rand sah ich so etwas wie eine Taste. Mit der einen Hand drückte ich und die andere platzierte ich direkt darunter. Eine weiche, flüssige und wohlriechende Masse strömte heraus auf meine Hand. Ohne Zweifel, die Seife.

Wie samtig sich das anfühlte, und es duftete so herrlich nach Limonen! Die großen Papierservietten, die aus der Metallkiste heraushingen, benutzte ich zum Abtrocknen. Menschen, die so viel Sinn für das Schöne haben, können nicht schlecht sein, dachte ich.

Rasch verließ ich das Klosett und begab mich in Richtung Abteil zu meinem Vater. Im Abteil neben der Toilette war Ruhe eingekehrt. Das griechische Paar hatte die Vorhänge zugezogen und versuchte wahrscheinlich zu schlafen. Träumen würden sie von der Heimat und von ihrem Kind. Von der Taufe im Kreise all jener, die sie liebten. Die Nonnen nebenan an schliefen auch schon. Wer weiß, wovon sie träumten, und die Soldaten im nächsten Abteil spielten nicht mehr. Nur der ältere Herr las immer noch in seinem Buch.

Als ich in unserem Abteil ankam, hatte mein Vater die Sitze schon ausgezogen. Meine kleine Schwester schwebte bereits im Reich der Träume und ich gedachte dasselbe zu tun.

»Du hast lange gebraucht, Stefano«, meinte mein Vater.

»Wieso?«, fragte ich.

»Wir haben soeben die deutsch-österreichische Grenze passiert.«

Ich nahm meinen Platz am Fenster wieder ein und suchte interessiert nach einem Hinweis. Weit und breit aber kein Schild, auf dem Deutschland stand. Auch das hatte ich mir anders vorgestellt. Vergeblich bohrte ich meinen Blick in die dunkle Nacht, es war nichts zu sehen. Ein wenig enttäuscht legte ich mich so hin, dass ich mühelos in die schwarze Nacht sehen konnte.

Nur die Gleislaternen strahlten endlos ihr grelles Licht. Ich vermied, in sie hineinzusehen, und lenkte meinen Blick auf den zunehmenden Mond. Sein sanftes Licht beruhigte mich. Eine unermüdliche Lichtquelle im nächtlichen Leben. Mein Begleiter in der unbekannten Fremde. Jemand hatte mir mal gesagt, dass man den Mond von jedem Land dieser Welt sehen könnte, folglich auch aus Deutschland, kombinierte ich. In der Vergangenheit war er die einzige Verbindung zwischen mir und meiner Mutter. Nun würde er die einzige Verbindung zwischen mir und Tante Lina sein. Die Gewissheit, dass ich ab jetzt – in welchem Land auch immer ich leben sollte – eine meiner zwei Mütter vermissen würde, begleitete diesen Gedanken.

In der letzten Woche vor der Abreise waren wir zunehmend aufgeregt gewesen. Meine Tante hatte unsere Sachen sortiert und festgelegt, was wir davon auf der Reise anziehen sollten. Für mich hatte sie den braunen, nach Mottenpulver riechenden Anzug ausgepackt und für meine Schwester das Kleid, das Evangeli für sie genäht hatte. Ich war stolz auf meinen braunen, kleinkarierten Anzug. So stolz wie an jenem Tag, als ich ihn bekommen hatte. Das lag zwei Jahre zurück. Damals hatte er noch gepasst. Irgendwie schien er an diesem Tag geschrumpft zu sein.

»Bis Deutschland wird er noch reichen, Stefanaki, und da kann dein Vater dir einen neuen kaufen«, meinte Tante Lina.

Probiert und für passend befunden wurde mein Anzug auf die Leine zum Lüften aufgehängt. Das letzte Mal hatte ich ihn getragen, als wir Monate zuvor das Foto für meine Mutter hatten machen lassen. Es war ihr ausdrücklicher Wunsch gewesen.

Früh am Morgen schickte mich meine Tante zum Bürgermeister, um mir von ihm meine Haare schneiden zu lassen. Er hieß eigentlich Matthias, aber so nannte ihn niemand im Dorf. Den Beinamen Bürgermeister hatte er sich in seiner vierjährigen Legislaturperiode als Dorfführer verdient.

»Er soll sie dir recht schön kurz schneiden, Stefanaki«, sagte Tante Lina und gab mir die fünf Drachmen zum Bezahlen.

Recht kurz, wenn ich das schon hörte, wurde mir übel. Seine Haarschnitte waren reine Schändungen, sie hatten weder etwas mit Recht zu tun noch waren sie schön, darüber hinaus tat er mir schrecklich weh dabei. Meine Lage war ebenso tragisch wie aussichtslos an jenem Tag. Meiner Tante war das aber egal; der Schnitt sollte möglichst lang halten. Minuten später saß ich auf dem alten, reparaturbedürftigen Holzstuhl inmitten des anarchisch anmutenden Gartens des Bürgermeisters und betete zu Gott um eine möglichst schnelle Abwicklung.

Ohne ein Wort zu sagen, legte er mir den Umhang um, der eigentlich eine Tischdecke war. Um meinen Hals wurde es so eng, dass ich leichten Brechreiz verspürte. Ich war mir nicht sicher, ob das die Strafe für die zu leise ausgesprochene Begrüßung war oder schlicht nur fehlende Sympathie für mich seitens des Bürgermeisters. Er fing hinten im Nacken an, wo er die ungeschliffene und uralte Handschneidemaschine, die nach Öl schrie, bis zum Oberkopf führte. Ich kam mir vor wie ein Acker beim Pflügen und spürte jede Furche, die die Maschine oder besser gesagt der

»Mähdrescher« aushob. Dabei zuckte ich zusammen und ließ ab und zu einen Laut heraus, um dem Schmerz einen Ausdruck zu geben.

»Still, still, Junge!«, sagte Matthias stoisch im viertelstündlichen Rhythmus.

Das war die einzige Reaktion meines Peinigers und sein Sprachtempo machte mir unmissverständlich klar, dass er über unendlich viel Zeit verfügte. Aus Verzweiflung fing ich an, die Bodenfliesen in seinem Garten zu zählen, die überwiegend baufällig und lose waren. Als er dann den Umhang, der eine Tischdecke war, noch fester zuschnürte, drohte dieser mich zu erwürgen. Da war ich mir ganz sicher, dass der Bürgermeister mich nicht besonders mochte und dafür bestrafte, dass ich ihn nicht begrüßt hatte. Dabei hatte ich ihn begrüßt!

Ich hätte ihn gern nachträglich und formgerecht noch mal begrüßt, um unser Verhältnis ein wenig aufzubessern, wenn er mir meinen Kopf nicht bis zum Bauch gedrückt hätte. Über meine Biegsamkeit war ich sehr überrascht, als meine Nase fast meinen Bauch berührte. Hoffentlich verstehen deutsche Friseure ihr Handwerk besser, dachte ich, allein deswegen lohnt es sich auszuwandern.

Nachdem der Bürgermeister mit dem Mittelfeld fertig war, waren die Seiten an der Reihe. Ehrgeizig setzte er sein Werk fort und verpasste mir noch etliche seiner nie wieder heilenden Furchen. Ich hatte schon angefangen, mich gänzlich an die Schmerzen seines Pfluges zu gewöhnen, und wartete gespannt auf die Aussaat, die folgen würde, als sein quietschendes Folterinstrument unterhalb meines Ohrs in Richtung desselben zugange war. Leichtes Ziehen am Ohrläppchen und die Gewissheit, als Nächstes mein Hörvermögen zu verlieren, ermutigten mich, eine knappe Beschwerde loszuwerden. Doch der Bürgermeister überhörte jedes meiner Worte. Stattdessen begrüßte er in gewohnter reservierter Weise den nächsten Kunden, der mir gegenüber auf einem der Holzstühle Platz nahm.

Resigniert schwieg ich und verschluckte einen Aufschrei. Von neuem zählte ich die desolaten Fliesen am Boden, die mit jedem Zählen mehr wurden. Doch auch das half mir nicht wirklich.

»Mit Franza oder ohne?«, fragte mich der Bürgermeister abschließend und schnitt mir einen Pony, ohne meine Antwort abzuwarten.

Momente wie diese geben einem das Gefühl, nicht existent zu sein, besonders als Kind fühlt man sich überflüssig und ohne Seele. Nach einigen Minuten, die mir vorkamen wie Jahre, beendete der Bürgermeister sein Werk mit folgenden nicht ganz ernst zu nehmenden Worten: „Me jasou!" – »Trage diese Frisur mit Gesundheit!«

Vielleicht verhilft sein Wunsch meinen Wunden am Kopf zur schnellen Heilung, dachte ich. Mit unzähligen Kratzern und einer verunglückten Frisur bezahlte ich und verließ den Bürgermeister. Hinter mich warf ich den obligatorischen Stein. Das macht man in Griechenland so in der Hoffnung, den Ort, den man mit dem Stein beworfen hat, nie wieder zu betreten. Froh, die Tortur hinter mich gebracht zu haben, gelobte ich mir, die nächsten Wochen jedem Spiegel aus dem Weg zu gehen.

Als am Nachmittag der Fotograf ankam, durfte ich meinen geliebten Anzug anziehen und auf der Terrasse in Stellung gehen. Meine kleine Schwester Koulitza hatte ihren weißen Wintermantel angezogen und strahlte wie ein geschmückter Weihnachtsbaum. Ihre Frisur hatte Evangeli zu einem sogenannten Schirm mit einer Spange gebunden.

Der Fotograf hatte die Idee, mein Hundewelpe Koutis sollte mit auf das Bild, wegen der Harmonie, wie er sagte. Evangeli, mächtig beeindruckt von seiner Ausrüstung, lobte ihn für seine überdurchschnittliche, unübertreffliche Idee. Nur Koulitza brach in Tränen aus und legte noch einen drauf, als die Erwachsenen um uns herum zu lachen anfingen. Die Kulisse war vollkommen. Ein müder Hundewelpe im unteren Teil des Bildes, ein Mädchen mit Wintermantel – mitten im Sommer – das sich die Seele frei schrie, ein Junge mit einem zu kurz geratenen kleinkarierten Anzug, der bis über beide Ohren strahlte und ein ideenreicher Fotograf, der im richtigen Moment auf den Auslöser drückte.

Ich hätte gerne gewusst, was meine Mutter gedacht hat, als sie das Bild gesehen hat. Hat sie vielleicht geweint oder gar gelacht, während sie das Foto in ihren Händen hielt? Wahrscheinlich hat sie gelacht, um nicht zu weinen, oder aber sie hat geweint, um nicht zu lachen. Gewiss ist jedoch, dass sie das Foto umarmt hat, um ihren Kindern so nah wie nur möglich zu sein. Mit dieser schönen Vorstellung schlief ich – recht spät für meine Verhältnisse – endlich ein.

Die Nacht schien zu Ende zu gehen und der Mond überließ zaghaft das Feld der emporsteigenden Sonne. Ich versuchte mir darüber klarzuwerden, ob ich das alles geträumt oder gedacht hatte. Mit steifem Nacken und unglaublich müde begrüßte ich aufgewühlt den neuen Tag, der über uns herfiel und mich noch einmal daran erinnerte, wo wir waren. Wie Streicheleinheiten hingegen empfand ich die warmen Sonnenstrahlen, die sanft, ja fast zaghaft mein verschlafenes Gesicht streiften. In der Vergangenheit hatte ich von vielen Auswanderern gehört, wie grau der Himmel über Deutschland bei ihrer Ankunft war, und konnte nun ihren Erzählungen kaum glauben. Indes vernahm ich mit gemäßigter Freude die Ansage des Lautsprechers.

»In einer Stunde werden wir Köln erreichen«, übersetzte mein Vater.

Zeit genug, um uns der morgendlichen Toilette zu widmen, dachte ich und machte mich auf, meine Neugier mit neuen visuellen Eindrücken zu befriedigen. Mehrstöckige Gebäude und Straßen unter uns ließen meine Augen wachsen und meinen Mund schloss ich ab sofort nicht mehr. Die Zukunft in Deutschland hatte bereits begonnen – in den Augen eines sechsjährigen Jungen, der die ersten Anflüge von Heimweh verspürte, wirkte sie unglaublich modern und geradezu unwirklich..

Dröhnend offenbarten uns die riesigen Lautsprecher des Kölner Hauptbahnhofs, dass sich der Zug nach Aachen über Düren auf Gleis neun voraussichtlich um eine halbe Stunde verspäten würde. In der Annahme, die Wartenden damit zu beschwichtigen, bat die Stimme aus dem Lautsprecher höflichst um Verständnis. Das zeigte Wirkung, denn die Gelassenheit, die von in den Startlöchern stehenden Passagieren an den Tag gelegt wurde, war ein absolutes Novum für mich. Kein Aufstand und nicht die geringsten Bosheiten. Selbst der größte Ärger wurde sanft heruntergespielt und man richtete sich auf die kaum nennenswerte Zugsverspätung ein.

»Wir haben noch Zeit, sollen wir uns die Stadt anschauen?« fragte mein Vater.

Erschlagen von dem Treiben und überwältigt von den Dimensionen des Bahnhofs schüttelten wir – auf griechische Weise bejahend – die Köpfe. Mit Laufschritt näherten wir uns der großen Treppe, über die, wie mir schien, alle hinunterwollten. Unsere Gesichter würde ich gerne noch einmal sehen, als wir verwundert feststellten, dass die eisernen Stufen dieser Treppe wie von Geisterhand nach unten fuhren. Das musste das neunte Weltwunder sein! Ich stellte mich, stets meinen Vater in Sichtweite, ängstlich auf die erste Stufe und zog meine Schwester zu mir. Eine andere Möglichkeit gab es nicht, denn hinter mir wurde gnadenlos geschoben. Sanft wie auf Wolken glitt die Treppe nach unten und gewährte uns eine kleine Atempause. Ich wusste nicht, wo ich zuerst hingucken sollte. Neu und faszinierend war alles um uns. Deutschland war nicht nur anders, sondern roch auch neu und irgendwie fremd. Eine Mischung aus nicht definierbaren, aufregenden Düften. Meine Sinne waren alle in Alarmbereitschaft und meine Augen hielten Ausschau nach neuen Motiven.

Ein elegant gekleideter Mann vor mir unterhielt sich sehr angeregt mit einer Frau, die neben ihm stand. Sie sah aus, als wäre sie einem Modemagazin entsprungen. So eine schöne Frau hatte ich noch nie gesehen, aber was hatte ich schon gesehen? Der Anblick der beiden verlangte meine gesamte Aufmerksamkeit. Ich rückte ganz nah an sie heran, ein Hauch von süßlicher Frische streifte meine Nase, und ich ließ jede zufällige Berührung geschehen.

An ihre Fersen geheftet, lief ich Gefahr, meine Bewunderung zu verraten. Ich unterbrach meine Gefühlsaufwallung nur, um meinem Vater, der weit hinter uns beiden stand und Koffer und die Provianttasche festhielt, zu suchen. Ich durfte ihn auf gar keinen Fall aus den Augen verlieren.

Mein Enthusiasmus für die Mitfahrenden wurde von ihnen ganz unverblümt erwidert. Offenbar gaben wir ebenfalls ein interessantes Bild ab. Ich fragte mich, ob es an meiner Frisur, die eigentlich zwanzig Jahren später Mode werden sollte, lag oder an meinem braunen kleinkarierten Anzug, der seine beste Zeit schon hinter sich hatte. Die gigantische Ankunftshalle, die wir gerade erreichten, verschluckte einen förmlich. Mein Vater hatte nicht übertrieben. Die vielen unterschiedlichen Menschen, die uns dort entgegenkamen, sollten als Nächstes meine Aufmerksamkeit auf sich ziehen. Sie sahen alle so anders aus als die, die ich bis dahin kannte, und sie lächelten, obwohl es noch früh am Morgen war. Das war ebenfalls gewöhnungsbedürftig. Die zahllosen Geschäfte im Untergeschoss erweckten den Eindruck, wir seien schon in der Stadt. Blumen und Zeitungsläden wechselten sich ab mit Bäckereien und Schnellimbissen. Beflissen hielt ich Ausschau nach einem Milchladen – ich wollte unbedingt die deutsche Milch entdecken. Nachdem wir unten angekommen waren, übernahm mein Vater wieder die Führung. Dort, schien es mir, hatten sich alle Menschen dieser Welt versammelt. Schwer vorstellbar, dass wir uns mitten durch diese Menschenmenge fortbewegen sollten.

»Wir schließen die Koffer ein und gehen dann aus dem Bahnhof«, schlug mein Vater als Nächstes vor.

Koulitzas Hand mit meiner zusammengeschweißt, schritten wir durch den dichten Menschenwald, nah an unseres Vaters Fersen. Mir war schon immer bewusst, wie klein ich war, doch umringt von riesigen Deutschen kam ich mir vor wie ein Zwerg aus den grimmschen Märchen.

An einem der Schalter kaufte mein Vater die Fahrkarten. Ich nutzte die Zeit, um die Dame am Schalter eingehend zu studieren. In Anbetracht dieser Frau fühlte ich mich wirklich wie eine Figur aus einem Märchen. Sie hatte ohne jeden Zweifel ihre Schönheit mit dem Farbpinsel erkämpft. Da meine Fantasie mit mir durchging und mich in diesem Märchen in die Rolle eines Zwerges befahl, fragte ich mich, ob die Dame die Rolle der guten Königin oder der Hexe innehatte. Ihr Haar war weißblond. Sie trug viel hellblaue Farbe um ihre Augen und ihre Lippen waren zartrosa. Bei näherem Hingucken stellte ich fest, dass das schwarze Muttermal auf ihrer linken Wange nur gemalt war. In meiner kindlichen Neugier wollte ich unbedingt wissen, wozu diese Maskerade eigentlich diente. Ich dachte, vielleicht hat sie sich insgeheim ein Muttermal gewünscht, das sie offensichtlich nicht bekommen konnte. Wie gerne hätte ich ihr den Rat gegeben, Oliven zu essen! Laut der griechischen Überlieferung, müssen Frauen, die eine Olive – so nennen wir ein Muttermal – haben wollen, viele Oliven essen. Während sie geübt die Fahrkarten ausstellte, schenkte sie uns ein sparsames Lächeln. Das überzeugte mich, ihr die Rolle der guten Königin zuzuteilen. Mit den Fahrkarten in der Jackentasche gingen wir zu den Schließfächern und deponierten unsere Sachen darin.

»So, jetzt gucken wir uns die große Kirche mal an.«

Unweit vom Bahnhof stand die gewaltige Kirche, besser gesagt der Dom, der mir schon von weitem mächtig Respekt einflößte. Die Luft draußen vor dem Bahnhof war erfüllt von Düften, die an Gebratenes erinnerten. Die Frage meines Vaters, ob wir Hunger hätten, verneinten wir. Was mich viel brennender interessierte, war der Verkauf von Milch, Milch in Papiertüten. Ich wollte weitersuchen nach diesem Wunderwerk. Wir überquerten die Straße, was sich bei so viel Verkehr als sehr heikel erwies. Lächerlich klein kam mir im Vergleich zu dieser Straße unsere Hauptstraße im Dorf vor, deren Überquerung mir bereits Angst gemacht hatte. Doch bunte Ampeln verschafften uns hier freies Geleit und wir waren im Nu auf der anderen Straßenseite. Eine enge Steintreppe, die an der riesigen Wand baumelte – die Domplatte baute man später – führte uns hinauf und wir standen nun vor der kolossalen Kirche. Die zwei riesigen Türme ragten bis in den Himmel und die Basilika war so lang wie der Zug, der uns bis hierher gebracht hatte. Jeder Blick nach oben wurde von der verspäteten Morgensonne erschwert. Zutiefst beeindruckt und voller Demut für die Größe dieses Prachtbaus wuchs mein Respekt für die Deutschen weiter. Das konnte keine Kirche sein, selbst die des heiligen Nikolaos in Kozani sah neben ihr wie eine Hütte aus. Es ist eher der Turm von Babel, dachte ich, ja das musste er sein. Was die Babylonier nicht fertigstellen konnten, haben die Deutschen geschafft. Wie haben die nur Gott überlisten können, fragte ich mich.

Ich wollte die Türme berühren und streckte ehrfurchtsvoll meine Hand aus. Beim Blick nach oben wurde mir kurz schwindelig, und die steinernen Ornamente – lauter Teufelsfratzen – brachten mir die Hölle näher als den Himmel.

Dies war eindeutig der fertige Turm zu Babel. – Menschliche Unbeirrbarkeit und Kunstempfinden, aber auch Glaube überzeugen den Allmächtigen, gelegentlich Kolossalbauten zu verschonen. Der Dom ist für mich der Beweis dafür. – Mein Vater schwieg und genoss unser Staunen. Die Ornamente auf den Außenwänden des Doms sahen wirklich furchterregend aus. Sie machten mir Bange, aber gleichzeitig weckten sie in mir ungeheures Interesse. Obwohl ich nicht in der Lage war, die Bedeutung und Grandiosität der Domarchitektur in Worte zu fassen, wurde er für mich dennoch zum Wahrzeichen meines Gastlandes. Das Wahrzeichen meines deutschen Bewusstseins bis heute.

Wie viele Menschen haben schon daran gearbeitet und wie lange haben sie dafür gebraucht, waren meine vorherrschenden Fragen. Eine Frage bereitete mir am meisten Kopfzerbrechen: Warum ist eine Kirche mit so hässlichen Figuren ausgestattet?

Sollten die teufelsähnlichen Figuren die Menschen in der Kirche schützen oder sie gefangen halten? Meines Wissens waren solche Gestalten Gottes Feinde, also hielten sie die Menschen in der Kirche gefangen. Aber dann würde das bedeuten, dass der Dom in Köln kein Gotteshaus ist, und wer in Gottes Namen würde eine Kirche bauen, die dem Teufel geweiht ist? Naive Gedanken in einer fremden Welt der Wunder.

Verunsichert lenkte ich meinen Blick zum Kiosk neben dem Dom, dem wir uns näherten und der eher mit irdischen Gegenständen ausgestattet war und für jeden Jungen in meinem Alter die reinste Fundgrube darstellte. Er verkaufte, unter anderem, kleine und große Taschenmesser. Ob zu seinem Sortiment auch Milch in Papiertüten gehörte? Ich wollte ihn mir aus der Nähe anschauen. Leichtfüßig zog ich meine Schwester dorthin mit.

Der erste Blick verriet mir, dass der Kiosk keine Milch verkaufte, geschweige denn Milch in Papiertüten. Jede Menge Postkarten mit Motiven aus ganz Nordrhein-Westfallen und dem Schwarzwald fand ich stattdessen. Bierkrüge aus Bayern und Nachbildungen der Siegessäule von Hermann aus dem Teutoburger Wald. Ein Sammelsurium der Extraklasse. Warum auch nicht, in Griechenland bekommt man Akropolisminiaturen in den entlegensten Ecken des Landes.

Die wunderschönen Messer in dunkelroter Farbe mit dem kleinen Kreuz in verschiedenen Größen und mit unzähligen Funktionen entschädigten mich für die fehlende Milch in Papiertüten.

Der Anblick dieser ungewöhnlichen Taschenmesser ließ mich die Höllengestalten am Dom vergessen. Ideenreich war ich schon immer: Ich dachte sofort daran, was ich alles damit machen könnte, und es war mir unbegreiflich, wie ich die ganzen Jahre ohne eines dieser Taschenmesser hatte auskommen können. Mir wurde bewusst, welche peinigende Lücken solch ein überlebensnotwendiges Gerät schließen würde. Um der Entbehrung beizukommen, wollte ich meinen Vater von der Dringlichkeit, mir eines zu kaufen, überzeugen. Ich sah mich schon, wie so oft, mit dem Messer in der Tasche durch unser Dorf gehen. Mein Ansehen vor den Jungs würde enorm steigen. Wie eine Königskrone würde mich das Messer unbestritten zum Fürsten aufsteigen lassen. Überdies könnte ich für alle meine Untertanen die besten Schleudern schnitzen. Lebendig geworden standen meine Freunde vor mir und beneideten mich hochgradig. Jeder wollte mein Messer sehen und anfassen. Stolzgeschwellt erlaubte ich allen, das Wunderwerk zu bestaunen.

»Kommt Kinder, wir müssen jetzt wieder in den Bahnhof, sonst verpassen wir unseren Zug.«

Die wenigen, aber wirkungsvollen Worte meines Vaters beraubten mich meines Traumes. Immer wenn es am schönsten ist, muss man gehen. Weder als kleiner noch als großer Junge werde ich mich daran gewöhnen können. Ich verstand, dass der Zeitpunkt, meinen Vater danach zu fragen, ob ich eins der Messer haben könnte, höchst ungünstig war. Den Standort aber merkte ich mir und nahm mir vor, irgendwann zurückzukehren und mir das Messer zu kaufen. Meine Fantasie rechnete mir erneut die tausend Verwendungsmöglichkeiten vor.

Und ich kam zurück, mehrfach sogar. Das Schweizer Taschenmesser habe ich mir nicht gekauft, und doch habe ich mir etwas anderes zu eigen gemacht: Eigenheiten und Mundart dieser alten Stadt und ihrer Menschen. Neugier und mein unerschütterlicher Wille, den Geist jener Zeit einzufangen, halfen mir erfolgreich dabei.

Hand in Hand eilten wir zum Bahnhof und befreiten unsere Koffer aus dem Schließfach. Nunmehr damit vertraut, nahmen wir die Treppe zum Gleis neun, als unser Zug aufgerufen wurde.

»Wir haben noch Zeit, habt keine Angst, Kinder«, beruhigte uns mein Vater.

Auf Gleis neun stand – wie ich viel später bei meinen Recherchen über griechische Gastarbeiter in Deutschland erfahren sollte – eine rote Zugmaschine des Typs V200 der Baureihe 220 der deutschen Bundesbahn. Eine Lock, die schon mehrere hundert Gastarbeiter in ihren Abteilen transportiert hatte. Ein Gefährt, das wohl schon viel Trauer und Freude in sich getragen hatte und wahrscheinlich noch sehr lange tragen würde. Für mich war es damals nur der Zug, der uns endlich zu unserer Mutter bringen würde.

Wenige Minuten später glitten wir fast geräuschlos aus dem Bahnhof, vorbei an den weniger schönen Hinterhöfen, die durch den einsetzenden Regen noch grauer und verlassener wirken. Der gigantische Dom hatte aus der Entfernung die Ausmaße eines Spielzeughauses, war aber noch gut erkennbar. Und wieder zogen mehrstöckige Gebäude mit vielen Fenstern an uns vorbei. Unter uns fuhr die Straßenbahn und eine große Anzahl frisch polierter Autos. Dem Anschein nach flammneu, irritierten mich die Autos ein wenig. Bei näherem Hinschauen vermisste ich die Attribute der Mannhaftigkeit. Wo waren die Beulen und die unzähligen Kratzer am Lack? Jeder halbwegs vernünftige griechische Fahrer erkämpft sich seine Lackschäden mit viel Hingabe und Aufopferung. Kratzer und Beulen sind Auszeichnungen, regelrechte Medaillen der Straße.

Es fiel auf, dass die Straßen sehr sauber waren, frisch gefegt könnte man sagen. Ich fasste das als Willkommensgruß auf.

»In einer halben Stunde sind wir da«, versicherte uns mein Vater.

»Hast du gehört, Koulitza, es dauert nicht mehr allzu lange«, wiederholte ich die Worte meines Vaters.

Koulitza genügte diese Erklärung. Um uns abzulenken, machte mein Vater das Fenster auf. Wir stellten uns davor und bekamen prompt einen tüchtigen Regenguss ab. Unser Gelächter war nicht zu überhören und erneut stellten wir uns davor, um noch mehr von dem kühlen Nass abzubekommen. So viel Spaß hatten wir seit unserer Abfahrt nicht mehr gehabt. Doch der Spaß war nicht von langer Dauer – der Regen hörte genauso schnell auf, wie er angefangen hatte.

So eine Zugfahrt hält noch manch eine Überraschung mehr parat, denn als wir wiederholt die Köpfe aus dem Fenster streckten, fuhren wir durch einen Tunnel. Dass unsere Gesichter völlig verrußt waren, sollten wir aber erst später durch unsere Mutter erfahren.

»So, macht Schluss jetzt, wir sind gleich da«, hörte ich meinen Vater irgendwann sagen.

Die Aufregung stieg mit jedem Meter, der uns näher zum Bahnhof brachte. Müde, hungrig, ungewaschen, verrußt und verschwitzt wie zwei Herumtreiber begrüßten wir unsere neue Gaststadt.

»Wie heißt die Stadt?«, fragte ich meinen Vater.

Er schaute aus dem Abteilfenster und ließ mich einige Minuten warten. Anschließend wand er sich mir zu und sagte:

»Düren.«

Ich dachte damals nicht im Traum daran, dass dieses Wort und die Stadt, der es gehört, so etwas wie eine Heimat werden sollten. Heute erfüllt es mich mit tiefer Zugehörigkeit, wenn ich von einer Reise zurückkehre und auf der Autobahn auf die nächste Ausfahrt aufmerksam werde, die den Namen Düren trägt.

Ich sprach das Wort wiederholt im Geiste und jedes Mal entschlüpfte mir ein weiterer Buchstabe.

»Wie heißt sie?«, wollte ich noch einmal wissen.

Mein Vater forderte uns auf aufzustehen und ihm zur Abteiltür zu folgen. Auf dem Weg dorthin fragte ich ungeduldig erneut: »Wie heißt diese Stadt?«

Der Schaffner öffnete die Tür, und wir konnten aussteigen. Koulitza hing wieder an meiner Hand und ich machte meine ersten Schritte in dieser mir noch fremden Stadt dicht an die Fersen meines Vaters geheftet, der sich weniger enthusiastisch um unser Gepäck kümmerte.

»Das ist Düren, Kinder, so heißt diese Stadt.«

Ich versuchte ein weiteres Mal, den Namen auszusprechen. So unvollständig es auch klang aus meinem Mund, ich war stolz, ein erstes Wort in Deutsch gesprochen zu haben. Ein deutsches Wort, das aus meinem Mund doch sehr griechisch klang.

»Diren.« Gnadenlos rollt der Grieche das »R«, und das »Ü« überhört er kontinuierlich und ersetzt es durch ein »I«.

Neugierig begutachtete ich den Bahnhof, der erstaunlicherweise aussah, als wären die Bauarbeiten gestern erst beendet worden, nicht ahnend, welche geschichtliche Last auf ihm lag. Indes versuchte ich fortwährend den Namen der Stadt auszusprechen, in der er einst gebaut worden war.

Das Wetter hatte sich wieder gelockert und die Sonne sendete, wenn auch nur zaghaft, ihre wärmenden Strahlen durch die grauen Wolken. Die Reise war wohl länger, als ich dachte. Wir hatten Griechenland im Sommer verlassen und trafen nun in Deutschland auf den auslaufenden Herbst. Meinem Vater folgend verließen wir den Bahnhof. Ein komplett neues Bild mit neuen Physiognomien bot sich uns an. Helle, freundliche Gesichter und überwiegend feine Kleidung. Doch etwas fiel mir von Anfang an ganz besonders auf: Die meisten Deutschen, die ich bis dahin gesehen hatte, waren überdurchschnittlich kräftig. Für mich ein weiteres Indiz für stetigen Wohlstand. Und noch etwas fiel mir auf. Die überwiegende Zahl der deutschen Frauen trug ihr Haar so kurz, dass ich sie nur anhand ihrer Kleidung als Frau identifizieren konnte. In der Zwischenzeit machte ich unerbittlich weiter mit meinen Sprachübungen – ohne erhebliche Fortschritte.

»Diren, Diren, Diren ...«, rief ich gemeinsam mit Koulitza.

Ich stellte meinem Vater Fragen über unser Haus.

»Wir müssen zweimal rechts und dann die Straße geradeaus«, antwortete er.

»Und wie sieht unser Haus aus?«, wollte ich wissen.

»Es ist fünfstöckig und rosa gestrichen.«

Wir wohnten in einem großen Haus, und das machte mich zuversichtlich. Dass es sich um zwei Speicherzimmer unter dem Dach handelte, sollte ich später erfahren. Ich lief vor und versuchte, es als erster zu entdecken. Meiner Schwester war es egal, ihr wichtigstes Anliegen war es, sich an mich zu schmiegen. – Seit wir unsere Tante Lina verlassen hatten, hatte sie sich an mich gehängt und kaum etwas gesagt. Ich habe mich oft gefragt, was in ihrem kleinen Kopf vorging. Auf mich konnte sie sich aber immer verlassen. Das war in Griechenland so und in Deutschland würde es auch so bleiben. Sie war der einzige Mensch, der mir so nahestand, und war stets bereit zu geben, ohne zu nehmen. In ihren Augen war ich immer ihr großer Bruder, der sie um nichts auf der Welt vergessen würde. Ohne Worte wussten wir beide, wie wichtig wir uns waren.

Übermütig und mit großen Hüpfschritten kamen wir unserem Ziel immer näher. Und als wir eine Verschnaufpause einlegten, fragten wir im Duett:

»Sind wir bald da, Papa?«

»Noch nicht, noch ein bisschen weiter«, gab er uns als Antwort.

Nach der letzten Biegung glaubte ich, unser Haus zu sehen.

»Wie sieht unser Haus noch mal aus?«, fragte ich.

»Rosa gestrichen und neben der Tür hängt ein Automat.«

»Was ist ein Automat?«

»Das ist ein Kasten, gefüllt mit ganz vielen Kaugummis.«

»Gehören die Kaugummis alle uns?«

Während ich die letzten Worte aussprach, spähten meine Augen schon längst nach dem rosa Haus mit dem wundersamen Kasten, der eigentlich Automat hieß. Am Ende der Straße sah ich es endlich einige Meter vor mir. Mit aller Kraft versuchte ich, meine Begeisterung im Zaun zu halten und Haltung zu bewahren. Den Mann, der meinen Vater auf Griechisch grüßte und nach uns fragte, übersah ich. Meine ganze Aufmerksamkeit gehörte dem in greifbarer Nähe liegenden Ziel.

Der mit Kaugummis über und über gefüllte Automat vor dem Haus gab mir die Gewissheit, angekommen zu sein. Doch so anziehend er auch sein mochte, er musste warten. Unsere Mutter und ihr kleiner Nachkömmling standen ganz oben auf der Liste der zu entdeckenden Neuigkeiten.

Mein Vater holte aus seinem Sakko einen Schlüssel, mit dem er die Tür aufschloss. Jede seiner Handlungen wurde von uns akribisch studiert. Gespannt waren wir auf alles, was sich hinter der Tür verborgen hielt. Er drückte die schwere Tür auf, an der ein Stück der Holzverkleidung fehlte, und ließ uns zwei zuerst hinein. Das grelle Morgenlicht hatte meine Pupillen auf die kleinste Größe verkleinert, so dass mir erst nach einer kurzen Dauer der Anpassung wieder Sicht gewährt wurde.

Und dann machte mein Vater zur besseren Sicht das Licht an, und wir blieben einen Moment stehen. Ein dunkler Flur mit braunen, in Schachmuster gelegten Fliesen und eine Holztreppe mit abgenutzten Trittstufen hießen uns willkommen.

»Wo müssen wir hin?«, fragte ich mir schwankender Stimme.

»Ganz oben in den vierten Stock, ihr könnt schon vorgehen.«

Oh Gott, gleich würde ich meine Mutter und meinen Bruder sehen. Ich versuchte, mir von meiner Mutter ein Bild zu machen, es gelang mir aber nicht. Zu lange war es her, dass wir uns gesehen hatten. Wie sah mein Bruder wohl aus? Ich konnte mit jeder Stufe, die ich aufstieg, meinen Puls deutlich hören. In einer der nachfolgenden Etagen hörte man Stimmen. Ich fragte meinen Vater, ob auch andere Griechen in dem Haus wohnten. Er nickte bejahend und fügte hinzu, dass alle aus unserem Dorf in Griechenland stammten.

Die Stufen schienen schier unendlich zu sein. Meine Beine machten bald schlapp. Die anstrengenden letzten Tage hatten mir arg zugesetzt. Vielleicht war es die Aufregung? Ich nehme an, es war eine Mischung aus allem, die mir die Luft zum Atmen nahezu abschnürte.

Irgendwann waren wir oben angekommen und sollten leise sein. Wir stellten uns vor die Tür und verschnauften ein wenig. Neben der Tür hing an der Wand ein Waschbecken mit fließendem Wasser. Aus dem spröden Kunststoffboden guckten die brüchigen Holzdielen weniger einladend heraus. Aus heutiger Sicht wohnten wir in einem unwohnlichen, notdürftig renovierten Speicher, doch für mich war es damals mein Zuhause.

»Klopft jetzt an die Tür und wartet, bis Mama euch aufmacht«, flüsterte uns mein Vater zu.

Ich rieb zuerst meine feuchten Hände an meiner Hose ab, dann warf ich einen Blick auf meine Schwester. Zusammen klopften wir mut- und kraftlos an die Tür, aber nichts und niemand war zu hören. Ich stand vor langer Zeit schon mal vor einer Tür, die niemand öffnen konnte. Die Aufregung erreichte nun ihren Höhepunkt und mir war flau im Magen. Ich würde lieber augenblicklich den Ort verlassen und allenfalls später wiederkommen. Doch später, wann sollte später sein? Zu allem Übel ging auch noch das Licht aus. Mein Vater drückte erneut auf den Schalter neben der Tür.

»Klopf noch mal, aber lauter, Stefano.«

Ich sammelte mich und klopfte erneut. Diesmal ganz laut.

»Ja, wer ist da? Bist du es, Melpo?«, hörte ich von drinnen meine Mutter rufen und erstarrte.

Ganz sicher, das ist ihre Stimme. Vielleicht hatte ich vergessen, wie ihr Gesicht aussah, aber ihre Stimme erkannte ich wieder. Ich würde sie zwischen hundert anderen Stimmen erkennen.

Hinter dieser Tür stand die Frau, die ich so lange vermisst hatte. Nur wenige Zentimeter trennten uns voneinander. Meine Stimmbänder versagten schon wieder und da war auch dieser bittere Knoten in meinem Hals.

»Melpo, wenn du es bist, komm rein, ich füttere gerade den Kleinen.«

Mein Vater öffnete leise die Tür und schubste uns beide hinein. Nur widerwillig und mit Bedacht machte ich meine ersten Schritte in heimische Gefilde und Koulitza streckte ihren Kopf wissbegierig aus. Ich überließ alles dem Schicksal, das mich bis dahin gebracht hatte.

Unsere neue Welt offenbarte sich uns in Gestalt eines kleinen Dachbodenzimmers. Eine beschauliche Dachluke diente als Lichtquelle. Ein großer Schrank kleidete die Innenwand und war geschmückt mit Gegenständen, die genauso fremd wie interessant waren. An höchster Stelle thronte ein Fernseher, der mich enorm beeindruckte. Rechts von der Tür befand sich eine kleine Kochnische mit einem Tisch, der gerade mal Platz für zwei Personen bot. Für das heimatliche Gefühl sorgten diverse handgehäkelte Deckchen, die überall hingen. Dennoch oder vielleicht deswegen wirkte das überschaubar möblierte Zimmer sehr vertraut und heimisch.

An der einen Zimmerecke steckte das Baby in einem grellroten Gehfrei und vor ihm kniete meine Mutter mit dem Rücken zu uns, gebückt über meinen Bruder mit einem Teller Brei in der einen Hand und dem Löffel in der anderen – so beschäftigt, dass sie uns für Melpo, die Nachbarin gehalten hatte.

Wie lange hatte ich auf diesen Tag gewartet, nur Gott wusste es. Wie oft hatte ich mir gewünscht, meine Augen zu schließen und beim Öffnen meine Mutter vor mir zu sehen. Jetzt war der lang ersehnte Moment da und ich stand da wie gelähmt und unfähig irgendetwas zu tun oder zu sagen.

»Willst du nicht deine Kinder begrüßen, Dora?, fragte sie mein Vater.

Nun drehte sich meine Mutter blitzartig um und konnte kaum fassen, was sie sah. Sie entledigte sich des Breitellers und mit einem Sprung stand sie vor uns.

»Meine Kinder, ihr seid da, ihr seid bei mir, meine Kinder, oh meine Kinder, ich lass euch nie wieder los!«

Diese Worte werde ich bis an mein Lebensende stets in der richtigen Reihenfolge wiedergeben können. Sie umarmte uns mit all ihrer Kraft. Auf die Knie gerutscht und schluchzend küsste sie uns abwechselnd, um nachzuholen, was sie versäumt hatte. Dann wieder hob sie ihr Gesicht und sah uns an, als würde sie sich vergewissern wollen, dass wir es auch wirklich waren. Das tränenüberströmte Gesicht sprach an diesem Tag eine andere Sprache: nicht mehr die Sprache der Trennung und der Trauer, vielmehr war es die Sprache des Wiedersehens und der Freude. Alle Wünsche, die ich die ganze Zeit in mir getragen hatte, und alle Sehnsüchte wurden mir an diesem Tag erfüllt. Es gibt einen Gott, ja – und er lässt sich manchmal sehr viel Zeit, um Wünsche zu erfüllen. Nicht selten bleiben Wünsche unerfüllt, doch ich spürte ihn an diesem Tag an meiner Seite.

Doch nun gehörte meine Aufmerksamkeit meinem kleinen Bruder. Aus dem lebendig gewordenen Gehfrei guckte ein runder, relativ großer Kopf heraus. Robbend versuchte er, sich uns zu nähern. Mit lächelndem Gesicht reichte er mir seine Hand und versuchte, mir etwas zu sagen. Seine kleine Hand war weich und für sein Alter recht kräftig. Mit der anderen zeigte er mir, glaubte ich, den Fernseher, der über dem Schrank seinen Platz hatte. Er war sehr aktiv und wirkte aufgepumpt, aber das war kein Wunder. Der halbleere Teller auf dem Tisch hätte gereicht, um mich zweimal zu sättigen. Seine roten Wangen sahen aus, als würden sie jeden Moment platzen.

»Ist der Runde hier unser Bruder?«, fragte ich meine Mutter.

Er sah anders aus, als ich ihn mir vorgestellt hatte. Die griechischen Elemente fehlten ihm. Ich war mir sicher, es läge daran, dass er in Deutschland geboren wurde.

Er war mir ein wenig fremd und ich beneidete ihn sehr. Das überdimensionale Köpfchen zur Seite geneigt, lächelte er mich erneut an und mein Inneres war sich sicher, dieser kleine runde Ball konnte nur mein Bruder sein. Hatte ich gerade Bruder gesagt? Ja, ich wurde über Nacht stolzer Besitzer eines kleinen Bruders. Daran musste ich mich noch gewöhnen. Ich mochte ihn auf Anhieb. Ich wusste nur nicht, welchen Platz ich ihm in meinem Herz gewähren würde. Der Platz neben Koulitza schien mir angebracht. So würde ich beide gleichhalten.

Meine Mutter wollte alles wissen und hörte nicht auf, meinem Vater und uns Fragen zu stellen. Ich besaß jedoch nur Augen für meinen kleinen Bruder, der im Begriff war, mich bis zur letzten Faser meines Herzens zu erobern. Falls mein Gott mir gerade zuhörte, wünschte ich mir aufrichtig, nie wieder von jemandem aus meiner Familie getrennt zu sein.

»Ihr seht aus wie Straßenkinder«, sagte meine Mutter.

»Ich werde euch waschen und dann essen wir, einverstanden?«

In Griechenland war ich gewohnt, Dialekt zu sprechen. Infolgedessen verwirrte mich ihre – aus meiner Sicht – gehobene Aussprache ein wenig. Das war in dem Jahr zuvor, als sie uns in Griechenland besucht hatte, genauso. Es war ihr erster Besuch gewesen, nachdem sie Griechenland verlassen hatte. Sie war mir fremd und unerreichbar geworden. Sie trug ein beiges Kostüm und hatte rote Lippen. Verzweifelt hatte sie versucht, meine Schwester in die Arme zu nehmen, doch ohne Erfolg. Koulitza wollte sie partout nicht als ihre Mutter akzeptieren. Ich war mir damals nicht im Klaren, ob ich sie lieben oder abweisen sollte. Letzteres war bedauerlicherweise meine Reaktion, die ich nach ihrer Abreise einige Wochen später bitter bereuen sollte. Ich wollte es ihr nicht einfach machen, sie sollte spüren, wie ich die ganze Zeit über gelitten hatte. Als ich jedoch bereit war, ihr zu verzeihen und mir Worte zurechtgelegt hatte, die ich ihr sagen wollte, war sie plötzlich nicht mehr da. Es war ein weiterer kalter Morgen, an dem die Sonne vergessen hatte, aufzugehen. Ich bereute bitter meine Bosheit und gelobte, bei der ersten Gelegenheit alles wieder rückgängig zu machen. Ein ganzes Jahr musste ich warten, um mein Versprechen einzulösen. Der Moment war gekommen, sie sollte erfahren, wie sehr ich sie liebte, auch wenn ich es noch nicht sagen konnte. Ob sie nun Dialekt sprach oder nicht.

Ich weiß nicht, wie lange ich noch meinen kleinen Bruder gemustert und seine Hand in meiner gewogen habe. Bezaubert von ihm, tat ich das, während meine Mutter mich und Koulitza wusch.

Nach dem üppigen Abendessen wurde mir klar, dass Hunger in diesem Haus kein ständiger Gast mehr sein würde. Es war an der Zeit, uns zu verlassen, denn seine Anwesenheit war nicht mehr erwünscht. Ab sofort sollte das Glück in unserem Haus ständiger Gast sein. Das beschloss ich so.

Mit prallem Bauch sehnte ich mich nach einem Bett, um den fehlenden Schlaf der letzten zwei Tage nachzuholen. Begierig wollte ich wissen, was sich hinter der einzigen Tür in dieser Wohnung versteckte.

»Hat es euch geschmeckt, Kinder?«, fragte uns meine Mutter.

Wir nickten stellvertretend für ein Ja und vernahmen beglückt ihre nächsten Worte:

»Ihr seid bestimmt müde, ich mache euch euer Bett und dann wird geschlafen, morgen ist auch noch ein Tag.«

Sodann sollte meine Neugier ein Ende haben. Meine Mutter ging in den geheimnisvollen Raum und brachte die Bettwäsche für unser Nachtlager.

Durch die Tür waren ein großes Bett und ein Kleiderschrank zu sehen. Es war das kleinere Zimmer, bot aber genug Platz, um zusätzlich das Babybett meines Bruders zu beherbergen. Gestört vom Heulen des Kleinen, unterbrach ich meine Recherchen, um ihn zu beruhigen. Meine Mutter versprach ihm, ihn ins Bett zu bringen, während sie mit flinken Bewegungen ein Laken über die Couch ausbreitete. Zwei Kissen legte sie dazu. Darüber kam die Decke. Ich sah sie an und konnte nicht genug bekommen. Überhaupt habe ich ihr, bei allem was sie tat, gerne zugeschaut. An jenem Abend war es besonders schön, sie anzusehen, dabei wiederholte ich mehrmals im Geiste den Satz: Ich bin zuhause. Ja, ich war zuhause! Und doch kam es mir vor wie einer meiner Träume, die ich in den letzten Jahren an meinen hellsten Tagen geträumt hatte.

Der Aufforderung meiner Mutter, uns zu waschen, gingen wir ohne jegliche Einwände nach und begaben uns zum Wasserhahn im Flur, der unser beschauliches Bad war. Zu meiner Überraschung zog mein Vater seine Jacke an.

»Ich geh dann mal«, sprach er mit leiser Stimme.

Den Satz kannte ich. Wie ein Dieb schlich er sich davon, seiner Mannestat bewusst. Seine Bekehrung war von kurzer Dauer gewesen. Das sollte mich aber an jenem Abend nicht mehr belasten. Grund dafür waren die hinreißenden fabrikneuen Schlafanzüge, die meine Mutter für uns auf die Decke gelegt hatte. Ich weiß noch, mit welch Wohlgefühl Koulitza und ich sie anzogen, nachdem wir sie sehr lange und stolzerfüllt gemustert hatten. Sie füllten sich weich an – Viskose ließ grüßen – und wir verglichen sie mit der rauen schurwollenen Unterwäsche, die wir in Griechenland sonst zum Schlafen anzogen. Auf der Couch eingekuschelt gab uns meine Mutter noch einen Kuss, und nachdem sie uns unzählige Wünsche mit in den Schlaf gegeben hatte, knipste sie das Licht aus.

Ich konnte meine Augen kaum noch aufhalten. Glückseligkeit und Müdigkeit rangen um meine Gunst. Ich sah selig, wie Hypnos, der Gott des Schlafes mit seinem Boot am Ufer der realen Welt wartete, um mich in die Welt der Träume zu entführen. Ich wog mich in absoluter Sicherheit unter seinen mächtigen Flügeln, als meine Schwester flüsternd mich mit einem Satz zurückholte.

»Stefo, bleiben ... bleiben wir für immer hier?«

Ein klägliches »ja« war alles, was sie von mir zu hören bekam.

»Ich bin aber gar nicht müde«, flüstert sie im Halbschlaf.

An ein zweites »ja« kann ich mich vage erinnern, bevor ich näher an meine Schwester rückte, um weniger allein zu sein, als mich endgültig Hypnos heimsuchte. Ich stieg ein in sein Boot, das bis zum Rand mit Eindrücken voll war. Vielleicht würde ich von der anderen Seite träumen und vielleicht wären auf der anderen Seite Griechenland und meine Tante Lina. Durch die Dachluke nahm ich die fortschreitende Nacht wahr. Nur wenige Sterne, sparsam in den Himmel geworfen, schenkten schwach ihr Licht. Zuhause waren es doppelt so viele und heller waren sie auch. Aber leuchten Sterne dort, wo man beheimatet ist, nicht immer viel heller? In jener Nacht habe ich nicht ahnen können, dass eines Tages die Sterne über dem deutschen Himmel genau so hell für mich leuchten würden. Ihr schwaches Scheinen flimmerte in meinen Augen, bis es in der Tiefe einer alles einnehmenden Schwärze ausging.

Als ich noch ein Kind war, war die einzige asphaltierte Straße im Dorf die Hauptstraße. Umso überraschter war ich, als ich bemerkte, dass in Deutschland alle Straßen asphaltiert waren. Selbst die kleinsten Gassen. Doch zu dieser Erkenntnis konnte ich erst am dritten Tag unseres jungfräulichen Aufenthalts kommen. Die ersten zwei Tage haben wir nämlich kaum unsere Wohnung verlassen. Mit unseren menschlichen Bedürfnissen gingen wir sehr sparsam um. Die Toilette befand sich nämlich unten im Hof. Meine Mutter hatte die Güte gehabt, uns an jedem der vergangenen Tage nach unten zu begleiten. Sie hatte uns alles erklärt, in der Hoffnung, uns in Zukunft allein nach unten schicken zu können.

Der Hof war ein Viereck aus kaltem grauem Beton. An die Innenwände gelehnt, parkten einige Mofas. Die zwei Toiletten direkt neben dem Haus mussten für uns alle sechs Parteien reichen. Mit Widerwillen und Unbehagen erfüllt, scheuten Koulitza und ich den Weg nach unten. Die Eroberung der Welt außerhalb der Mauern unseres Hauses unten auf der Straße würde noch warten müssen.

Am dritten Tag war es dann so weit. Nach einer weiteren himmlischen Nacht erwartete uns ein ebenso himmlisches Frühstück. Auf dem Tisch stand wieder alles und viel mehr. Unser Hunger war groß, und es schmeckte sehr aufregend.

Ich erinnere mich, wie bizarr und umständlich mir die winzigen Teebeutel vorkamen, und was die Marmeladenvielfalt betraf, so erschwerte sie eine Entscheidung. Ananasmarmelade hatte es mir ganz besonders angetan, und obwohl anfänglich sehr gewöhnungsbedürftig, konnte ich es nicht abwarten, die dazugehörenden Bäume zu sehen. Ich glaubte tatsächlich, dass die Annans in Deutschland beheimatet ist. Meine neugierigen Blicke jedoch suchten vergeblich nach der Milch. Genau genommen ging es mir gar nicht um die Milch, sondern um die komische Papiertüte, in der die Milch eingepackt sein sollte. Schließlich war das der Hauptgrund gewesen, nach Deutschland zu reisen. Wo ich auch hinguckte, keine Spur von ihr.

Die einzige Milch, die ich zu sehen bekam, war die in Georgs Fläschchen und die hatte meine Mutter lose aus der Kanne im Kühlschrank geholt. Die Frage meiner Mutter, ob wir Tee oder Milch trinken wollten, beantwortete Koulitza mit ja. Sie sagte immer ja. Sie aß alles und trank alles. Ich hingegen war sehr wählerisch, um nicht zu sagen sehr anspruchsvoll. Ich wollte liebend gerne Milch trinken, aber nur die, die aus der Papiertüte kam. Zu meinem Pech gab es diese Milch in unserer Wohnung nicht und die lose aus der Kanne im Kühlschrank wollte ich partout nicht.

»Haben wir denn keine andere Milch?«, fragte ich meine Mutter vorsichtig.

»Wieso andere Milch?«, fragte meine Mutter verdutzt.

»Welche, die in Papier ist.«

Meine Mutter guckte mich immer noch verdutzt an.

»Milch ist Milch und die, die wir haben, ist frisch von heute Morgen.«

Ich gab meiner Stimme anständig Honig und versuchte es noch einmal.

»Dann will ich die unfrische im Papier.«

Meine Mutter war bemüht, uns jeden Wunsch von den Augen abzulesen. Auf so einen merkwürdigen Wunsch schien sie aber nicht vorbereitet gewesen zu sein. Sie erklärte mir, dass eine gewisse Frau Otten aus der Nachbarschaft die Kuh selbst gemolken hatte, doch ich bestand auf die Milch im Papier.

»Vielleicht bringt Papa Milch aus dem Supermarkt mit.«

Meine Geduld wurde auf die Probe gestellt, oder hatte mein Vater etwa die Unwahrheit gesagt? Apropos mein Vater, seit dem Abend zuvor hatte ich ihn nicht gesehen, wusste jedoch von meiner Mutter, dass er auch nachts arbeiten musste. Und obwohl meine Achtung für ihn gewachsen war, fragte ich mich, warum er die übrige Zeit meistens im hiesigen Café verbrachte. Er weilte nur selten bei uns, was eigentlich nicht tragisch war, weil ich ihn die letzten zwei Jahre nur selten zu Gesicht bekommen hatte, doch irgendwie hatte ich mir das Leben in Deutschland mit ihm anders vorgestellt. Falls er das begehrte Produkt in der dazugehörenden Verpackung mitbringen sollte, würde ich ihm seine Abstinenz vergeben, nahm ich mir vor.

»Wenn ihr gegessen habt, könnt ihr draußen auf der Straße spielen gehen«, unterbrach meine Mutter meine Gedankengänge.

Auf das Angebot hatte ich schon gewartet und gewünscht, es würde nie ausgesprochen werden. Herunter zum Spielen bedeutete für mich einiges an Überwindung. Überwindung Nummer eins: durch den dunklen Flur gehen, vorbei an Überwindung Nummer zwei: unsere Nachbarn, deren Sprache wir nicht verstanden. Eine unbekannte Straße betreten, was Überwindung Nummer drei darstellte, um mit uns unbekannten Kindern zu spielen, Überwindung Nummer vier.

»Der Papa ist einkaufen, bis er zurückkommt, könnt ihr spielen gehen. Na was ist? Ihr könnt ja draußen auf ihn warten.«

Neugierig war ich schon, aber die Angst war größer, andererseits mussten wir irgendwann unsere zwei Zimmer auch mal verlassen.

»Ich werde zwischendurch nach euch sehen«, sagte meine Mutter, während sie unser Frühstück wegräumte.

»Nu habt keine Angst, meine Augen, ihr werdet sehen, unten sind viele griechische Kinder.«

Voller Zweifel wurde ich das Gefühl nicht los, sie will uns loswerden. Noch einmal weggehen würde sie wohl nicht an diesem Tag. Es gab keine Indizien dafür, und unsere Koffer wurden gestern von meinem Vater oben auf dem Schrank im Schlafzimmer verstaut. Überhaupt, wem sollte sie uns hier in diesem fremden Land anvertrauen? Nein, da brauchte ich keine Angst zu haben, waren meine vagen Gedanken.

Die griechischen Kinder waren die treibende Kraft, um mich zum Runterzugehen zu motivieren, und nach reiflicher Überlegung und gutem Zureden meiner Mutter tat ich ihr den Gefallen und unterdrückte meine Vorahnungen. Also nahm ich Koulitza an die Hand und bemühte mich, meine Zweifel zu überwinden. So weit, so gut, meine Mutter brachte uns bis zum Flur und machte das Licht an. Ich war in den letzten zwei Tagen sehr aufmerksam gewesen und hatte mir alles Wichtige eingeprägt. In jeder Etage gab es drei Türen und einen Lichtschalter, immer neben der mittleren Tür. Seit dem ersten Tag wusste ich, dass das Licht nach einigen Minuten von allein ausging. Das hieß, um kein Risiko einzugehen, müssten wir an den Wänden entlanggehen, um die Schalter in greifbarer Nähe zu haben. Da es im Flur kein Fenster gab, wurde es sehr dunkel, wenn das Licht ausging. Die Stufen würden wir einzeln und mit Wachsamkeit heruntergehen und wir müssten bereit sein, eventuell einen Rückzieher in Kauf zu nehmen.

»Bis gleich, Kinder«, hörte ich meine Mutter noch sagen, bevor sie wieder hineinging und uns dem ungastlichen Flur überließ.

In meiner linken Hand hielt ich Koulitza und mit der rechten fuhr ich über die Wand. Das gab mir ein besseres Gefühl, auch wenn die Strecke dadurch unnötig in die Länge gezogen wurde. Unter uns in Nummer vier und Nummer zwei wohnten Griechen aus unserem Dorf, wie mein Vater schon am ersten Tag erwähnt hatte, und ganz unten in Nummer eins wohnte eine deutsche Familie mit drei Kindern. Wer oder was in Nummer drei jedoch wohnte, war mir nicht bekannt. Ich wusste nur, dass ich unser Tempo erhöhen musste, um nicht im Dunkeln stehen zu müssen. Ebenfalls fand ich heraus, dass das Knarren der Holztreppe weniger wurde bei schnellerem Gehen. In der dritten Etage hörte man jemanden singen. Eine männliche, tiefe Stimme sang ein Lied in Deutsch. Zu der Feststellung kam ich, weil ich kein Wort davon verstehen konnte. Die Wohnung ging über die ganze Etage. Das bestätigte mir die einzige Klingel neben dem Lichtschalter. Für uns glich diese Etage einer Löwengrube, deshalb legte ich einen Zahn zu und verlegte unsere Route an der Treppe entlang.

Plötzlich ging das Licht aus und entsetzt und unvorbereitet standen wir buchstäblich im Dunklen. Koulitza schmiegte sich an mich und ich versuchte, mir von meiner Panik nichts anmerken zu lassen. Der einzige sichtbare Punkt in dieser schwärzesten Schwärze war der phosphoreszierende Lichtschalter neben der Klingel. Ich musste etwas unternehmen, ewig konnten wir dort nicht bleiben. Mit einigen Schritten in Richtung Schalter und dicht gefolgt von Koulitza drückte ich den Schalter, den ich als ersten erreichte. Das Klingelgeräusch, das in Folge zu hören war, verriet mir, dass ich den falschen Schalter erwischt hatte.

Das Singen hinter der Tür wurde prompt eingestellt und die Tür vor uns ging auf. Ein großer Mann mit heruntergelassenen Hosenträgern und nacktem Oberkörper kam heraus und machte das Licht an. Seine Füße steckten in ledernen Pantoffeln und eine halbgerauchte Zigarette glühte aus seinem Mund. Er begutachtete uns zuerst misstrauisch und roch entsetzlich nach geräuchertem Schinken.

»Ha, die Kinder von oben. Na, was habt ihr auf dem Herzen, ihr Spitzbuben?«, sagte er.

Er begann eine regelrechte Unterhaltung mit uns und ich verstand kein einziges Wort. Verzweifelt dachte ich nur an das Licht, das in wenigen Minuten ausgehen würde. Eigentlich wollte ich schleunigst nach unten, das wäre ihm gegenüber allerdings unhöflich gewesen. Nickend zu allem, was er sagte, bemühte ich mich, angstfrei und gefällig auszuschauen, worauf er lachend in seine Wohnung zurückkehrte und die Tür wieder hinter sich schloss. Die erste Begegnung war aus meiner Sicht der Dinge verhältnismäßig gut verlaufen. Jetzt wussten wir, wer in der dritten Etage wohnte. Wesentlich entspannter, beschloss ich, auf das Ablaufen der Lichtuhr zu warten, um sie dann erneut um weitere zwei Minuten zu aktivieren, was reichen müsste, um bis nach unten zu kommen. Begeistert von meiner erfinderischen Kombinationsgabe und um einige Meter größer fuhren wir fort mit unserem Abstieg.

Unten angekommen, öffnete ich den Haupteingang und begab mich samt Koulitza auf den Bürgersteig. Helles Licht und viel frische Luft empfingen uns an der Türschwelle. Oh Gott, wie fremd mir alles dort vorkam. Fremd und dennoch interessant. Kinder spielten und fuhren Fahrrad. Es waren Mädchen und Jungen, obwohl ich meine Probleme damit hatte, sie auseinanderzuhalten. Mein erster Eindruck wurde beherrscht von ihren langen Haaren, die, wie mir in den Sinn kam, das Resultat eines Mangels an Friseuren sein mussten. Obwohl ich von der Idee, meine Haare nicht mehr schneiden lassen zu müssen, entzückt war, fragte ich mich nichtsdestoweniger, was meine Tante beim Anblick von so kapitalen Matten sagen würde. Im Hinblick auf die Kleidung der Kinder, die sehr auffällig, konnte und wollte ich kein konkretes Urteil abgeben. Kräftige Farben dominierten und an Ellen und Knien waren lederne Stücke vernäht. Einer der Jungen trug eine ähnliche Lederhose mit Trägern wie der Mann im Zug auf der Fahrt nach Deutschland. Ein anderer Junge fuhr auf einem knallroten Roller rasant schnell, als wollte er uns imponieren.

Ich dachte an meinen Cousin Toni und seinen Roller, mit dem wir manch ein Mal die Schlucht heruntergefahren waren. Er hatte seinen Roller aus Spanplatten selber gebaut, und als Räder dienten eiserne Kugellager. Zum Bremsen hatten wir einen Stab ans Lenkrad geschraubt, der sich beim Herunterdrücken in die Straße bohrte und so schließlich den Roller zum Stillstand brachte. Ich erinnere mich an unser Rennen im

Lacko, einer steilen Schlucht, einige Monate vor meiner Abreise nach Deutschland. Alle waren dagewesen mit ihren selbst gebastelten Rennbrettern. Ich fuhr mit Toni bestimmt zum hundertsten Mal die abschüssige Straße hinunter, als beim Bremsen unser Stab abbrach und wir mit voller Wucht in den Graben fielen. Geweint habe ich an jenem Tag wie ein Schlosshund. Toni verstand es aber, mich wieder aufzubauen, und einige Minuten später flitzten wir erneut die Straße hinunter – auch ohne Bremse.

Aus der Ferne wurden wir von einigen der Kinder genau taxiert. Einer der Jungs, ein großer mit langen blonden Haaren, fuhr ständig die Straße herauf und herunter an uns vorbei und vollführte Kunststücke auf seinem Fahrrad. Ich schmolz nur so dahin bei seinem Anblick. Sein Gefährt war mit Abstand der wirkungsvollste Anblick in der Straße. Es war der Prototyp einer für die Zukunft gebauten Maschine, deren Ziel nur sein konnte, die Vergangenheit zu verlassen, um in der Gegenwart Jungen im Schulalter Glück zu bereiten. Die Rede ist von einem Bonanzarad – der letzte Schrei in den frühen Siebzigern. An beiden Enden der Griffe des riesigen zweiteiligen Lenkers baumelten meterlange bunte Plastikfransen. Ein Gangknüppel, wie ihn sonst nur Autos haben, thronte auf den knallroten Mittelrahmen. Auf dem überlangen Sattel konnten mindestens zwei Jungs Platz nehmen. Was allerdings jeden eingefleischten Easy-Rider-Anhänger enorm aus der Fassung gebracht hätte, war der echt aussehende Fuchsschwanz, der an der gebogenen Sattelstange in luftiger Höhe schwebte. Die Kunststücke des großen Blonden waren äußerst lustig und wir lächelten gelegentlich, das schien ihn zu ausgefallenen Stunts zu animieren. Wenn mir damals jemand gesagt hätte, dass der Stuntman mit dem roten Bonanzarad einmal mein bester Freund werden würde, dem hätte ich ins Gesicht gelacht. Dann fand eine Konversation statt, die ich aus heutiger Sicht ungefähr rekonstruieren muss.

»He du, wie heißt du?«, rief mir der Blonde zu.

Ich ignorierte seine Zurufe. Selbst wenn ich gewollt hätte, verstanden hätte ich nichts.

»He, hast du keine Stimme?«, fuhr er fort.

»Die sind neu hier, die können kein Deutsch«, sagte eines der Mädchen, das Seilchen sprang.

Die zwei schauten uns an und unterhielten sich. Es war offensichtlich, dass ihr Interesse uns gebührte. Neugierig, wie ich war, hätte ich zu gern gewusst, was die zwei über uns sagten. Wie Statuen standen wir nun vor dem Haus und konnten nicht genug bekommen von dieser neuen Welt, zu der ich nur schwer Zugang finden konnte. Nichtsdestotrotz muss der Blonde mich beim Anhimmeln seines Rades bemerkt haben. Denn plötzlich sah er mich mit ernster Miene an, dabei kaute er mit offenem Mund an einem riesigen Kaugummi.

»Ihr kommt bestimmt aus Griechenland, neee?« Aus dem Nachbarhaus sprach eine Frau zu uns, während sie die Fenster putzte. Wenn wir nicht reagierten, dann wird auch sie aufgeben, dachte ich.

Ihre Ausdauer jedoch war phänomenal. In meiner Erwartung getäuscht, stellte ich mich weiterhin taub. Sie erzählte und erzählte und ich verstand nur ein einziges Wort. Im Wörtergewirr blieb es haften und klang etwa so wie »niii«. Mittlerweile stand die Frau draußen und war mit ihrer Haustür zugange. An dieser Stelle möchte ich anmerken, dass es die Zeit des Weißen Riesen war und der porentiefen Reinheit. Meine Mutter wetteiferte mit unseren deutschen Nachbarn um die saubersten Fenster und vieles mehr, was die Sauberkeit betraf, und unabhängig davon, wie spießig ich nun klingen mag, liebte und liebe ich Ordnung und Sauberkeit. Na, jedenfalls musterte ich, bemüht um Unauffälligkeit, die Frau beim Putzen genauestens. Sie steckte in einem drallen rosafarbenen Kleid, das in der oberen Hälfte zu platzen drohte. Das vergessene Stoffstück an ihrer Brust bescherte ungemein schöne Aussichten, die ich schon damals zu würdigen wusste. Meine Mutter hatte in einem ihrer Briefe hügelige Landschaften erwähnt. Daran musste ich prompt denken.

Als die Frau mit ihrer Arbeit fertig war, verließ sie ihren Werkplatz und begab sich zurück ins Haus. Doch lange mussten wir nicht auf sie warten. Mit einem randvoll mit Süßem bepackten Döschen bewaffnet, stand sie nach nur kurzer Zeit vor uns. Gut gelaunt und leicht gebückt zeigte sie uns den Inhalt der Dose, während sie uns wiederholt irgendetwas zu sagen versuchte. Die mit Hagelzucker bestreuten, in Margeritenform gebackenen Plätzchen waren nur die Vorhut eines ganz anderen Vergnügens: Die gewaltigen Hügel im Hintergrund, die für Raumtiefe sorgten, ließen die Plätzchen vor Neid erblassen. Die fortwährenden Bemühungen der Nachbarin gaben mir zu verstehen, dass sie uns einige ihrer Plätzchen überlassen wollte. Vermutlich eine landesübliche Begrüßungszeremonie, glaubte ich. Der blonde Stuntman, mittlerweile zu uns gerückt, versuchte zu übersetzen.

»Du wollen happi-happi machen? Wenn du wollen, du nehmen das.«

Er zeigte mit seinem Finger auf die Plätzchen und nachfolgend auf seinen weit geöffneten Mund.

»Uwe nit, wat soll dat?«, ermahnte ihn die gut gebaute Frau.

Ich war froh und verwundert zugleich, ihn verstanden zu haben. Er war der erste Mensch in der Fremde, den ich sehr gut verstand. Stolz übersetzte ich meiner Schwester seine Worte:

»Er hat großen Hunger und möchte unbedingt einige von den Plätzchen essen.«

Ich glaubte, die Situation im Griff zu haben, obwohl er seine sonderbaren Bittgesuche ständig wiederholte und mir dabei fünf seiner Finger zeigte.

»Du nehmen viele Plätzchen, sind sehr lecker.«

Ich bückte mich zu Koulitza hin und übersetzte ein weiteres Mal:

»Er will fünf Plätzchen haben.«

Herzzerreißend zeigte er wieder auf die Plätzchen und dann direkt mit seinem Finger tief in seinem Mund. Anschließend rieb er sich mit leidendem Gesicht in Kreisrichtung seinen Bauch.

»Plätzchen gut, schmecken wie Scheiße«, sagte er.

»Er muss schrecklichen Hunger haben«, flüsterte ich meiner Schwester ins Ohr, während die Stimmung der Frau zu kippen drohte.

Dann steckte der Blonde seinen Finger in eins der Plätzchen und begann dabei seine Augen zu verdrehen. Augenblicklich schlug die Frau ihm seine Hand weg.

»Du bist doch ne Ferkel«, schimpfte sie laut.

Worauf er anfing, seine Hand zu reiben und jämmerlich zu weinen.

»Uwe, nu hör doch auf damit, wenn disch einer hört.«

Die herzlose Abwehrhaltung der Frau konnte und wollte ich nicht verstehen. Warum wollte sie dem Blonden nichts abgeben? So herzlos waren die Deutschen also? Ich konnte es kaum fassen, hatte jedoch eine Eingebung. Ich würde einige Plätzchen mehr aus der Dose der herzlosen Frau nehmen und anschließend sie mit ihm teilen. Nachdem ich noch einmal ihre eindrucksvolle Landschaft begutachtet hatte, nahm ich reichlich von den duftenden Plätzchen. Genug für mich, meine Schwester und unseren blonden Freund, dem ich mit einem Augenzwinkern wieder beruhigen konnte.

»Evcharistoúme«, sagten wir aus einem Mund.

»Dat war sicher ›danke‹ auf Griechisch, neee?«

Ich hatte alle Hände voll mit Plätzchen und wartete auf eine Gelegenheit, sie unserem Freund zu überlassen.

»Nu esst schön brav auf«, sagte die Frau, während sie mir noch mehr ihrer Plätzchen zusteckte und den Blonden aus den Augenwinkeln streng ansah.

»Wir sollen dem Blonden nichts abgeben«, übersetzte ich erneut.

Anschließend bat ich Koulitza, mir eines der Plätzchen in den Mund zu stecken. Mit unsagbarem Eifer steckte sie mir ein Plätzchen nach dem anderen in den Mund. Die Frau war überglücklich, und ich drohte zu ersticken.

»Fein machda dat.«

Das waren die vorerst letzten Worte dieser netten Frau, die anschließend ins Haus ging.

Zur gleichen Zeit verließ uns auch der ausgehungerte Blonde hocherfreut auf seinem Fahrrad. Ich hätte ihn gerne zurückgerufen, denn schließlich sollte er die meisten abbekommen, doch selbst wenn ich seine Sprache hätte sprechen können – mein Mund war anderweitig beschäftigt. Mit vollem Mund und um Luft ringend stand ich nun da wie ein unwichtiger Statist in einem Film.

Einen Meter von der Haustür entfernt standen wir wie angewurzelt und lernten Deutsch im Handumdrehen. Ein Wort konnte ich schon, »neee«. Irgendeiner würde mich irgendwann aufklären. Aber alles zu seiner Zeit, ich musste ja nichts überstürzen. Koulitza schien das alles nicht zu berühren. Ihre Hand in meine eingehängt, wartete sie geduldig auf die Ankunft unseres Vaters. Plätzchen genug hatte sie. Ich war so großzügig, ihr einen Großteil zu vermachen.

Unten am Ende der Straße sah ich plötzlich den großen Blonde mit einem zweiten Jungen im Schlepptau zurückkehren. Wozu holte er Verstärkung, fragte ich mich ein wenig besorgt. Sie kamen immer näher auf uns zu, und als sie vor uns standen, fragte der zur Verstärkung mitgebrachte auf Griechisch: »Seid ihr aus Griechenland?«

Ich traute meinen Ohren nicht. Das konnte es gar nicht geben, ein Grieche in dieser Straße. Währenddessen hatte sich der blonde Junge erneut aus dem Staub gemacht, um an seinen Fahrradkunststücken zu feilen.

»Ja, sind wir«, antwortete ich.

»Ich auch, ich heiße Jannis und wohne am Anfang der Josefstraße und wie heißt du?«

Ich zeigte ihm unser Haus und war überaus froh, jemanden zu verstehen.

»Wenn du willst, kannst du mit mir kommen, da unten sind noch mehr wie wir«, bot er mir an.

»Kann nicht, ich muss auf meinen Vater warten«, antwortete ich.

Er fragte mich nach dem Namen meines Vaters. Ich antwortete. Koulitza kaute ruhelos weiter und nickte und hatte den Plätzchenberg auffallend schnell abgebaut. Jannis erzählte mir, dass mein Vater ein Freund seines Vaters sei und dass er eine Menge anderer Griechen kenne. Im Schnellverfahren beschrieb er die Deutschen und ihre Gewohnheiten. Er gab sich große Mühe, mir ein detailliertes Bild der Menschen, die unsere Gastgeber sein würden, zu geben. Freundlich wären sie und nicht aus der Ruhe zu bringen und abends läsen sie ihren Kindern Geschichten vor. Bei seinem letzten Satz lachte Jannis.

»Unsere Väter sind richtige Männer«, unterstrich er hinter vorgehaltener Hand.

Wie vom Himmel gefallen und mit quietschenden Reifen stand der Blonde plötzlich neben uns und wollte wissen, wer wir waren. Jannis klärte ihn zuerst auf und dann mich.

»Das ist Uwe. Uuu Www Eee, die haben alle komische Namen«, sagte er und fügte in einen Atemzug hinzu: »Einer von denen heißt Wolfgang, stell dir das mal vor.«

Die deutschen Namen klangen für mich völlig abstrus. Ich konnte kaum einen davon aussprechen.

»Wieso heißt er denn so komisch?«, wollte ich brennend gern wissen.

»Was weiß ich, frag seinen Vater«, sagte Jannis mit einer wegwerfenden Handbewegung

Ich sagte ihm, dass ich Uwes Vater nicht kannte.

»Die wohnen neben euch, die Frau mit den Plätzchen ist seine Mutter, sein Vater ist Polizist, und weißt du, wie der heißt?« sagte Jannis hinter vorgehaltener Hand.

Jannis hatte meine Neugier geweckt. Ich fragte ihn nach dem Namen.

»Walter«, rief er mit schiefem Mund.

Dieser Name brachte mich zum Lachen, zumal im Griechischen »wálta« »tu's rein« bedeutet. Ich versuchte, alle Namen zu wiederholen, ohne mir dabei die Zunge zu brechen. Nun kannte ich unsere Nachbarn und Worte wie ›neee‹ und Wolfgang und Walter.

»Ich gehe jetzt, bis morgen«, sagte Jannis, als er meinen Vater kommen sah.

Den Jannis hatte mir der Herrgott geschickt. Ich nahm mir vor, ab Morgen ohne Angst auf die Straße zu gehen, denn Jannis würde mein Wegweiser sein.

Mein Vater begrüßte uns und fragte, ob wir mit ihm nach oben gingen. Er erzählte uns von den Einkäufen, die er in den Tüten trug.

»Hast du auch Milch mitgebracht?«, fragte ich ihn neugierig.

»Milch? Wieso, brauchen wir welche?«, fragte er seinerseits.

Ich überlegte, was ich ihm sagen wollte, ohne ihn zu verunsichern, wie meine Mutter beim Frühstück.

»Ich würde gerne von der Milch trinken, die aus dem Papier kommt«, sagte ich.

Mein Vater sah mich kurz an und öffnete dann die Haustür.

»Ganz unten in der Tasche müssen zwei Tüten sein«, antwortete er.

Endorphinüberflutet und neugierig wusste ich, dass mich nur noch Minuten von der größten Erfahrung meines kurzen Lebens trennten.

»Darf ich die Tasche tragen?«, fragte ich.

Mein Vater nickte bejahend. Mit der rechten Hand nahm ich die schwere Tasche und mit der linken versuchte ich, von außen die Silhouette der Tüten abzutasten. Das war nicht einfach, aber ein Versuch war es allemal wert. Koulitza verstand meinen Eifer nicht. Sie eilte uns voraus. Mit der schweren Tasche in den Händen kämpfte ich um mein Gleichgewicht beim Erklimmen der steilen Treppe.

»Halte die Tasche richtig, Stefano«, ermahnte mich mein Vater.

»Ja, ja, tue ich schon«, murmelte ich und tastete weiter die Tasche ab.

Meine Mutter öffnete uns die Wohnungstür und wir traten ein. In der Wohnung holte ich hastig sämtliche Einkäufe aus der Tasche. Wie ein Süchtiger suchte ich nach dem Objekt meiner Begierde. Auf dem Taschenboden lagen zwei ziegelsteinähnliche und relativ große rechteckige Gebilde mit Kuhmotiven. Diese ordnete ich den Milchtüten zu, obwohl ich sie mir anders vorgestellt hatte. Ein wenig enttäuscht, jedoch immer noch sehr interessiert, galt den Milchtüten meine besondere Sorgfalt. Wie heilige Reliquien nahm ich sie heraus und begutachtete sie. Die Oberfläche war sehr glatt, aber sie war ohne jede Frage aus Papier und es lief nichts aus. Was für ein Wunder! Die Texte waren bunt und in verschiedenen Schrifttypen.

»Du kannst so viel Milch trinken, wie du willst«, sagte meine Mutter und gesellte sich mit einem Glas zu uns.

Geschickt riss mein Vater eine der Ecken an der Tüte in zwei Hälften und bog sie nach hinten. Dann zog er gekonnt an der Spitze, bis die Tüte offen war. Meine Mutter übernahm sie, um das große Glas damit zu füllen.

Ich sah die Papiertüte – wie gesagt, nicht ganz so, wie ich sie mir vorgestellt hatte –, hatte sie gefühlt und nun würde ich die Milch, die sie enthielt, trinken. Meine Erwartungshaltung war groß, aus so einer schönen Erscheinung konnte nur etwas Gutes kommen.

Das war meine Devise, während ich ansetzte, um zu trinken. Kühl und samtig in den ersten Sekunden konnte ich nach ein paar Schlucken nichts

Ungewöhnliches daran feststellen. Milch in Papier schmeckte wie Milch. Ich vermisste lediglich die Kuhnote der frisch gemolkenen Milch. Meine Tante Lina würde dazu nur sagen: »Von diesem Getränk hat der Herrgott zuerst getrunken und hat es Milch genannt, und alle anderen Getränke, die ähnlich schmecken, hat er nachfolgend mit dem gleichen Namen versehen.«

Für mich war diese Milch im Papier nicht schlechter und nicht besser als die unserer Kühe im Dorf und doch stand sie für eine neue Erfahrung: die Erkenntnis darüber, »egal, wie ansprechend und neu das äußere Erscheinungsbild auch sein mag, auf das Innere kommt es an«.

Ja, so war das mit der Milch in Papier. Eine neue Erfahrung in einer mir neuen Welt, die mir in gewisser Weise zwar fremd war, jedoch nicht verschlossen. Man streckte mir eine Hand hin mit etwas darin und ich nahm sie ohne »Wenn und Aber«. Mit allem, was sie in ihrem Innerem versteckt hielt. Ich war plötzlich Teil einer Kultur, die mich magisch anzog. Ohne es zu wissen, wurde ich mit jedem Tag ein Teil dieser so verführerischen Welt, die mir vieles gab, ohne mir das Geringste abzuverlangen. Ich denke gern an diese Zeit und die Begegnungen, die eng mir ihr verknüpft sind. Gleich, wie fremd diese Kultur mir war, ich beschloss, sie anzunehmen. Mich von ihr zähmen zu lassen. Die begehrte Vertrautheit kam unaufgefordert über Nacht. An einem Morgen, an dem ich mich nur vage erinnern kann, war sie unvermittelt da.

Die Dauer unseres Aufenthalts in Deutschland war zur keiner Zeit gewiss. Der Termin für unsere Rückkehr wurde etliche Male nach hinten korrigiert. Mal hieß es, wir würden dieses Land in einem Jahr verlassen und dann wieder doch nicht. So wurde aus ein paar Jahren die Ewigkeit. Die Gründe dafür habe ich nie begreifen können. Es war mir aber ziemlich offenkundig, dass ich, wann immer ich aus diesem Land wegziehen sollte, eine Menge schöner Erinnerungen mitnehmen würde. Erinnerungen an eine Zeit voller Zauber.

Durch das eiserne Friedhofstörchen sehe ich die »Zeitung« des Dorfes geradewegs auf mich zukommen. Adrett und mit geradem Scheitel steht

Wassilis, der Küster, am Grab neben mir. Er begrüßt mich freundlich, doch mit gebührendem Abstand.

Uns beide trennt ein dicker Faden, der vor vielen Jahren gesponnen wurde. Wassilis sympathisierte während der Diktatur in Griechenland, die von 1967 bis 1974 gedauert hatte, mit den Machthabern, mein Vater hingegen gehörte der Linken von Papandreou an. Somit war ich der Sohn eines Sozialisten, also musste ich ja Kommunist sein.

Er zündet andächtig die Kerze im Kästchen an und versinkt in endlosen Gebeten. Da ich Wassilis kenne, stelle ich ihm keine Fragen, denn für den Fall, dass er seine Feindschaft vergessen sollte, weiß ich, wie anhänglich er sein kann. Stattdessen fege ich den Hof gründlich, und als die Kirchenuhr im Dorf die fünfte Stunde des Tages schlägt, wird Wassilis unruhig. Er verabschiedet sich mit einem Lächeln und einem nachsichtigen Blick und nicht, ohne ein paar Zeilen loszuwerden.

»Du ... du wirst immer einer von uns sein.«

Wie er gekommen ist, so geht er auch, der Wassili. Man könnte sagen, er ist die lebendig gewordene Zeitung des Dorfes, und man sollte ihm nur dann ein Gespräch anvertrauen, wenn man auch ganz sicher sein will, dass das ganze Dorf es schnell erfährt.

Ein in die Jahre gekommener Paparazzo mit einem Erinnerungsvermögen der seltenen Art. Doch trotz der Kritik an Wassili, ist er im Grunde genommen herzensgut, und er führt mir vor Augen, wie ähnlich wir uns manchmal sind. Ich streite meinen ungewöhnlichen Mitteilungsdurst nicht ab, und gewiss neige ich ab und an dazu, übereilte Schlüsse zu ziehen. Wassili, ich bin dir näher, als mir lieb ist.

Überhaupt ist die treibende Kraft vieler Griechen ihre Neugier und ihr unerschöpflicher Drang, sie zu stillen. Es geht dabei nicht um die Effizienz möglicher Lösungen, sondern um Provisorien, die unermüdlich neu erfunden werden.

Alles hier ist provisorisch. Wenn wir ein Haus bauen, fangen wir zuerst an zu mauern und erteilen erst später dem Architekten den Auftrag, einen Bauplan zu fertigen. Das Dach am Haus haben wir noch nicht erfunden und falls wir es erfinden werden, errichten wir es, so Gott will, in einer späteren Epoche. Wir richten uns dann provisorisch ein und behalten uns vor, es zu einer anderen Gelegenheit besser zu machen, wenn Gott will. Zeit spielt im täglichen Leben so gut wie keine nennenswerte Rolle. Es liegt alles in Gottes Hand. Wenn wir ein Problem mit dem Nachbarn haben, so informieren wir mit Ausnahme desselben jeden im Dorf von unserem Anliegen. Als wenn wir es anderen überlassen wollten, eine Schlichtung herbeizuführen. Wir sind geduldig und warmherzig, solange niemand unseren Stolz antastet. Für den Fall, dass es dennoch jemand bewusst oder unbewusst tut, ist Krieg angesagt. Ohne eine Entschuldigung zu akzeptieren – was gänzlich einem Wunder gleichen würde, denn ich kann mich nicht erinnern, dass je eine Entschuldigung seit der Gründung unseres Ortes ausgesprochen wurde – werden unerbittlich Fehden über Jahre aufrechterhalten.

Vererbt werden sie mit großer Sorgfalt vom Vater auf den Sohn und von der Mutter auf die Tochter. Wenn die Brut zweier in Fehde lebender Familien emotional zueinanderfindet, wird sich zu guter Letzt gegenseitig Hexerei vorgeworfen. Nach endlosen und ohne Erfolg geführten Trennungsverhandlungen in den jeweiligen Familien wird unauffällig dem Wunsch des Nachwuchses, zusammenzukommen, stattgegeben und über diverse Vermittler das einvernehmliche Hochzeitsprozedere vereinbart. Nach einer Zeit voller Ambivalenzen landet man letztlich in der Kirche und wünscht dem Nachwuchs alles nur Erdenkliche, so Gott will.

Gravierende Konstruktionsfehler begleiten uns ein Leben lang. Wir kultivieren sie unaufhörlich und entwickeln sie weiter. An eigenen Fehltritten stören wir uns nicht, aber wehe, jemand anders hat sie begangen. Unsere vage erdachten Vermutungen sind zweifelsfrei richtig und Bescheidenheit ist uns ein Fremdwort. Unseren ruhmreichen Vorfahren sei Dank ruhen wir uns behaglich auf ihren Lorbeeren aus. Alles in allem leben wir in einem hochmütigen Land mit schönem Wetter und sind infolgedessen hochmütige Menschen, die voreilig hochmütige Schlüsse ziehen, während wir schmackhafte Speisen zu uns nehmen und uns hochmütig subversiven politischen Debatten hingeben.

Eine hochexplosive Mischung und dennoch beneiden uns viele Nichtgriechen, was mich sehr oft auf Unverständnis stoßen lässt. Habe ich mich etwa so sehr verändert? Ich meine, habe ich mich meinem Gastland so sehr angepasst, dass ich die Stimme meines Geburtslandes nicht mehr verstehen kann?

Ich höre die Äußerungen unserer deutschen Nachbarn, die voller Unverständnis waren über unseren Auszug aus Griechenland: »Ihr seit doch verrückt, dass ihr so ein schönes Land verlassen habt.«

Die Klischees kannten kaum Grenzen. Vom ewigen Licht war die Rede, sanften Meereswellen und langen Mittagspausen. Von arbeiten, um zu leben, und nicht von leben, um zu arbeiten. Die beginnenden Siebzigerjahre standen Pate für die Sehnsucht der Menschen in Deutschland, sich einer scheinbar perfekten Idylle hinzugeben. Ähnliche Gedanken kannten wir Gastarbeiter jedoch auch. Letztlich waren diese Gedanken der Grund für unsere Niederlassung in Deutschland. Darum möchte ich noch einmal dorthin zurück und weitere Bilder aus dieser unvergesslichen Zeit betrachten.

FRITTEN MIT MAYO

Ich war in Deutschland und es sah so aus, als würde es in der nächsten Zeit auch so bleiben. Die politischen Konflikte überall um uns herum wollten nicht aufhören. Die gefürchtete Militärjunta in Griechenland, die immer noch an der Macht war, die verheerende Ölkrise im Jahr zuvor, die überall an Bahnhöfen und öffentlichen Gebäuden ausgehängten Fahndungsplakate mit den schlecht fotografierten Andreas Baader, Gudrun Ensslin,   , Ulrike Meinhof und   und letztlich die türkische Invasion in Zypern im gleichen Jahr machten mir zwar Angst, konnten mich jedoch nicht von meiner euphorischen Phase abbringen, die ich in Deutschland erfuhr. Wir waren nur Kinder, die eine schöne Zeit haben wollten und sonst nichts. Jahre später verstand ich die Zusammenhänge jener Zustände. Auf jeden Fall vergingen die Tage und Wochen sehr ruhig ohne nennenswerte Veränderungen. Meine Welt bestand aus unserer und den anliegenden Straßen. In der Woche gingen die Erwachsenen ihrer Arbeit nach und an den Wochenenden traf man sich mit anderen Griechen, um über die Heimat zu sprechen. Heimatliche Schmankerl wurden aufgetischt und während man sich einig war, wie schön es doch in der Heimat war, hallten aus dem Kassettenrecorder heimatliche Töne. Dabei wurde gemeinsam die eine oder andere Träne vergossen.

Montags nach der Schule trafen wir Kinder uns wieder auf der Straße und erzählten von unserem Wochenende. Gelegentlich erwähnten meine Freunde ihre Touren in die »Eifel«. Dann malte meine Fantasie mit Hilfe ihrer Beschreibung meine hügelige Heimat. Die einzigen Hügel, die ich zu Gesicht bekam in den ersten Monaten, waren die von Uwes Mutter, wenn sie mir wieder einmal ein paar ihrer Plätzchen aufdrängte, und die waren auch nicht zu verachten. Auf jeden Fall kamen mir die Monate wie Jahre vor.

Mittlerweile waren wir umgezogen: Vom Zweizimmerverlies im Dachgeschoss nach unten in die »Vierzimmerkomfortwohnung«. Die Familie, die vorher dort gewohnt hatte, war unerwartet ausgezogen.

Das war wochenlang unser Hauptthema. Einerseits waren wir froh über die freigewordene Wohnung, anderseits bedauerten wir es, denn der Auszug der Familie war die Folge der Trennung der Eltern.

Tagelang hatte meine Mutter versucht, zwischen den Leuten zu vermitteln, ohne Erfolg. Eines Tages verließ der Mann mit einem Koffer in der Hand die Wohnung. Eine neue Erfahrung für mich mit herbem Beigeschmack. Mein Vertrauen in Deutschland und in seine Menschen bekam Risse. Das Wort Scheidung kannte man in unserem Dorf in Griechenland noch nicht. Umso schneller etablierte es sich in mir.

Dass meine Eltern sich eines Tages scheiden lassen würden, mochte ich mir noch nicht einmal vorstellen. Der Gedanke bereitete mir Angstzustände. Jedenfalls ging es uns sehr gut in der neuen Wohnung. Wir Kinder bekamen ein eigenes Zimmer und ein riesengroßes Bett. Alles war geordnet normal. Ich trug wie fast alle Kinder auf unserer Straße den Haus- und Wohnungsschlüssel um den Hals und ging jeden Tag zur Schule für Gastarbeiterkinder aus Griechenland.

Ich kannte mittlerweile den Herrn aus der dritten Etage. Sonntags musste ich für ihn gelegentlich Bier aus der Wirtschaft am Ende der Straße holen. Er hieß Hubert und war gar nicht so furchtbar, wie er aussah. Eines Sonntags rief er mich wieder durch den Flur. Er gab mir seinen Krug und fünf Mark und bat mich, ihn in der Kneipe am Ende unserer Straße füllen zu lassen. Ich nahm den Krug und lief unsere Straße hinunter zur Wirtschaft. Hubert konnte einiges an Bier vertragen. Wochentags trank er Bier aus der Flasche. Sonntags aber musste es frisch gezapftes trübes Bier aus der Wirtschaft sein und am liebsten aus seinem Krug. Nebenbei bemerkt der aus Steingut bestehende Krug, der mit schönen Motiven und einem reich verzierten Deckel aus Zink ausgestattet war, schmückt heute – unter Ausschluss der Öffentlichkeit – meinem Büroschrank im Keller.

In der Wirtschaft wusste der Wirt Bescheid, als er mich sah. Er nahm den Krug entgegen und füllte ihn in mehreren Schritten auf, was mir eine Menge Geduld abverlangte. Deutsche Gemütlichkeit ließ grüßen. Da begriff ich, um welche ernste Angelegenheit es sich handelte. In Deutschland kennt man keinen Spaß, wenn es um anständiges Bier und die dazugehörende Schanktechnik geht. Zugegebenermaßen weiß ich die diffizile Angelegenheit heute sehr zu schätzen. Gut Ding will Weile haben, sagt man im Rheinland und meint es auch so. Aus heutiger Sicht ist es mir unbegreiflich, wieso wir Südländer in der Vorstellung anderer Menschen die entspannten sind. Wo doch die Griechen, die ich kenne, ihren Wein zügig aus Plastikbechern trinken.

Aus der antik anmutenden Musikbox versuchte Conni Francis mir den Aufenthalt in der Kneipe so angenehm wie nur möglich zu machen. Fremder schöner Mann, sang sie, und ich war bemüht, den Text zu verstehen. Ich konnte das Lied bis zu Ende hören und anschließend Hubert sein Bier bringen, was eine ganze deutsche Mark als Belohnung zur Folge hatte. Da ich für zwei Dinge bekannt bin, nämlich für die Liebe zu meiner Familie und meine Sparsamkeit, landete die Mark in meiner Sparbüchse, die ich für Griechenland aufhob.

Meine Mutter kümmerte sich um uns Kinder so gut sie konnte, was eine Herausforderung der höheren Art war angesichts der bescheidenen Möglichkeiten, die sie zur Verfügung hatte, und mein Vater – vorausgesetzt, er musste nicht arbeiten – saß in seinem Kafenion seine Schichten ab. Nach Hause kam er nur zum Essen und Schlafen und wenn das Kafenion geschlossen hatte, was so gut wie nie der Fall war.

Für griechische Männer wie meinen Vater sind die Kafenionbesuche lebensnotwendig. Das Kafenion braucht Männer, um sich als solches behaupten zu können, und die Männer brauchen ihr Kafenion, um ihre Abwesenheit von der Familie zu rechtfertigen. Eine Interessengemeinschaft sozusagen, die durchaus auch mit Auflagen und Pflichten verbunden ist, wie in jeden ordentlichen Verein. Stühle und Tische wollen poliert werden. Acht Stunden am Tag. Wie sonst soll die fette Specksicht auf den Oberflächen bewahrt werden. Dafür erhalten die Männer die Möglichkeit, ihre Bildung voranzutreiben. Die Älteren unterrichten die Jüngeren in

Politik, Wirtschaft und Philosophie. Wobei Letzteres auch Hauptthema ist.

In einem höchst demokratischen Rahmen erhalten die zu Erleuchtenden durch bereits Erleuchtete alles, was sie brauchen, um sich in der feindlichen und von Frauen zusehends dominierte Welt zu behaupten was zu Beginn der siebziger Jahre eine besondere Bedeutung hatte. Vom Vater zum Sohn wurden gut gehütete Geheimnisse weitergereicht, um das Vermächtnis männlichen Daseins auch in der Fremde weiterzuführen.

Klangvolle Namen außergewöhnlicher Männer sind in aller Munde und genießen endlosen Respekt. Unsere Familie brachte einige Ehrenprofessoren hervor, was meine Chancen, in ihre Fußstapfen zu treten, massiv erhöht.

Zu guter Letzt erhalten die Männer während der Sitzungen in eingeräucherten Räumen den spirituellen Kick, den sie brauchen, um das zu sein, was sie sind, nämlich richtige Männer. Die Bilder einiger dieser großen Männer aus diversen politischen Veranstaltungen schmücken die Wände des Kafenions und versprühen Ehre und die Erinnerung an vergangene und ruhmreiche Tage. Doch noch etwas sollte ich nicht vergessen zu erwähnen: Die Kafenions in ganz Deutschland, wenn waren sie auch noch so winzig, waren ein Stück lebendige Heimat zum Anfassen, Träumen und Schwärmen. Udo Jürgens hat es so trefflich in seinem Lied »Griechischer Wein« besungen, ohne zu wissen, welchen Nerv er besonders bei den griechischen Gastarbeitern traf.

Es war an einem Samstag. Meine Eltern waren einkaufen wie alle Eltern. Wie meine Mutter es geschafft hatte, meinen Vater aus dem Kafenion zu lotsen und mitzunehmen, war mir ein Rätsel. Die Kleinen waren bei einer Tante in der Nähe und ich zog es vor, mit meinen Freunden im Sandkasten zu spielen. Mit von der Partie waren der blonde Uwe, der Stuntman, der mir sehr schnell ans Herz gewachsen war, Franko, der Italiener, Kosmas und natürlich Jannis, meine Erstbegegnung. Eigentlich wollten wir ins Schwimmbad, um zu duschen, aber wir hatten uns entschieden, wie immer mit unseren Murmeln zu spielen. Unsere Badesachen hatten wir in Plastiktüten diverser bekannter Einkaufsdiscounter gepackt.

Ein Spiel hatte Uwe gewonnen und drei verloren. Das hatte ihn seine besten Murmeln gekostet. Kosmas, dem er dieses Dilemma zu verdanken hatte, machte trotzdem kein glückliches Gesicht. Uwe, Kosmas und Jannis waren vier Jahre älter als ich und drei Jahre älter als Franko. Das war für unsere Freundschaft aber kein Hindernis.

Da mein Deutsch nicht gut war, bemühte sich Jannis als mein Sprachrohr. Uwe war sehr gelehrig und konnte in kürzester Zeit besser Griechisch als ich Deutsch. Franko war neutral. Einer musste ja der Neutrale sein.

»He, File, mach voran«, drängelte Uwe, *File mou* – mein Freund – hatte er als Allererstes gelernt.

»De mack eine Plan, der Spitzpuh«, entgegnete Franko.

So in etwa klang das Wort »Spitzbube« aus südländischen Mündern. Nichtsdestotrotz, Kosmas brauchte wirklich lange, um Maß zu nehmen, schließlich ging es um die Wurst, wie die Deutschen sagen. Einer Hyäne gleich, kannte er keine Gnade und obwohl Uwe genug Murmeln an ihn verloren hatte, strebte er nach der totalen Vernichtung. Ich spielte sehr selten mit. Die paar Murmeln, die ich besaß, hatte mir Onkel Herkules gekauft, und die verwahrte ich wie meine Augäpfel. Ein Großteil dieser bunten Glaskugeln, die ich über die Jahre und im Schweiße meines Angesichts erkämpft habe, verwahre ich in einem Ledersäckchen. Vor langer Zeit habe ich meinem Bruder versprochen, mit ihm eine Partie Murmeln zu spielen – wenn er das angemessene Alter dafür erreicht hätte. Es ist langsam an der Zeit, mein Versprechen einzulösen.

»He, File mou, na los«, drängte Uwe.

»Hetz mich nicht und entspann dich, mein Freund. Ich möchte die absolute Erniedrigung«, versicherte Kosmas.

»Mach ihn fertig, den Angeber«, ermutigte Jannis Uwe.

Nach genauem Einstudieren seiner Vorgehensweise setzte Kosmas seinen ersten Wurf gekonnt und traf. Mit System und Kaltblütigkeit traf er jede Murmel und hinterließ Verwüstung auf dem Spielfeld. Uwe war schockiert, ertrug aber die Schmach mit Würde. Zwischendurch gönnte sich Kosmas eine kleine Pause. Er wirkte dann sehr unruhig und verhalten. Als trage er den Teufel im Leib, fuhr er gnadenlos weiter, um sein Schande bringendes Ziel zu erreichen.

»Fritten mit Mayo«, sagte Franko. Das war unsere Parole, die stellvertretend für alles Unsinnige oder Groteske stand.

»Fritten mit Mayo würde ich gerne essen, wenn ich hier abgeräumt habe«, sagte Kosmas.

Uwe trauerte um seine Murmeln und wir anderen drei trugen ebenfalls ihm zuliebe Trauermiene. Umso überraschter waren wir, als Kosmas trotzt seiner Überlegenheit folgenden Vorschlag machte:

»Ich schlage vor, wir beenden die Partie und gehen doch noch schwimmen und auf dem Rückweg spendiere ich Fritten.«

»Wenn schon Fritten, dann mit Mayo«, meinte Franko.

»Und wo soll ich das Geld für Mayo holen? Du Neunmalkluger.«

»Wir legen zusammen«, schlug Uwe vor, wieder unter den Lebenden weilend.

Ich hatte kein Geld und hielt mich da raus, obwohl der Vorschlag außerordentlich verlockend war.

»Was würdet ihr ohne mick macken, he?«, fragte Franko.

»Na super, der Itaker ist doch noch für etwas zu gebrauchen. Okay, last uns Fritten mit Mayo kaufen«, sagte Kosmas.

»Hey Leute, das geht nicht. Mit vollem Magen sollten wir nicht schwimmen gehen«, meinte Uwe.

»Okay, dann lasst uns nur Fritten essen. Schwimmen und duschen können wir nächste Woche«, unterstrich Jannis, der es mit der Reinlichkeit nicht so eng sah.

Ich begann mir Sorgen zu machen, denn Samstag war bei uns Badetag und meine Mutter hätte weiß Gott was mit mir gemacht, wenn ich ungeduscht heimgekehrt wäre.

»Auf gar keinen Fall, wir gehen zuerst Schwimmen und kaufen dann die Fritten«, beendete Kosmas die Debatte und ich war ihm sehr dankbar.

Das Schwimmbad war ganz in der Nähe und schnell war das große Gebäude gegenüber der städtischen Parkanlage in Sichtweite. Kosmas führte uns wie ein Jagdhund, der Wild aufgespürt hatte.

»Kosmas, warte, wieso so eilig?«, rief Uwe ihm nach.

Kosmas verzog seinen Mund, und ich war überzeugt, er haderte mit sich, ob er uns den Grund für seine Hetze mitteilen sollte. Stattdessen vergrößerte er den Abstand zwischen uns und unsere Einwände wurden immer lauter.

»Halt an, du Wahnsinniger!«, rief ihm Uwe zu.

Kosmas blieb plötzlich stehen und wir konnten ihn aufholen.

»Was soll das?«, sagte Uwe.

»Na was schon?«, sagte Kosmas, und nachdem er sich gründlich umschauen konnte, vervollständigte er seinen Satz: »Ich muss dringend auf die Toilette«, murmelte er überreizt.

Wir wollten alle wissen, warum er nicht eben auf die Toilette gegangen sei.

»Damit ihr mich totfragen könnt«, antwortete er.

»Das sollte ein gemütlicher Samstagnachmittag werden, dachte ich«, sagte Jannis. »Außerdem möchte ich in zwei Stunden Enterprise gucken.«

»Beruhigt euch Leute, das schaffen wir schon«, griff Uwe ein.

Unbeteiligt folgte ich wie ein herrenloser Hund und stellte keine Fragen. Das Einzige, worauf ich mich freute, waren die Fritten, und dafür hätte ich fast alles gemacht. Welche Probleme Kosmas hatte, wusste ich nicht. In solchen Situationen wandte ich einen Satz an, den mir Uwe beigebracht hatte. Er war in fast allen Lebenslagen brauchbar und lautete: »Ich nix verstehen.«

Nach mehreren Minuten erreichten wir das Schwimmbad. Wir warfen der Reihe nach unser Geld ein und die Schranke öffnete sich. Ich hielt mich an die Jungs, die kannten sich mit allem dort sehr gut aus.

In der großen Vorhalle hatte jemand die Heizung zu hoch aufgedreht und es roch betäubend nach Chlor. Die tropische Temperatur lähmte mich und rief ein leichtes Schwindelgefühl hervor. Benommen kroch ich hinter meinen Freunden her. Wir mussten nun durch den Gang, an dessen Ende die Umkleidekabinen waren. Ich würde nur duschen und meine Haare waschen, schwimmen konnte ich nicht und das sollte ich auch nicht. Hatte allemal zu viel Angst davor.

In den Kabinen verließ uns der geplagte Kosmas in Richtung Toilette und wir verzichteten auf die üblichen Fragen. Stattdessen zogen wir unsere Badehosen an und warteten auf ihn.

Ich hatte das Ei-Shampoo mit, frische Unterwäsche und ein Handtuch. Die Badehosen von Jannis und Uwe waren neu und, der Größe nach zu urteilen, für die nächsten zehn Jahre passend. Darüber hinaus ließen sie erahnen, dass die Mütter der beiden im gleichen Laden einkauften.

Nur Franko hatte eine Badehose an, die so knapp war, dass sie eher einem Damenbikinihöschen ähnelte.

»He Franko, wo hast du den heißen Tanga her?«, fragte Uwe, ohne den Spott in seinen Worten zu verstecken.

»Mit diesem Teil kriegen wir Hausverbot«, fügte Jannis lachend hinzu.

Der Rest lachte mit, zum Ärger von Franko. Schneller als erwartet war Kosmas wieder da und hatte noch miesere Laune als vorher.

»He, File mou, was ist los?«, fragte Uwe.

»Halt die Fresse, Mann, ich habe es nicht geschafft«, sagte Kosmas leise.

»Nick geschaff, was nick geschaff?«, fragte Franko aufs Geradewohl.

»Nicht geschafft halt.«

Uwe und ich nahmen Kosmas in unsere Mitte und hielten Ausschau nach dem Bademeister.

»He, File mou, was hast du nicht geschafft?«, bohrte Uwe nach.

»Der blöde Knopf hat geklemmt, na ja, ihr wisst schon.«

Ich versuchte zu verstehen, was Kosmas in Deutsch da sagte, während Franko damit beschäftigt war, die enge Badehose auszuweiten, was sich als Sisyphusarbeit erwies. Resigniert versuchte er, sich sein riesengroßes Badehandtuch umzubinden.

Für einen kurzen Moment suchten wir nach einer logischen Erklärung für Kosmas Verhalten. Obwohl Uwe und ich unterschiedliche Denkweisen besaßen, fiel uns die Antwort in derselben Sekunde ein. Franko kämpfte immer noch mit seinem Handtuch und Jannis faltete seine Wäsche völlig unbeeindruckt ordentlich zusammen. Uwe und ich machten uns wortlos auf den Weg zu den Duschen und überließen Kosmas sich selbst.

Es gibt Momente, da muss ein Mann allein sein, allein mit sich und seiner Unterhose. Während Franko in seinem Tanga hinter uns her tölpelte und aussah, als hätte er vergessen, den dazugehörenden Büstenhalter anzuziehen, setzte sich Jannis zu Kosmas und fragte seinerseits, ob alles in Ordnung sei.

»Nichts ist in Ordnung und jetzt verpiss dich, Idiot!«

Das war deutlich und Jannis eilte mit fragendem Gesicht zu uns in die Duschkabinen.

»Er hat ...«

Uwe zeigte eindeutig auf seinen Hintern und faste sich an seine Nase.

»In der Hose, du weißt schon«, flüsterte er, als Kosmas die Duschkabinen betrat.

Jannis verdrehte seinen Mund. Er schluckte kräftig und schwieg. Das Wasser in der Dusche war angenehm warm. Ich schamponierte mich, so gut es ging. Das musste wieder für eine Woche reichen. Schweigend und aus sicherer Entfernung, ohne uns eines Blickes zu würdigen, rubbelte sich Kosmas zum Schaummonster. Als ginge es drum, all seine Sünden wegzuwaschen.

»He, was at de Kosmas?«, frage Franko.

»Was zum Teufel riecht hier so nach totem Hund?«, unterbrach ihn Jannis nicht ohne Hintergedanken.

«Ja, ja, tote Hund«, bestätigte Franko.

«Hört jetzt auf damit und lasst ihn in Ruhe!«, ordnete Uwe an.

Er gab sich große Mühe und achtete darauf, dass Kosmas auf der anderen Seite nichts davon mitbekam. Ja, der Uwe war ein germanischer Hüne mit Herz.

Jannis und Franko schienen hingegen endlich den Braten zu riechen – im wahrsten Sinne des Wortes.

Nun herrschte Stille in den Duschkabinen. Der Bademeister wusch zwischendurch das überschüssige Wasser ab und wunderte sich über den Mief in seinem Bad.

Nach dem Duschen begaben wir uns zu den Umkleidekabinen und zogen uns an. Nach Schwimmen war niemandem zumute. Uwe setzte sich neben Kosmas.

»He, File mou, wo hast du, du weißt schon die Hose und so?«

»Psst, noch lauter Mann, damit alle mithören können«, tobte Kosmas.

»Schon gut, schon gut«, beruhigte ihn Uwe.

Kosmas sah nach links und nach rechts, ob jemand zuhörte, dann flüsterte er:

»Ich habe die Sachen in die Plastiktüte getan.«

»Wieso in die Tüte?«, wollte Uwe ungläubig wissen.

Kosmas ließ seinen Kopf beschämt sinken.

»Der Bademeister war eben hier, ich glaube er hat etwas gerochen«, sagte er.

»Isch weiß, was der Mann geroch hat«, warf Franko ein, nachdem er von Kosmas eingeweiht wurde.

Nach diesem Spruch konnten wir uns einen Lacher nicht verkneifen und selbst Kosmas lachte mit. Wieder bei bester Laune verließen wir das Schwimmbad in Richtung Stadt mit unseren Tüten in der Hand.

»He, File, deine Tüte sieht aber prall aus, was hast du denn Schönes drin?«

Uwe hatte nicht übertrieben, die Plastiktüte von Kosmas war prall.

»Radioaktiven Sondermüll«, sagte Jannis.

»He, was ise mit die Fritten?«, wollte Franko wissen.

»Du kannst dir höchstens etwas aus Kosmas Tüte wünschen«, sagte Uwe.

Wir lachten uns die Seele aus dem Leib. Irgendwann guckte Jannis auf seine Uhr.

»Wie spät ist es, ich will Enterprise nicht verpassen«, sagte er.

Er klappte einen unsichtbaren Sprachapparat à la Enterprise auf, ohne im Geringsten zu ahnen, wie real seine Handlung in einigen Jahren sein würde, und sagte:

»Hier Comander Kirk. Fertig machen zum Hochbeamen, Scotty.«

»Du mit deinem Enterprise, ich will in die Kaufhalle gehen, die haben neue Schlauchboote bekommen«, sagte Kosmas.

Obwohl wir uns mal wieder einig waren, war ich verblüfft über den Vorschlag von Kosmas. Mit einer mit Sondermüll gefüllten Plastiktüte eines anderen bekannten Einkaufsdiscounters würde ich nicht zur Konkurrenz gehen. Möge die Tüte uns nicht zum Verhängnis werden, dachte ich.

Nach der Schule ging ich oft durch das große Kaufhaus, um die vielen schönen Sachen zu bestaunen, die dort verkauft wurden. Die meisten Dinge konnten sich Leute wie wir nicht leisten, trotzdem war es die pure Freude, sie anzuschauen.

Allein die Vorstellung, so etwas einmal kaufen zu können, entfachte in mir die wundervollsten Gefühle. Wir näherten uns der Spielzeugabteilung und unsere Sinne waren in Alarmbereitschaft. Mit lechzenden Blicken schaute ich mir die vielen Spielsachen an und die Schlauchboote, die an der Decke hingen.

»So ein Boot kriege ich im Sommer«, meinte Uwe mit aufgerissenen Augen.

»Ich weiß was, wir setzen es dann in die Rur und paddeln rauf und runter«, fügte er hinzu.

Franko stellte sich unter eines der unzähligen Bote und begutachtete es fachmännisch. »Isch abe eine Onkel in Italia, de at eine Boot mit Motor.«

Von allen Jungs verstand ich Franko am besten. Er sprach am handfestesten Deutsch, glaubte ich, auch wenn Uwe sich immer lustig darüber machte.

»Kommt Leute, lasst uns nach Hause gehen, ich habe Hunger.«

Uwes Vorschlag war weise und wir befolgten ihn. Ein letztes Mal warfen wir einen Blick auf die schönen Sachen und gingen dann guter Dinge zum Ausgang.

Da stand ein Mann, der freundlich lächelte. Mit gefälliger Stimme stellte er uns folgende Frage: »Na ihr vier, habt ihr eingekauft? Was habt ihr denn Schönes gefunden?«

»Blöde Frage, sehen wir aus, als könnten wir irgend etwas kaufen, geschweige denn bezahlen?«, wehrte sich Uwe.

Uwe war so etwas wie unser großer Bruder. Er war der Mutigste und Toleranteste von uns allen. Ohne Vorurteile war es ihm gelungen, unsere

Herzen zu gewinnen. Er zeigte uns sein Deutschland auf seine ganz persönliche Art.

»Eben, ihr könnt nicht bezahlen, aber dein Freund hier hat eine bis zum Rand gefüllte Tasche in seinen Händen.«

»Was in der Tüte ist, geht Sie gar nichts an, und außerdem hat jeder von uns eine Tüte«, sagte Kosmas, ganz blass im Gesicht.

Der Mann schlich sich näher an Uwe und Kosmas. Er versuchte es erneut in den freundlichsten Tönen. Aus seiner Jackentasche zog er einen Ausweis heraus, auf den wir uns nicht trauten zu schauen.

»Passt mal auf Jungs, ich bin der Hausdetektiv hier und möchte nur einen Blick in diese Tasche hier werfen.«

Er zeigte auf Kosmas pralle Tasche und demonstrierte Entschlossenheit.

»Da haben wir den Salat, wir hätten nie mit Taschen von der Konkurrenz hereinspazieren sollen«, sagte ich.

»Nein, das ist meine Tasche und die zeige ich ihnen nicht«, wehrte sich jetzt auch Kosmas, der sich in seine Tasche festkrallte.

Der Mann atmete ruhig, schaute Kosmas freundlich an und versuchte es noch einmal.

»Okay, dann sage mir bitte, was du in der Tüte hast.«

Kosmas stand da wie ein begossener Pudel. Uwe war bereit, seinem Freund beizustehen. Mit geballten Fäusten war er zu allem bereit.

»Das glauben Sie mir sowieso nicht, auch wenn ich es sage«, sagte Kosmas den Tränen nahe.

Der Mann stützte seine Fäuste an seiner Taille, trat mit der Schuhspitze ständig den Boden und seufzte einmal laut.

»Dann versuche es, ich bin ganz Ohr.«

Die Ungeduld war ihm ins Gesicht geschrieben. Er ließ die beiden dennoch nicht aus den Augen.

»Es ist nicht so, wie Sie denken«, sagte Uwe, um Liebenswürdigkeit bemüht.

Schnaubend sah der Hausdetektiv uns alle einen nach dem anderen giftig an. Dann trafen seine Augen wie ein Gewitter auf Uwe.

»Was denke ich denn, mein Lieber?«

So einfach würde er uns nicht gehen lassen. Ich hatte eine unangenehme Vorahnung. Zu allem Übel blieben einige Passanten neugierig stehen und guckten uns von der Sohle bis zum Scheitel verächtlich an. Ich hoffte, dass niemand Bekanntes unter ihnen stand. Denn schneller als ein Lauffeuer wären die obskursten Nachrichten vor unserem Eintreffen bei unseren Familien. Der Detektiv wechselte zu mir und Jannis.

»Will einer von euch mir sagen, was euer Freund in seiner Tasche so Wertvolles versteckt?«

Mir war unklar, warum der Mann so verbissen diese verdammte Tasche überprüfen wollte. Er wandte sich wieder Kosmas zu. Mit gemäßigter Stimme versuchte er es noch einmal.

»Nun gut, wie heißt du, mein Junge?«

Kosmas schluckte Steine.

»Kosmas«, sagte er mit Hundeblick.

»Schau mal, Kosmas, ich will nur in deine Tasche gucken, ich werde dir nichts tun, du hast mein Wort.«

Mittlerweile rückte aus dem Kaufhaus Verstärkung: eine Hornbrille tragende, übergewichtige Verkäuferin und jemand, der so aussah, als würde ihm der Laden gehören. Die Chancen standen schlecht, ich befürchtete, wir würden nicht darum herumkommen, denen die Tasche zu zeigen.

»Was geht hier vor, Herrschaften?«, fragte der Mann, der aussah, als würde ihm der Laden gehören.

»Ich überprüfe gerade die Tasche des jungen Mannes hier, es besteht der dringende Verdacht auf Diebstahl«, sagte der Hausdetektiv.

Die garstige, Hornbrille tragende und übergewichtige Verkäuferin drückte ihre Brille in die richtige Position und atmete tief ein, bevor sie loslegen konnte.

»Ich habe das genau gesehen, Chef. Zuerst haben die Jungs sich umgeschaut und als ich mich kurz umgedreht habe, um die Handtücher in die Regale zu legen, muss es passiert sein«, sagte sie.

»Was ist passiert?« fragte der Mann, der aussah, als würde ihm der Laden gehören, genervt.

»Na, der Diebstahl, Chef«, antwortete die Angestellte kopfnickend.

»Zuerst will ich Beweise sehen«, sagte der Mann entschlossen.

»Beweise werde ich ihnen liefern«, sagte der Detektiv.

Er wandte sich uns wieder zu mit strengem Blick und sagte: »Wenn du mir nicht augenblicklich diese Tasche gibst, dann rufe ich die Polizei.«

Das war es, das war die ultimative Aufforderung, aufzugeben. Niemand von uns wollte mit Handschellen abgeführt werden. Und was den Inhalt der Tasche betraf, dafür würde es die Höchststrafe geben.

»Gib ihm schon die Tasche, Kosmas«, bat ihn Uwe.

Nach kurzer Bedenkpause trennte sich Kosmas schweren Herzens von seiner Tasche. Zufrieden und seines Sieges sicher, nahm der Detektiv die Tasche in Empfang und überreichte sie mit einer Verneigung dem Mann, der so aussah, als würde ihm der Laden gehören. Trocken und mit einer kurzen Verbeugung gratulierte er dem Herrn Detektiv für seine glänzende Leistung und öffnet die Tasche. Ungläubig steckte er sein Gesicht tief in die Tasche. Schockiert vom Anblick und Gestank im Inneren der Tasche zog er seinen Kopf blitzschnell wieder zurück und drückte sie äußerst verwirrt der Verkäuferin in die Hand.

»Mir fehlen die Worte, lassen sie bitte die Kinder gehen und Schwamm drüber.«

Unglücklich über das Missverständnis verschwand er auf der Stelle. Die unsympathische Hornbrille tragende und übergewichtige Verkäuferin rückte erneut ihre Brille etwas höher und warf ihrerseits einen Blick in die Tasche. Völlig aus dem Konzept gebracht und deutlich geschockt, drückte sie dem Detektiv die Tasche wieder in die Hand und folgte ihrem Chef ohne Worte. Indes spürten wir die Blicke der neugierigen Gaffer um uns herum wie Nägel auf unseren Leibern.

Der Detektiv, recht unsicher und nun selber an der Reihe, sich ein Bild vom Inhalt der Tasche zu machen, tat das Gleiche wie seine Vorgänger und konnte nicht fassen, was er da sah. Ich hingegen schloss angsterfüllt meine Augen und hatte eine Vision, in der wir vier in ein dunkles, nach Schimmel riechendes Verließ angekettet auf Heu saßen.

»Was zum Teufel ...«

Der Detektiv traute seinen Augen nicht. Er schüttelte ungläubig seinen Kopf.

»Das hättest du mir sagen können, Junge. Ihr dürft jetzt weitergehen, aber dalli!«, sagte er.

Erstaunlich gefasst gab er Kosmas sein Eigentum zurück und versuchte, die Situation zu entschärfen. Er erklärte, dass die kleine Razzia Bestandteil seiner Arbeit wäre.

Wir hingegen legten den schnellsten Gang ein und machen uns flüssig. Aus sicherer Entfernung fing Uwe an zu lachen. Mehr aus Sympathie als aus Überzeugung lachten die anderen mit. Nur ich wusste nicht recht, ob ich mich dem Ganzem anschließen oder ohnmächtig umfallen sollte. Während die anderen vier ihr Gelächter kaum noch kontrollieren konnten, erholte ich mich allmählich von dem Schock und meine Gedanken kreisten um die eine Frage: Werde ich meinen Eltern etwas davon sagen oder nicht?

»Das war Fritten mit Mayo«, sagte Uwe und rundete auf: »Ja, genau, Fritten mit Mayo, die haben wir uns jetzt verdient, oder?«

Jannis guckte ihn flehentlich an.

»Aber wir müssen schnell essen ...«

»Ja, wir wissen es, du würdest gerne Enterprise gucken«, fielen wir anderen ihm ins Wort.

In unserer Straße gab es eine Frittenbude. Der griechische Eigentümer hieß Michalis. Da wir Griechen gerne Leute umtaufen, um ihnen passendere Namen zu geben, gaben wir Michalis den weniger schmeichelhaften Namen »Frankenstein«. Nicht, dass er den Namen nicht verdiente, nein, er war die Inkarnation von Frankenstein. Gemeint war natürlich Frankensteins Monster, für uns war er aber nur Frankenstein.

Ein sehr großer hagerer Mann mit riesigen Ohren, weit abstehender Stirn, buschigen Augenbrauen und einem langen Hals. Des Weiteren war sein Kopf rechteckig mit einer riesigen Warze an der linken Wange. Eine weitere Warze hatte er an seinem Hals, die eigentlich einer Schraube ähnelte, die den Kopf mit dem Rumpf zusammenhielt. Sein Mund war eine reine Goldgrube. Das durfte man bloß nicht gutgemeint verstehen. Gelegentlich, wenn er mit seiner deutschen Frau vor seinem Laden saß, erlaubte er sich die Schwäche, den Mund zu öffnen und etwas zu tun, das man – wenn auch sehr vage – als Lachen identifizieren musste. Dann glänzten seine Goldzähne und verliehen ihm die Güte des Monsters aus dem gleichnamigen Film, dem er seinen Namen verdankte. Seine Stimme war kaum zu verstehen. Seine deutschen Kunden meinten, er spreche Griechisch, und waren nachsichtig mit ihm. Die Griechen dagegen dachten, er übt sich in Deutsch, und hatten Respekt vor seinem Eifer, um seine deutsche Frau wissend, wie gesagt. Aber wir Jungs waren uns ganz sicher, dass er einfach nur Frankenstein war und bei seiner Erschaffung einiges schiefgelaufen sein musste. Zum Glück war an diesem Nachmittag in der Frittenbude nicht viel los. Wir würden noch rechtzeitig zuhause sein, um Enterprise zu gucken.

»Rück die Mücken raus, Franko«, sagte Kosmas leise, als wir vor der Theke standen.

»Weltsche Mücken, Junge?«

»Er meint das Geld für die Mayo«, sagte Uwe.

Frankenstein drehte uns seinen Rücken zu. Er rührte entspannt in seiner Fritteuse und stieß Laute aus, die wir nicht verstanden. Wir guckten uns an und zuckten fragend mit der Schulter.

»Eh, wir hätten gerne eine Portion Fritten zu einer Mark mit Mayo«, sagte Jannis sehr zaghaft.

Und wieder stieß Frankenstein Laute aus, die wir nicht zuordnen konnten. Unbestreitbar hatte das Wesen einen Sprachfehler. Jannis suchte nach einer Antwort und bekam sie von Uwe.

»Sag einfach ja, nur ja, hörst du«, flüsterte er ihm zu.

»Eh ... ja, ja«, rief Jannis.

Uwe suchte in seinen Hosentaschen und wurde fündig. Er hatte ein paar Groschen in seiner Hand, die er zusammenzählte, um herauszufinden, wie viel Fritten wir noch dazuhaben konnten. Der Blick zur Preistafel über Frankensteins Kopf erlaubte ihm ein sonniges Lächeln. Die Fritten zu einer Mark fünfzig konnten wir uns leisten, aber wer in Gottes Namen sollte das dem Michalis sagen.

»Was ist?« flüsterte Jannis.

»Sag ihm, die Fritten sollen zu eins fünfzig sein.«

»Was ist mit den Fritten?«, flüsterte Jannis.

»Zu eins fünfzig, f ü n f z i g«, hauchte Uwe ihm ins Ohr.

»Okay, zu eins fünfzig, ich hab's jetzt.«

Die Fritten tanzten goldgelb in der Fritteuse und unser Mund wurde wässrig, als Frankenstein sie in die Schale warf, um sie zu salzen. Ein unvergleichlicher Duft kletterte an unseren Nasen hoch und bereitete uns schon mal vor auf das vergnügliche Erlebnis, das folgen würde.

»Bitte zu eins fünfzig mit Mayo!«, sagte Jannis, ohne eine Rückantwort zu bekommen. Stattdessen das übliche Gemurmel von Frankenstein.

»Eh-hm, ja, mit Mayo«, fiel Uwe ihm ins Wort.

Wir wendeten unsere Augen nicht mehr von den Fritten. Michalis füllte ein Tütchen bis oben hin und versah es mit Mayonnaise, dann steckte er die Tüte in die dafür vorgesehene Halterung auf der Theke. Vor uns stand nun eine große Tüte mit Fritten zu einer Mark und fünfzig Pfennigen mit vier Spritzern fetter, achtzigprozentiger Mayo. Kosmas, der das Geld gesammelt hatte, bezahlte und mit je einem Plastikgäbelchen bewaffnet verließen wir, dicht bei Kosmas, der die Tüte hielt, den Laden.

»Einer nach dem anderen, Kinder«, empfahl Kosmas.

Wie ein Rudel Wölfe, teilten wir die Beute nach Rangordnung. Kosmas durfte zuerst, anschließend Uwe, Jannis war der nächste und dann Franko und zuletzt war ich an der Reihe. Ich war so etwas wie der Omegawolf, doch das machte mir gar nichts, ich war es gewohnt, denn ich hatte so gut wie nie Geld bei mir. Ganz selten, wenn ich bei Frau Otten, der Tante-Emmaladen-Besitzerin, Süßes holen durfte, dann teilte ich mit den Jungs. Meine Eltern mussten sparen für Griechenland und wir Kinder machten mit.

»Jede Mark, die wir nicht ausgeben, verkürzt unseren Aufenthalt fernab der Heimat um einen Tag«, pflegte meine Mutter zu sagen.

Der Gedanke, dass ich dadurch meine Freunde vorzeitig verlieren könnte, wurde in einer weit entfernten Schublade abgelegt. Dort, wohin ich eine Menge Gefühle verbannt hatte. Ich war mir bewusst, dass ich irgendwann dieser Schublade einen Besuch abstatten müsste, sie neu ordnen und ihre Inhalte in Frage stellen. Es hatte sich einiges eingefunden, das in den Tiefen meiner Seele auf seine Neuentdeckung wartete. Ein Gefühl mehr oder weniger ändert nichts, hoffte ich. Bis dahin würde ich der Omegawolf sein und alles annehmen, was man mir gab.

»Es gibt nichts Besseres als Fritten«, sagte Kosmas.

Seine Zunge kämpfte mit der heißen Fritte, dabei pustete er und schlürfte laut.

»Doch, gibt es«, meinte Uwe, während er ähnliche Kämpfe durchstand.

»Was gibt es denn Besseres als Fritten?«, wollte Jannis wissen.

»Na, Fritten mit Mayo!«

Von Glück überströmt kaute ich jede Fritte, die ich ergattern konnte, ausgiebig, um den außerordentlichen Geschmack von heißem Fett im Mund so lange wie nur möglich zu erhalten. Wie an einem Kaugummi lutschte ich an den Fritten und der Mayonnaise, und mit jeder Fritte, die ich genüsslich verzehrte, vermehrte ich in mir meine deutschen Anteile. Untrennbar voneinander manifestierte sich dieser Geschmack mit meinem Land der Verheißung. Einem sich Trauenden gleich gab ich mein »Ja« laut und deutlich ab. Und die Fritten mit Mayo standen in der Mitte eines langen Weges zur Erfüllung meiner innigsten Wünsche. Ich wollte ein Teil meines deutschen Gastlandes sein, obwohl unter den Griechen unzählige Gerüchte über die Deutschen kursierten. Es hieß immer, sie hätten keinen Familiensinn oder sie liebten ihre Kinder nicht so, wie Südländer ihre Kinder liebten. Ihre Ehen würden nicht lange halten und ihre alten Eltern würden sie in Altenheimen abschieben. Doch die Leute, die ich kannte, waren anders. Ich erinnere mich, wie aufmerksam die Deutschen waren, wenn es um ihre Kinder ging, und wie bemüht sie bei der Lösung von Problemen waren.

Wenn nur mein Gewissen geschwiegen hätte; unentwegt sprach es zu mir und machte alles zunichte. Es schlich sich unermüdlich zwischen die neu erworbenen Gedanken, um mich unsanft daran zu erinnern, was ich war und woher ich kam. Mir war klar, dass ich eines Tages mit meiner Familie wieder zurück nach Griechenland müsste, doch wann das genau sein würde, wollte ich nicht wissen. Doch irgendwann gegen Mitte des Jahres 1974 schien dieser Termin bedrohlich nah zu sein. Eines Abends, als mein Vater um zwanzig Uhr fünfzehn das Radio einschaltete, um die täglichen Nahrichten eines griechischen Senders zu hören, wollte sogar meine Mutter mithören. Ich muss dazu sagen, dass diesem Abend einige sehr turbulente Tage vorausgegangen waren, die uns in Ungewissheit versetzten, was die politische Lage in Griechenland betraf. Gespannt hörten wir, wie der aufgewühlte Nachrichtensprecher den Sturz der Diktatur in Griechenland und die Bildung einer rechtmäßig gewählten Regierung ansagte. Im Anschluss lief Mikis Theodorakis Befreiungshymne und mein Vater hatte Freudentränen in den Augen. Da wusste ich, dass wir höchstwahrscheinlich bald Deutschland verlassen würden. Ich wusste nicht, ob ich trauern oder mich freuen sollte, und das mündete in einem gewaltigen Gewissenskonflikt.

»Du bist Grieche und das wirst du immer sein«, sagte mir mein Gewissen, »dein Wankelmut ist Verrat an den Menschen, die dich einst begleitet haben, und an dem Land, das dich geboren hat«, – und hinterließ schallend ein Wort, das ich kaum bis an meine Lippen lassen mochte. Es lautete »Untreue« und warf Schuldgefühle auf, die ich unduldsam ignorierte in der Hoffnung, mir eines Tages nichts erklären zu müssen.

Unaufhaltsam vergingen Tage und Monate. Meine Deutschkenntnisse wurden zusehends besser. Das einstige fremde Land war im Begriff, meine Heimat zu werden. Ich besaß alles, was ein Junge meines Alters haben sollte: Ich lebte bei meiner Familie, wurde von einer liebenswerten Lehrerin betreut, hatte genug zu essen und einen Freund, der mir alle Peinlichkeiten in Bezug auf die menschliche Fortpflanzung beibrachte. Uwe sorgte dafür, dass ich schleunigst meine seelische Entjungferung erfuhr – das Mittel hieß Masturbation. Nicht, dass es mir keinen Spaß machte, Neues zu erfahren, nein, es war vielmehr seine unorthodoxe Weise – obwohl vier Jahre älter als ich, behandelte er mich wie seinesgleichen. Uwe sagte alles geradeheraus.

Unser Wissensdurst nach allem, was in irgendeiner Weise mit Sex zu tun hatte, war unter uns Jungs weitreichend. Mit jedem Jahr steigerte sich unser Interesse an weiblicher Nähe. Zwischen meinem zwölften und dreizehnten Lebensjahr allerdings erreichte es seinen Höhepunkt. Explosionsartig wurden Dinge und Geschöpfe, die noch einige Monate zuvor nervig und störend waren, plötzlich interessant und unentbehrlich. Das kleinste Foto einer entblößten Frauenbrust reichte, um aus uns lechzende Monster zu machen. Wie heilige Schriften wurden von uns entsprechende Magazine – die wir aus der Altpapiersammlung des Nachbarn hervorkramten – verwahrt. Doch die Freude war von kurzer Dauer. Ohne Vorankündigung erkrankte mein Vater an einer Gehirnblutung und kam ins Städtische Krankenhaus in Düren.

Zu Beginn noch recht harmlos, entpuppte sich seine Krankheit als monatelanges Desaster. Er fiel in ein dreimonatiges Koma und wurde nach Köln in die Uniklinik verlegt. An jenem Tag erlosch jeder Hoffnungsschimmer auf ein Wiedersehen bei vollem Bewusstsein mit ihm.

In dieser bleischweren Zeit verlor ich jegliches Interesse am weiblichen Geschlecht. Ich mutierte unfreiwillig zum Klausner. Kein Tag verging ohne mindestens ein Gebet. Meine Mutter hatte eine vierwöchige Fastenzeit angeordnet in der Hoffnung, dadurch die höheren Mächte gnädig zu stimmen.

Meine Freunde waren nur bedingt ein Hilfe. Dennoch standen mir alle ohne Ausnahme bei. Jannis sprach sogar davon, mit mir zu fasten. Überdies ging er zu meiner Überraschung einen Schritt weiter. Er überzeugte den Rest unserer Freunde mitzumachen. Franko überlegte seinerseits, seiner Großmutter in Italien einen Brief zu schreiben mit der Bitte um die Entsendung heiliger Reliquien. Ich versicherte ihm, dass meine Mutter entsprechende Schritte schon unternommen hätte. In unserer Wohnung stapelten sich die heiligen Öle und allerlei Wundermittel.

»Dann müssen wir alle ein Opfer bringen!«, sagte Uwe.

»Es müsste aber ein gravierendes Opfer sein«, unterstrich Jannis.

»Wie gravierend?«, wollte Franko wissen.

»Na so, dass es weh tut«, meinte Uwe nachdenklich.

Ich war zu traurig, um nachzudenken. Mein Schmerz war unerträglich. Eine weinende Mutter zuhause ist nicht das, was ein Kind tagaus, tagein sehen möchte. Ich verstand ihren Kummer, war jedoch völlig hilflos in Sachen Beistand. Hinzu kamen noch die suchenden Blicke meiner Geschwister, die unsagbar weh taten.

»Ich hab's!«, rief Uwe.

Erwartungsvoll spitzten wir unsere Ohren – allen voran Franko. Uwe strengte sich an. Er hob seinen Zeigefinger hoch und mit trübem Blick sagte er: »Wir werden mit dem Onanieren aufhören!«

Der dicke Klops musste erst einmal verdaut werden. Jannis versuchte ihn herunterzuschlucken, Franko hingegen kaute noch eine Weile daran.

»Und ... und du meinst, das bringt was?«, fragte Jannis sehr behutsam. Er kratzte sich fragend am Kopf. Franko tat es ihm nach.

»Möglich ist alles. Meine Mutter meint jedenfalls, dass Opfer immer etwas bringen.«

»Das ist unmöglich«, sagte Franko.

»Du verlangst sehr viel von uns«, beharrte Jannis.

»Wir tun es für seinen Vater und was ist schon dabei?«

»Dabei ist, dass ich gerade damit angefangen habe und jetzt soll ich schon aufhören?«, fragte Jannis verzweifelt.

»Ich habe kaum Erfahrung«, sagte er niedergedrückt.

»Na ja, das soll ja nicht für immer sein. Ein paar Wochen vielleicht.«

»Ein paar Woch un isch bin tott wie eine Tisch«, sagte Franko.

Schweigen machte sich breit. Einerseits erfüllte mich der Vorschlag von Uwe mit Stolz, andererseits stellte ich mir die Frage, ob ein derartiges Opfer nicht zu viel verlangt wäre.

»Ich bin dafür«, rief Uwe und streckte Franko seine rechte Hand hin.

Franko rieb sich unentschlossen die Hände und fuhr mit seiner Zunge über seine Lippen.

»Aber ... aber nisch zu lang!« sagte er.

»Ja, nicht zu lange!«, schloss sich Jannis ihm an.

»Hand drauf!«, rief Uwe.

»Sag zuerst, wie lange«, verlangte Jannis.

Er wandte sich zu mir und schaute mich mit glänzenden Augen an. Voller Scham sagte er:

»Es hat nichts mit dir zu tun, wirklich, aber ...«

»Eine Woche und keinen Tag weniger ihr Verräter«, sagte Uwe unbehaglich.

Franko zögerte noch. Jannis legte seine Hand erleichtert auf Uwes Hand. Ich schwieg.

»Abgemacht!«, rief er.

Franko äußerte seine Zweifel an dem Unternehmen und wiederholt empfahl er mir nachdrücklich, die heiligen Öle seiner Großmutter vorzuziehen.

»Mach mit oder geh, du Feigling«, sagte Uwe verärgert.

Franko konnte man alles unterstellen, aber dass er ein Feigling sei, das war zu viel. Ein Italiener ist kein Feigling.

»Kut, kut, isch mach mit!«

Er legte seine Hand auf Jannis Hand.

»Hey, File mou, was ist?«, sagte Uwe, nun mir zugewandt.

Nur zögerlich und mit erheblichem Zweifel gesellte ich mich zu ihnen. Was hatte ich zu verlieren?

»Eine ganze Woche ohne, ihr wisst schon Männer!«, verlangte Uwe.

»Eine ganze Woche«, bestätigten die beiden anderen mit ernster Miene.

Die Verzweiflung stand ihnen in den Augen geschrieben. Doch es war beschlossene Sache. Ich wusste das Opfer durchaus zu schätzen, war mir aber nicht schlüssig, ob es mich ebenfalls betraf oder nur die Jungs. Jedenfalls trennten sich unsere Wege für diesen Abend.

Zuhause wartete meine Mutter auf mich mit schlechten Nachrichten von meinem Vater. Sein Zustand hatte sich verschlechtert und wahrscheinlich hätte er nur noch wenige Tage zu leben. Die Ärzte in der Kölner Uniklinik wollten und konnten ihr keine Hoffnung mehr machen. Die ganze Nacht blieb ich wach und betete. Ich wollte nicht wahrhaben, was meine Mutter mir sagte. Ich konnte es nicht fassen, dass mein Traum vom Neubeginn in Deutschland, der so schön begonnen hatte, nun so hässlich enden würde. Es dürfte nicht so eine Wende nehmen, auf gar keinen Fall!

Bilder aus besseren Zeiten kreisten in meinem Kopf. Ich fragte mich, was passiert wäre, wenn wir nie in dieses Land gekommen wären. Schließlich ereignete sich der Unfall meines Vaters auf dem Weg zu seinem Betrieb. Vielleicht hätte sich alles anders entwickelt und vielleicht wäre das nie passiert?

Am nächsten Tag fuhren meine Mutter und ich mit dem ersten Zug nach Köln zu meinem Vater. Den ganzen Weg dahin weinte meine Mutter bitterlich und der Himmel schien mit ihr zu weinen. Ein regenreicher Tag, der unser beider Stimmung vollkommen machte. Angesichts der erdrückenden Umstände wirkte die Stadt bei unserer Ankunft kaum aufbauend. Ich besann mich auf meine erste Begegnung mit dieser wunderschönen Stadt und genoss die unbeschwerte Erinnerung. Wie lange war es wohl her, dass mein Vater mit mir hier auf der Domplatte stand? Wie viele Tage und wie viele Monate waren vergangen seit damals? Wie eine Ewigkeit kam es mir vor.

Der Dom mit seinen furchterregenden, in Stein gehauenen Gestalten würde noch dort stehen, lange nachdem wir alle in himmlischen Welten weilen würden. Dort wo vielleicht mein Vater schon bald sein würde. Der letzte Gedanke ließ mich erzittern.

Der lange Fußmarsch vom Neumarkt bis zur Leichtensternstraße würde mich hoffentlich auf andere Gedanken führen. Von da aus würde es nur noch ein paar Minuten dauern bis zur Uniklinik.

Dass ich an diesem Tag die Schule schwänzte, berührte mich nur wenig. Einzig um meine Lehrerin Frau Knoblauch war ich besorgt. Die Woche zuvor hatte sie uns besucht, um über meine Situation in der Schule zu sprechen. Nichts ahnend vom Ausnahmezustand in meiner Familie, hatte sie versucht meine Mutter davon zu überzeugen, wie wichtig mein Weiterkommen in der Schule sei.

Eine sehr engagierte Frau mit besonderer Sympathie für Gastarbeiter aus Griechenland. Wie gerne hätte ich ihr zu verstehen gegeben, dass meine missliche Lage der Grund für mein Fehlverhalten war.

»Dieses Land hat mir so viel gegeben, warum nur nimmt es mir jetzt das Wichtigste in meinem Leben?«, fragte meine Mutter.

Ich zögerte mit meiner Antwort, zumal ich keine in greifbarer Nähe wusste. Ich war mir darüber hinaus nicht sicher, ob sie eine Antwort haben oder einfach nur etwas sagen wollte. Sie drückte erneut ihr zerknittertes Taschentuch an ihre Augen und ihre Nase.

»Und ein Telefon haben wir auch nicht. Wie soll ich wissen, ob er noch lebt?«

Ein Tränenschwall flutete noch einmal über ihre soeben abgetrockneten Augen. Ich reichte ihr ein neues Taschentuch, das ich zuvor aus meiner Tasche geholt hatte. Aus der Ferne sah ich die Klinik. Unruhe machte sich breit und ebenso die Frage, ob mein Vater noch lebte und, wenn nicht, wie es weitergehen würde. Rasch fanden wir uns im Flur vor der Intensivstation wieder. Eine Krankenschwester begrüßte uns nüchtern, und der herbeigeholte Arzt war bemüht, eine ausführliche Beschreibung des Zustands meines Vaters zu geben.

Gott sei dank, er lebt noch, dachte ich. Nur – für wie lange? Wer vermochte mir das zu sagen? Ich war bereit für jede Antwort. Die lange Wartezeit in den vergangenen Monaten hatte mich mürbe gemacht. Dieser Zustand musste bald ein Ende haben. Überzeugt, dass es an der Zeit war, zu erfahren, wie lange er noch leben würde, gelobte ich mir, auch mit dem Schlimmsten zu leben.

Der Arzt bat uns mitzukommen und Sterilanzüge anzuziehen. Wir folgten ihm. In dem gekachelten und mit Lebensverlängerungsmaschinen ausgestatteten Raum lag hinter einem Vorhang mein Vater. Den beißenden Krankenhausgeruch ignorierte ich. Das Schluchzen meiner Mutter bestätigte mir meine Vermutung. Dort lag ein fast lebloser Körper, aus dem unzählige Schläuche hingen. Einige Stellen am Kopf waren mit Dioden versehen.

Er hatte sich unfreiwillig verändert. Wie konnte Gott so etwas zulassen? So ähnlich hatte er ausgesehen, wenn er früher seinen Mittagsschlaf gemacht hatte. Wir mussten immer leise sein, wenn er Mittagsschlaf hielt. Ich wünschte mir, er würde aufstehen, um zu sehen, dass sein Sohn nun vor ihm stand. Sein Sohn, sein Erstgeborener, der unter seinem Hemd die Unterwäsche seines Vaters trug, um ihm so nah wie nur möglich zu sein.

Der Arzt verließ das Zimmer. Wir nahmen Platz auf den Stühlen, die unmittelbar neben seinem Bett standen. Ein Gerät an der Seite meines Vaters zog einen grünen Strich, der rhythmisch einen kurzen Sprung nach oben machte, um wieder unten anzukommen und den grünen Strich weiterzuführen. Eingeschlossen in eine nicht endende Tragödie wünschte ich mir das Ende herbei.

Gedanklich überflog ich das letzte Jahr mit meinen Vater. Es gab nicht besonders viel, was uns verband. Vielleicht lag es an der unterschiedlichen Sprache, die wir beide sprachen. Es gab auffallend wenige Momente, in denen ich mir seiner Unterstützung sicher sein konnte. Einer dieser Momente war auf der Annakirmes im vergangenen Jahr gewesen. Mit großer Freude besuchten wir das Fest, das zu Ehren der heiligen Anna einmal im Jahr stattfindet. Ich war glücklich wie noch nie. Mein Vater wollte mir einen roten Helm kaufen. Der vielbeschäftigte Verkäufer drückte mir den Helm in die Hand und wartete auf seine Bezahlung, zwischendurch bediente er andere Kunden Für ein paar Minuten ließ mich mein Vater allein, um bei meiner Mutter Geld zu holen, um den Helm zu bezahlen. In Panik geraten und nachdem ich den Rest der Familie nicht mehr sah, beschloss ich, den Heimweg anzutreten. Ich wusste, wie ich von der Polizeiwache aus nach Hause finden konnte Voller Verzweiflung machte ich mich auf. Meinen roten Helm hielt ich fest in meiner Hand. Er war der Grund meiner misslichen Lage und sollte auf gar keinen Fall verloren gehen. Meine Odyssee durch das nächtliche Düren verlangte mir viel Mut ab. Mit dem Helm in der Hand und reichlich Wut im Bauch konnte ich schlussendlich nach Hause finden. Vor unserem Haus parkte ein Polizeiauto und als ich mich dem Haus näherte, stand plötzlich mein Vater vor der Tür. Sichtlich erleichtert gab er der Polizei Entwarnung und bat mich ins Haus. Kein einziges böses Wort sollte seine Lippen verlassen. Hundert Tode bin ich an diesem Tag gestorben, aber das machte mir nichts. Er hatte sich um mich gesorgt und das allein war mir die Unannehmlichkeiten wert. In der Wohnung warteten meine Mutter und meine zwei Geschwister, die vor Wiedersehensfreude Sprünge machten.

»Wir wollten nur etwas Geld verdienen«, unterbrach meine Mutter meine Gedanken. »Für Griechenland.« Mit leichten Nickbewegungen wollte ich ihre Worte bestätigen. Ich hätte ihr einiges sagen wollen, doch fehlte mir der Mut dazu. »Eine Tankstelle wollten wir eröffnen. Und von einem Traktor träumte er stets.« Sie machte eine kleine Pause, um aus ihrer Handtasche ein kleines abgenutztes Heftchen hervorzuholen. Sie schlug eine der Seiten auf und bekreuzigte sich. Kaum hörbar sprach sie ihr langes Gebet. Unzählige Male hatte sie dieses Gebet unbeirrt vor sich hin gesprochen und voller Hoffnung gefastet bis zum Schwächeanfall. Wenn es einen Gott gab, dann musste er sie gehört haben. »Er hat auch viel zu viel geraucht«, sagte sie, ohne ihm einen Vorwurf machen zu wollen. Mir blieb nur das monotone Nicken. »Über alles heilige Maria, gib ihn mir wieder, und ich werde nichts anderes mehr von dir verlangen.« Mit diesen Worten verfiel sie erneut in einen Weinkrampf.

Ich weiß nicht mehr, wie lange meine Mutter und ich am Bett meines Vaters gesessen haben. Sie weinte unentwegt und ich schwieg. Lange nachdem die Besuchszeit vorbei war, bat man uns freundlichst die Intensivstation zu verlassen.

»Steh auf, mein Mann, hast du vergessen, welches Versprechen du mir einst gegeben hast?«, sagte meine Mutter, während sie ihm die abgemagerte Hand hielt. »Sie ist warm, schön warm«, sagte sie leise. »Wieso sagt er nichts, er lebt doch?!«

Ich merkte, wie sie wieder einen ihrer Tagträume zu träumen begann, und machte mir Sorgen. »Komm, lass uns gehen«, sagte ich verkrampft.

Der Heimweg war lang. Ohne Antriebskraft erreichten wir unsere Wohnung, wo uns meine Geschwister wortlos empfingen.

Viele Male noch besuchten wir meinen Vater und unsere Hoffnung schwand immer mehr. Ich beschloss, die Schuld nicht unserem Gastland zu geben, sondern unserem Schicksal. Uwe ordnete eine weitere Woche Abstinenz an, die er erneut um eine weitere Woche verlängerte. Trotz der guten Vorsätze klinkte sich Franko aus und Jannis hegte große Zweifel an der Wirksamkeit der Aktion.

»Wir schaffen das allein, File mou«, sagte Uwe an einem Tag. Er hatte seinen Arm um mich gelegt und litt sichtlich mit mir. Mehr Worte vermochte er nicht zu sprechen. Ich verlor zusehends die Hoffnung, meinen Vater irgendwann mal wieder gesund zu sehen. Vielmehr gesellte sich der Gedanke, dass er bald sterben würde, zu mir. Über meine Pflichten war ich mir stets bewusst, jedoch die Vorstellung, tatsächlich ohne Vater sein zu müssen, war unerträglich. Das Wort »Tod« war mein ständiger Begleiter bei allem, was ich tat. Wie eine unersättliche Bestie, die argwöhnisch im prallen Leben umherirrt und sich gelegentlich in Menschen verliebt und ihnen zeigt, wie vergänglich sie sind. Ich weigerte mich zu verstehen, dass der Tod nicht nur andere trifft und dass das Schicksal eines Sterblichen nicht abwendbar ist. Meine Gebete sprach ich nur leise, doch betete ich um mehr Kraft, um diese unmenschliche Hürde nehmen zu können. Fast jeden Tag, den der Herrgott erschaffen hatte, fand ich mich in der Kirche des Heiligen Joachim wieder. Vor dem riesigen Holzkreuz stand ich ergeben und betete jemanden an, von dem man sagte, er sei gütig und barmherzig.

An einem kalten Februar Morgen ging ich mit meinem kleinen Bruder erneut in die Kirche. An diesem Tag war ich bereit, jedes verlangte Opfer zu akzeptieren. Ich schaute dem Gekreuzigten wie so oft direkt in die Augen. Worte verließen meinen Mund, wie ich sie noch nie zuvor laut gesprochen hatte. Ich spürte die unschuldigen Blicke meines Bruders, der geduldig an meiner Hand hing und zuhörte. Ein älterer Bruder sollte nie Schwäche zeigen, fand ich normalerweise, doch an diesem Tag war mir alles egal.

»Kann er dich hören, Stefo?«, wollte er voller Spannung wissen. Die Antwort bin ich ihm bis heute schuldig geblieben.

Am Abend erfuhren wir von unserer Mutter, die den ganzen Tag in der Klinik bei ihm gewesen war, dass mein Vater versucht hatte, seine Finger zu bewegen. In den darauffolgenden Tagen versorgte uns meine Mutter mit den schönsten Nachrichten der Welt. Schritt für Schritt eroberte mein Vater jeden Zentimeter seines schlummernden Körpers zurück. Ich werde den Tag nie vergessen, an dem er den Namen meiner Mutter rief. Nachdem er seine Augen geöffnet hatte und etliche Tage lang in den kalten Raum gestarrt hatte, entdeckte er meine Mutter neben sich. Seine Augen kamen fortan nicht mehr von ihr los. Jeder Mensch wird nur einmal geboren. Mein Vater hatte das Glück, ein zweites Mal geboren zu werden. Ich konnte mein Glück kaum fassen, dachte jedoch mit Schrecken daran, dass der Traum, in dem ich nun zu leben glaubte, bald ein Ende haben könnte. Ich entschied, diesen Traum ein bisschen länger zu träumen. Mein Vater war in meinen Augen ein Held – und was für einer!

Im gleichen Jahr sang Boney M. in der Hitparade das Lied »Daddy Cool«, ganze zwölf Wochen lang. Das wurde zu meinem ganz persönlichen Lied. Ich gab irgendwann den Jungs Entwarnung, nachdem ich Uwe mehrfach für seine Zähigkeit gedankt hatte. Spätestens ab jetzt war er in unserem kleinen Kreis die wichtigste Person. Nach den feierlichen Danksagungen, die ich ihm zukommen ließ, zog sich Uwe zurück in sein Zimmer. Das Poster von »Krieg der Sterne«, das über seinem Bett hing, verschwand. An seine Stelle hängte er nun das viel größere Poster von Jane Fonda im knappen Dress aus dem Film »Barbarella«. Jannis und Franko trugen eine Weile lang Versagergesichter, bis Uwe sein Quantum an »Glückseligkeit« wieder aufholen konnte.

Überglücklich erzählte ich einige Tage später meiner Lehrerin Frau Knoblauch von der wundersamen Auferstehung meines Vaters. Mit Tränen in den Augen umarmte sie mich ganz fest.

»Alles wird gut«, sagte sie, »es wird gut.«

Zwei Dinge vergisst ein Mann nie in seinem Leben. Das eine ist seine Entjungferung und das andere seine erste Rasur. Von der Entjungferung waren wir Gott sei Dank weit entfernt, doch die erste Rasur stand ins Haus. Das Datum schrieb ich rot in mein Tagebuch: Es war irgendwann im Mai 1976. Die Rasur war ein Ritual, das zugleich aufregend und gefährlich ist und geradewegs in die langersehnte Männlichkeit führt. Uwe war der Meinung, dass jeder Heranwachsende ein Anrecht auf eine scharfe Rasierklinge und die dazugehörige Seife habe. Unsere Väter hatten wir außen vor gelassen. Wir fanden nicht die richtigen Worte, um danach zu fragen. Obwohl seit einigen Wochen in der Kulturtasche meines Vaters ein zweiter Rasierer – offenbar für mich – seinen Platz fand, ohne dass mein Vater auch nur ein Wort darüber verlor.

»So, meine Eltern sind einkaufen. Das heißt, wir haben genau eine Stunde Zeit, bis im Kino Einlass ist. Es wäre gelacht, wenn wir es in der Zeit nicht schaffen«, sagte Uwe.

Nun war es so weit. Die Stunde der Wahrheit näherte sich unaufhaltsam. Im gepflegten Bad der Familie Kleefisch sollte es passieren. Zusammengekommen waren Uwe, Jannis und meine Wenigkeit. Franco hatte sich wegen Krankheit abgemeldet. Wegen der plüschigen Ausstattung im Bad beneidete ich Uwe gewaltig. Ockerfarbene Kacheln schmückten die Wände bis zur Decke. Mehrere Lagen »Ado-Gardinen« – die mit der Goldkante – schützten vor unerwünschten Blicken. Über der Badewanne hing ein Vorhang in den Farben Gelb und Braun. Auf dem Boden ruhten olivgrüne Teppiche. Einer lag vor der Dusche, ein weiterer vor dem olivfarbenen Waschbecken und ein anderer in U-Form umschloss die Toilettenschüssel. Ein letztes Stück war um den Toilettendeckel befestigt. Aus dem ebenfalls olivfarbenen Alibertschrank holte Uwe die Rasierutensilien seines Vaters heraus. Ein Hauch von Tosca und Irish Moos strömte heraus und bereicherte den nach undefinierbaren Seifendüften riechenden Raum. Wir haben noch nicht einmal ein richtiges Bad, dachte ich. Aber das war ein gut gehütetes Geheimnis. Die Besuche meiner Freunde in unserer Wohnung hielten sich in Grenzen.

»Na, dann wollen wir mal.«

Wir seiften uns eifrig ein und musterten unsere Gesichter im Spiegel. Mit jedem eroberten Zentimeter unserer Haut wuchs auch unser Selbstvertrauen. Jannis war als erster an der Reihe, die scharfe Klinge über seine halbwüchsigen Wangen zu führen.

»Die Haut muss weich sein«, sagte er, während er großzügig den lockeren Rasierschaum verteilte.

»Ich wette mit euch, wir sehen um vier Jahre älter aus«, versicherte uns Uwe.

Wie ein alter Kenner begann Jannis sich den Schaum abzurasieren. Er sah aus wie eine englische Sahnetorte, aus der zwei Sauerkirschen herausschauten. Ich seifte zuerst nur die mit Flaum behafteten Partien ein, die man an einer Hand mit drei Fingern abzählen konnte. Das waren der untere Wangenbereich, mein Kinn und meine Oberlippe. Mehr Haare konnte ich nicht auftreiben. Doch irgendwas überzeugte mich davon, den Rest auch einzuseifen. Ich sah mit dem völlig eingeseiften Gesicht direkt erwachsener aus. Fast traurig darüber, dass ich die weiße Masse entfernen musste, legte ich los.

»Aua, jetzt habe ich mich doch geschnitten!«, rief Jannis.

Er blutete, doch das kümmerte ihn kaum. Uwe war da vorsichtiger. Ohne einen einzigen Kratzer wusch er sich die Schaumreste ab und ging zum Rasierwasser über.

»Aua!«, schrie Jannis wieder.

»File mou, ein bisschen mehr Gefühl«, bat ihn Uwe.

Meine Neugier für Jannis Missgeschick stand Pate für meinen ersten Kratzer und meinen ersten Aufschrei, den Jannis mit Freuden vernahm. Obgleich ich der Jüngste in der Runde war, verfügte ich über einen dichteren Bartwuchs. In der Schule genoss ich infolgedessen große Anerkennung. Sozusagen der Mann unter den Jungen, hatten auch die Mädels meinen Vorsprung realisiert.

»Huhu, Uwe, isch bin et, die Mama. Isch hann ming Einkaufszettel vejessen«, hörten wir aus dem Flur Uwes Mutter rufen.

Unser Herz rutschte uns buchstäblich in die Hose. Zu allem Übel hatte ich mich beim Zusammenzucken wieder geschnitten.

»Uwe, biste da, Jung?«

»Nu sag schon was«, flüsterte Jannis Uwe zu.

»Ja ... ja, ich bin da, Mama, im Bad.«

In der Küche hörten wir Uwes Mutter in den Schubladen kramen und standen nun mit halb eingeschäumten und blutenden Gesichtern hinter der Badezimmertür wie gelähmt.

»Jung, isch komm jetzt rein, isch muss dr noch wat jeben.«

Dem Herzstillstand sehr nahe überzeugte uns Uwe, in die Badewanne zu steigen und uns so flach wie möglich zu machen.

»Mama, ich sitze auf dem Klo«, rief ihr Uwe währenddessen zu in der Hoffnung, sie so loszuwerden.

Die Tür ging auf und sie stürmte herein.

»Dat war eve ne kurze Sitzung«, sagte sie kein bisschen verlegen, als sie Uwe aufrecht stehend vorfand.

»Wat riescht denn so nach Rasierwasser?«, wollte sie wissen.

»Ich riech nichts«, antwortete Uwe.

Dabei beschnupperte er demonstrativ die Luft. Seine Mutter hingegen schaute ihn schwärmerisch an und sagte:

»Nee, nee, ming Bärle is erwachsen gewude.«

Sie packte sein Gesicht mit beiden Händen und gab ihm einen behäbigen Schmatzer. Mit erhobenem Zeigefinger sagte sie:

»Un pas up, Finger weg vun die Mätschen!«

»Mama, ist gut jetzt.«

Plötzlich und mit großen Augen guckte Frau Kleefisch Uwe über die Schulter zum Fenster, geradewegs in unsere Richtung.

»Dat darf net war sin. Die Scheiben hann isch vürjestern jeputz, un nun sind se wieder dreckisch.«

Sie machte einen Schritt dorthin und wir, die Badewannenfraktion, schlossen die Augen. Die Blamage wollten wir nicht mit offenen Augen erleben.

»Mama, das hat doch noch Zeit. Der Papa wartet auf dich«, bremste sie Uwe.

»Mein Bärle hat rescht. Isch geh, un komm nit zu späht!«

Mit Freude vernahmen wir ihre letzten Worte und ihren Abgang.

»Die Luft ist rein Jungs, ihr könnt jetzt rauskommen«, sagte Uwe, als die Wohnungstür zufiel.

Wir krochen wachsam aus der Badewanne. Der restliche Schaum in unseren Gesichtern trocknete vor sich hin und unsere Schnitte bluteten unentwegt.

»Hast du noch mehr Überraschungen?«, wollte Jannis wissen.

»Dafür kann ich nichts, Kollege«, sagte Uwe zu seiner Entschuldigung.

Den mittlerweile trockenen Schaum rasierten wir ab. Jannis sah aus, als hätte er eine Schlacht überlebt. Doch auch ich hatte erhebliche Blessuren zu beklagen. Eine letzte Hürde stand uns allerdings noch bevor. Das Auftragen des höllisch brennenden Rasierwassers. Mit Gestöhne brachten wir auch das hinter uns.

»Na wer sagt's denn. Willkommen in der erhabenen Welt der echten Männer«, sagte Uwe.

»Wie recht du hast, Berle«, neckte ich ihn.

»He, sag das nie wieder!«, rief Uwe.

Mein Blick in den Spiegel des Alibertschranks ließ mich wirklich wachsen. Vor mir stand ein wahrhaft cooler Typ. Die blutigen Stellen unterstrichen enorm seine Abenteuerlust. Ja, der Kerl gefiel mir, nur wie in aller Welt sollte ich die blutigen Stellen stillen? Uwe hatte die Idee: Kleine Schnipsel Toilettenpapier sollten Abhilfe schaffen.

»Okay, ab geht's, in einer viertel Stunde beginnt der Film«, sagte Jannis, der nicht mehr genug von seinem Spiegelbild bekommen konnte.

Mit leichter Verspätung machten wir uns auf den Weg, um uns im Kino den neusten Karatefilm anzusehen. An jedem Donnerstag am späten Nachmittag gab es im Kino »Schauburg« Karatefilme zum halben Preis.

»Das ist der Film. Die sieben Kammern der Schaolin 2«, sagte Jannis, der bereits in Stellung gegangen war und einen martialischen Schrei losließ.

Er kannte jeden der Schaolinfilme. In seinem ersten Leben musste er ohne jeden Zweifel Schaolinmönch gewesen sein. Er kopierte ununterbrochen sämtliche Gewohnheiten der Schaolin, ihre Kampftechniken allen voran. Jede freie Minute verbrachte er mit der Züchtigung seines Körpers nach Schaolinmanier. Seine Hände wiesen Brandblasen der übelsten Sorte auf, die er sich im Kampf mit heißem Sand zugezogen hatte. Das hatten wir in »Die sieben Kammern der Schaolin 1« gesehen. Ich muss gestehen, dass sein Eifer mir kolossal imponierte, dass ich fast alle »Kammern der Peinlichkeiten« mit ihm gemeinsam bestritt. An dieser Stelle sollte man vielleicht erwähnen, dass Reis seit geraumer Zeit unverzichtbar seinen Speiseplan bereicherte. Das jedoch war für mich der Moment, das schaulinsche Leben aufzugeben, um wieder mit meinem beschaulich dekadenten Leben fortzufahren.

»Los, lasst uns reingehen«, sagte Jannis.

Doch bevor wir einen Schritt machen konnten, erschien der in einem Hawaiihemd steckende Betreiber und schloss die Vorschautafel auf. In seinem Mund qualmte gemächlich eine dicke Zigarre. Seine wurstigen Finger hielten ein Schild und eine Dose mit Heftzwecken. In aller Seelenruhe schob er seinen braunen Borsalino aus der Stirn und hängte das Schild auf, auf dem stand: »Ausverkauft«.

»Wie meinen Sie, ausverkauft?«, fragte Uwe bestürzt.

Er drehte sich herum, nahm die Zigarre aus dem Mund und schüttelte ungläubig den Kopf.

»Ausverkauft heißt ausverkauft, mein Junge«, sagte er und ging wieder hinter seinen Schalter.

Wir hatten uns rasiert, trugen unsere besten Sachen und er hatte die Frechheit, uns zu sagen, die Vorstellung wäre ausverkauft. Einfach so. Im Foyer stand Frau Schöller aus der Nachbarschaft, die dann und wann als Kartenkontrolleurin aushalf, schwer beschäftigt. Die verführerische Irish Moos Note, die uns umgab, hatte sie vermutlich mittlerweile erreicht, denn sie sah zu uns herüber. Plötzlich kam Uwes älterer Cousin Peter um

die Ecke und marschierte flott an uns vorbei ohne große Begrüßungsze-
remonien. Wir hatten schnell begriffen, warum. An der Kasse bestellte er
für sich und seine Begleitung zwei Karten für den Film »Heiße Blondinen
auf Ibiza«. Er kam zurück, um Uwe zu warnen:

»He Uwe, du hast mich nicht gesehen, klar?!«

»Klar, Kollege, ich weiß gar nicht, wer du bist, Peter«, sagte Uwe.

»Wieso steht ihr denn hier?«, wollte Peter wissen.

Er starrte uns verständnislos an und verzog sein Gesicht.

»Und was sollen die blöden Klopapierstückchen in euren Gesichtern?«

Just in diesem Moment wurde uns bewusst, dass die blutstillenden Pa-
pierschnipsel immer noch in unseren Gesichtern klebten, und wir holten
sie hastig herunter. Alsdann erzählte ihm Uwe prompt von unserem Problem mit den ausverkauften Kinokarten.

»Kostet dasselbe, probiert es doch mal«, bot Peter uns an und zeigte
auf die Werbetafel im Inneren des Kinos.

Uwe schaute uns fragend an. Wie verlorenen Seelen fehlte uns jedes
Wort. Doch irgendetwas drängte uns unwillkürlich, das Werbeposter im
Foyer des Kinos noch einmal gründlich anzusehen. Die dort abgebildeten
halbnackten Frauen sahen sehr passabel aus. Wir waren der Meinung,
ihre Rekeleien erinnerten an Ringen, was ebenfalls eine Kampfart darstellte.

»Ihr dürft noch nicht einmal daran denken!«, rief uns der Betreiber zu,
während er uns schiefe Blicke zuwarf.

»Wieso, die sind alle volljährig«, sagte Peter überzeugend.

»Wenn die drei volljährig sind, bin ich der Papst«, erwiderte der Betreiber.

Unerwartet stand Frau Schöller vor uns, angezogen von unserem
herzbrecherischen Duft, als Uwe vergeblich seinem Cousin signalisierte,
mit der Debatte aufzuhören.

»Na, was wollen denn die Herrschaften?«, fragte sie uns.

»Wir wollten in den Film und ....«, versuchte ich Frau Schöller zu erklären.

»Herr Schröder meint, das wäre kein Film für die Jungs«, unterbrach
mich Peter.

»Papperlapapp, Heinz, nun lass die Jungs rein und mach keine Mätzchen«, sagte Frau Schöller fordernd und fügte in einem Atemzug hinzu: »Der Film ist so jugendgefährdend wie du nach einem Glass Wein.«

»Dann kannst du die Eltern beruhigen im Falle eines Falles«, sagte der Betreiber verärgert und leckte seinen Mittelfinger, mit dem er vier Eintrittskarten von der Rolle abtrennte.

Während wir zögerten, ging Peter vor. Doch wir konnten nicht mehr abspringen, ohne unseren Stolz stückchenweise in den Müll zu werfen. Indes schaute uns Peter mit weit offenem Mund und zugekniffenem Auge an. Meine Blicke kreisten um den Schalter und den Betreiber.

»Macht voran, der Film beginnt in wenigen Minuten«, rief Frau Schöller.

Wir gingen wie mit vollen Windeln den mit roten Teppichen ausgestatteten Gang entlang.

»Halt, wartet einen Moment, ihr kriegt noch was.«

Frau Schöller hatte sich ihren Bauchladen umgeschnallt und lief zu uns hin. Sie drückte jedem von uns ein Päckchen mit Eispralinen in die Hände und wies uns unsere Plätze zu. Lange nachdem die Pralinen in unseren Mägen ruhten, ging der Film zu Ende. Der Vorhang fiel und das dämmrige Licht holte uns ernüchternd in die reale Welt zurück.

»Da vorne sitzt Herr Gerdes«, flüsterte Uwe mit zitternder Stimme.

Ich zuckte zusammen. Herr Gerdes, unser Nachbar aus dem dritten Stock, besser bekannt unter seinem Vornamen Hubert, saß einige Reihen vor uns. Kaum auszudenken, welche Folgen unsere Entdeckung hier in diesem Sündenpfuhl haben würde. Wie weichgespült sackten wir ab bis zum Boden.

»Hey, habt ihr was verloren?«, fragte uns Peter.

Wir hüllten uns in Schweigen. Dort unten würde uns keiner erkennen können. Erst als die Putzkolonne sich mit Staubsauger und Putzlappen heranmachte, um das Kino für die nächste Vorstellung zu reinigen, standen wir auf und gingen.

Wie nass gewordene Kater verließen wir das Kino unbemerkt. Frau Schöller war zurzeit nicht an ihrem Platz und Herr Schröder, der Betreiber, saß gut versteckt hinter seiner Tageszeitung.

Doch der schwierigste Part sollte noch folgen. Unser eklatant schlechtes Gewissen wartete direkt am Ausgang auf uns. Wir waren Gebrandmarkte. Auf unserer Stirn war sicherlich alles für jedermann gut lesbar und in fetter Druckschrift geschrieben: Seht her, die drei hier haben gerade einen unanständigen Film geguckt. Hoffentlich würde man das Kleingedruckte mitlesen, das lautete: Eigentlich wollten die Deppen einen Karatefilm sehen, haben es sich jedoch angesichts der überzeugenden Mehrheit anders überlegt.

Die ersten Meter wieder in freier Wildbahn waren sehr mühsam. Jeder Vorbeigehende hätte ein Bekannter sein können.

»Nicht umdrehen, sonst merkt jemand noch was«, sagte Uwe.

»Woher will jemand wissen, welchen Film wir gesehen haben?«, fragte ich.

»Er braucht nur meine Hose anzusehen, dieser jemand, dann weiß er, was wir geguckt haben«, sagte Jannis, der entspannt in eine der Karatestellungen ging, um einen Kampfschrei loszulassen, den Bruce Lee nicht besser hätte schreien können.

Die Episode war schon fast vergessen oder vielleicht verdrängt, als ich einige Tage später mit meiner Mutter beim Metzger um die Ecke einkaufen ging. Frau Kraft, die Metzgersfrau, stand wie immer in ihrem blütenweißen Kittel hinter der Theke, ausgestattet mit einem ehrlichen Lächeln und mit der Portionsgabel in der Hand.

So schnulzig es auch klingen mag, ich denke gern an diese »tadellose« Zeit zurück. Sie war für mich ohne jeden Zweifel die Wiedergeburt des irdischen Paradieses. Ich lechzte nach Freundlichkeit und Höflichkeit, nach Ehrlichkeit und Transparenz. Attribute, die in meinem früheren Kulturkreis zumindest nicht in dieser Reihenfolge existierten.

Einmal mehr möchte ich meine Augen schließen und wieder der Jugendliche sein, der mit seiner Mutter beim Metzger in der Nachbarschaft einkauft. Es ist Samstag und aus dem Radio hinter der Theke hört man Jürgen Markus, der von einer neuen Liebe und einem neuen Leben singt. Frau Kraft nimmt emsig Bestellungen auf und der Landschaftskalender direkt hinter ihr trägt das Jahr 1976.

»Was darf's sein?«

»Dreihundert Gramm Fleischwurst und zwei Pfund Gulasch, bitte.«

»Sonst nochen Wunsch?«

Mit schüttelndem Kopf ließ meine Mutter Frau Kraft wissen, dass sie nichts anderes wünschte. Ich kontrollierte jeden Griff von Frau Kraft. Dabei ging es nicht um fehlendes Vertrauen, nein, keinesfalls. Meine Aufmerksamkeit galt ihrer Sorgfalt und ihrer Liebe fürs Detail. Auf die Vergabe der obligatorischen Fleischwurstscheibe verzichtete sie an jenem Tag. Ihr war wohl nicht entgangen, dass ich seit einigen Tagen die Klinge an meinem Gesicht gleiten ließ. Endgültig vorbei die Zeit, an der man aus reiner Höflichkeit die dicke Wurstscheibe entgegennehmen musste. Markante Typen wie ich bekommen keine Wurst, dachte ich.

Neben uns wurde Frau Kleefisch von Frau Dahmen bedient. Die eingepackte Menge Schweinemett sollte den Samstagabend bereichern. Ich war froh, an diesem Abend nicht eingeladen zu sein. Ihr mit Salzstangen und Kapern gespickter Mettigel war gefürchtet und beliebt gleichermaßen.

»So, dat is ihr Schweinemett für den Mettigel, Frau Kleefisch«, sagte Frau Dahmen, »und gut gewürzt is et auch noch«, fügte sie hinzu.

Frau Kleefisch lehnte sich über die Theke und warf einen suchenden Blick Frau Kraft zu.

»Zuhause verfeinere ich ihn noch ein wenig«, sagte sie leise.

Frau Dahmen machte große Augen. Sehr interessiert nickte sie Frau Kleefisch freundlich zu und ging in Lauschposition. Ich war gespannt, ob Frau Kleefisch ihr Geheimnis preisgeben würde. Seit ein griechischer Gemüsehändler auf der Josef-Schregel-Straße aufgemacht hatte, pflegte Frau Kleefisch schwarze Oliven bei ihm zu kaufen. Mit denen spickte sie dem Mettigel zwei Augen und ein Schwänzchen. Frau Krafts Interesse wurde geweckt. Sie gesellte sich zu ihnen und war gespannt, was Frau Kleefisch zu sagen hatte.

»Isch mag ihn am liebsten auf mediterrane Art«, flüsterte sie und fügte hinzu: »Die Augen und dat Schwänzchen spicke ich mit schwarzen Oliven.«

Dabei küsste sie ihre Fingerspitzen genüsslich und sah meine Mutter lächelnd an, als wollte sie ihren Segen. Meine Mutter antwortete mit einem Lächeln, das unbedingt ausdrücken sollte, sie habe alles verstanden.

»Was hat sie gesagt?«, fragte sie mich anschließend diskret.

Ich erzählte ihr von Frau Kleefischs Vorhaben mit dem Mettigel und dass sie griechische Oliven dazu benutzte. Gespannt sahen die Damen uns an und warteten darauf, irgendeinen Tipp von meiner Mutter zu ergattern.

»Die essen das doch nicht roh«, sagte meine Mutter ungläubig.

Ich nickte ihr bejahend zu und deutete auf die Frauen hin, die auf ein Urteil warteten.

»Hm, serr lecker, Oliven«, sagte meine Mutter verlegen und bescherte den Damen Glückseligkeit.

Ab diesen Tag wusste jeder in der Nahbarschaft, dass wir Griechen unseren Mettigel ausschließlich mit Oliven zubereiteten. Der Einfallsreichtum der Deutschen sollte in den darauffolgenden Jahren seine Grenzen weit sprengen. Wer hätte je gedacht, dass es eines Tages Pizza Gyros geben würde oder Maultaschen gefüllt mit Schafskäse. Ganz zu schweigen von dem griechischen Bauernsalat, der auf keinem Partybüfett fehlen würde.

»Wat macht Uwe«, fragte irgendwann Frau Dahmen mit leidender Miene.

Stolzerfüllt erzählte Frau Kleefisch mit gemäßigter Stimme von Uwe und dass er sich schon seit einiger Zeit rasierte.

»So ist dat Frau Dahmen, se wede alle mal flügge«, rundete sie mit einem Seufzer auf.

Währenddessen vollendete Frau Dahmen jeden Satz mit einem »Ja, ja« und einem »Nee, nee«.

Als meine Mutter bezahlen wollte, kündigte das Türglöckchen den nächsten Kunden an. Frau Kraft überreichte uns mit einem gewohnt breiten Lächeln das fertige Fleischpäckchen. Gleichzeitig rief sie: »Tach, Frau Schöller!«

Frau Dahmen und Frau Kleefisch schlossen sich ihr an und ich ließ meinen Kopf in meinen Rumpf sinken. Frau Schöller? Doch nicht *die* Frau

Schöller, dachte ich. Lieber Gott, warum bloß? Es war unmöglich, das Geschäft zu verlassen, ohne von ihr gesehen zu werden. Mir lag die Geschichte unseres Kinobesuchs noch bleischwer im Magen. Wenn sie etwas durchsickern ließe, wäre ich des Todes. Meine Mutter war eine gottesfürchtige Frau mit Ambitionen. Frau Schöller gab ihre Bestellung ab und wir schickten uns an, den Laden zu verlassen.

»Dora, ich hab dich gar nicht erkannt von hinten!«, sagte sie zu meiner Mutter gewandt.

Meine Mutter begrüßte Frau Schöller nach allen Regeln der Höflichkeit oder, besser gesagt, mit allem, was ihre Sprachkenntnisse zuließen. Ich beließ es bei einem verlegenen Nicken, eingerahmt in beharrliches Grinsen.

»Stefan, wie iset dir, Jung?«, fragt sie mich noch allen Ernstes.

»Gut«, antwortete ich und schubste meine Mutter sachte zur Tür hin. Mein Grinsen behielt ich bei. Noch in der Türschwelle wiegte ich mich in Sicherheit, als ich von hinten Frau Schöllers nächste Frage vernahm: »Wie waren die Pralinchen, Stefan?«

Ich zuckte zusammen und mein Grinsen verschwand. Darauf hatte ich gewartet. Große Mengen meines Blutes schossen mir geradewegs in den Schädel. Ich wagte kaum, über meine Schulter zu gucken. Meine Mutter jedoch wartete auf eine Antwort von mir.

»Die waren lecker eh … sehr lecker«, antwortete ich und drückte ungestüm meine Mutter die Tür hinaus.

»Die haben wir neu bekommen, deswegen wollte ich es wissen«, sagte Frau Schöller, als wäre es das Normalste auf der Welt, mich im Beisein meiner Mutter nach Pralinen zu fragen, die ich als Vorgeschmack vor einem Sexfilm bekommen hatte, den ich gucken wollte.

»Verkaufen sie auch noch Pralinen, Frau Schöller?«, wollte Frau Kraft wissen, während sie die Servelatwurst in feine Scheiben schnitt.

»Was für Pralinen meint sie?«, fragte mich meine Mutter interessiert auf Griechisch.

Frau Dahmen spitzte ihre Ohren, sie wollte unverkennbar jedes Detail wissen.

»Nur für die Spätvorstellung, Frau Kraft, nur für die Spätvorstellung, Sie wissen ... Filme für Erwachsene«, unterstrich Frau Schöller.

»Der Lichtschläger führt die besten Pralinen«, mischte sich unaufgefordert Frau Dahmen ein.

Sie wendete sich zu uns um und verpasste ihrem Daumen, Zeigefinger und Mittelfinger einen schmatzenden Kuss. Währenddessen schmiss Frau Kleefisch ihr Kinn übermütig hoch.

»Solche Filme würde sich Uwe nie angucken, bei meinem Leben«, flüsterte sie Frau Dahmen zu.

Insgeheim wünschte ich ihr, ihr Testament schon mal zu hinterlegen. Denn schon bald würde sie es hinter sich haben. Indes stand zwischen mir und Frau Schöller noch ein Gespräch offen. Mir zugewandt fügte sie noch hinzu: »Das freut mich, dass sie dir geschmeckt haben, Jung.«

»Wie kommt sie dazu, dir Pralinchen zu schenken?«, wollte meine Mutter wissen, während sie Frau Schöller mit einem nicht endenden Lächeln hofierte.

Ich überhörte ihre Frage und drängte sie endgültig hinaus. Die Damen waren im Begriff, uns zu verabschieden, als Frau Schöller mir eine letzte Frage stellte: »Stefan, der Freund von dir, der andere Grieche, der dabei war, war dat der Jannis?«

»Ja, ja ... der Jannis«, stotterte ich mir einen ab.

»Ich wollte nämlich sagen, den Uwe habe ich erkannt, beim Jannis war ich mir unsicher«, äußerte Frau Schöller laut ihren Gedanken.

Frau Kleefisch Augen konnte ich leider nicht sehen, da sie mir den Rücken zudrehte. Schweigsam bezahlte sie und nachdem sie jeden Einzelnen von uns – abgesehen von mir – freundlich verabschiedet hatte, verließ sie den Laden. Ich dachte an Uwe und an mein großes Glück. Zum ersten Mal freute ich mich über die mangelhaften Sprachkenntnisse meiner Mutter. Die Türschelle beendete unseren Besuch bei Frau Kraft.

»Tschüss, Jung«, hörte ich nun mehr draußen auf der Straße Frau Schöller rufen.

»Was für eine nette Frau«, unterstrich meine Mutter.

Ich hingegen zog es vor, zu schweigen. Meine Gedanken galten gänzlich Uwe. Seine Mutter musste mittlerweile daheim angekommen sein, als wir unsere Wohnung erreichten. Ich sprach ein kurzes Gebet in der Hoffnung, Gott möge ihm beistehen, und war froh, dem Exorzismus meiner Mutter noch einmal entkommen zu sein.

Weitere Monate gingen ins Land. Mein Vater hatte sich ein neues Hobby zugelegt. Neben der Tätigkeit im Ausländerbeirat des Kreises Düren und seinem Vorsitzendenposten im griechischen Kulturverein, den er als Stellvertreter ausübte, entschied er in einer Feierlaune, als Wahlhelfer für die Dürener SPD zu agieren. Für meinen Vater war das die absolute Erfüllung, glaubte er nun, seine beachtlichen Erfahrungen, die er in Griechenland bei der kommunistischen Vereinigung Griechenlands gesammelt hatte, in die SPD einfließen lassen zu können. Für uns bedeutete das schweißtreibende und sehr aufregende Wochenenden. Warum, werde ich erklären. In dieser Zeit steckte die Dürener SPD im Wahlkampf. Wahrscheinlich wegen schlechter Organisation – oder weil man irgendwelche Deppen mit Geltungsbedarf beschäftigt wissen wollte – mussten für den besagten Wahlkampf mehrere tausend Fähnchen und genauso viele Schattenspender aus Pappe in letzter Minute gebastelt werden. Da sich niemand freiwillig für diese undankbare Arbeit gemeldet hatte, erklärte sich mein Vater zum Retter der sich im Wahlkampf befindenden Partei, und ohne Ankündigung stand er an einem Samstag mit einem Karton Einzelteile in unserem Wohnzimmer.

»Die haben niemandem dafür«, sagte mein Vater mit Unschuldsmiene, »die müssen bis Montagmorgen fertig sein«, fügte er hinzu.

Meine Mutter ließ ein müdes »Ja« hören, weil sie ihm nur selten einen Gefallen abschlagen konnte. Zur gleichen Zeit entdeckte sie entsetzt durch die offene Tür, wie einige Freunde meines Vaters weitere zehn Kartons mit Einzelteilen im Flur deponierten.

»Mein Gott«, stöhnte meine Mutter. »Wie viele sind es denn?«, fragte sie völlig entmutigt, vielleicht, weil sie die Antwort schon kannte.

»Na, ungefähr viertausend«, sagte meine Vater.

Meine Mutter rekrutierte in der Nachbarschaft arbeitswillige Hilfskräfte und trug dabei dick auf: »Es ist für die SPD. Sie hat sich schon immer für ein freies Griechenland eingesetzt, gegen die Junta.«

Niemand zweifelte an ihren Worten – war ihr Mann doch zweiter Vorsitzender im Ausländerbeirat. Im Kollektiv der griechischen Gastarbeiter klebten wir mit Hingabe Fähnchen und montierten unzählige Gummis an die Schattenspender. Die Arbeit lief folgendermaßen ab: Zwei Tische wurden zusammengesetzt und erinnerten an ein Fließband. Meine Mutter und eine Nachbarin verklebten das linke Ende der Fähnchen, das ich und der Sohn der Nachbarin zuvor mit Tapetenkleister versehen hatten. Eine weitere Nachbarin band Gummis an die Schattenspender. Routine kehrte bald ein, um die anfängliche Hingabe abzulösen, bis wir am Montag in der Frühe feststellen, dass es – entgegen der Aussage meines Vaters, es seien nur viertausend Teile – in Wirklichkeit über fünftausend Teile waren. Doch das war nur die Spitze des Eisbergs. Der mühsame Akt musste an den darauffolgenden vier Wochenenden wiederholt werden. Mit Schwielen an den Händen konnten wir und unsere hilfsbereiten griechischen Nachbarn schließlich die Werbeinsignien pünktlich vor den Wahlen und deshalb mit Stolz abgeben. Eine Woche später folgten die Wahlen, die die SPD gewann. Wieder eine Woche später bekamen wir als Dankeschön ein Dutzend Kulis mit dem Parteilogo und trösteten uns mit der Tatsache, dass irgendwelche Leute aus Düren zur gleichen Zeit ein Dutzend Fähnchen und Schattenspender in ihren Händen hielten.

Nach diesem stressigen Sommer wurde es herbstlich und es begann zu regnen. Die Temperaturen jedoch blieben konstant wie im Sommer, nämlich um die siebzehn Grad Celsius. In den ersten sieben Tagen Regen in Serie dachte ich mir nichts dabei, doch als der permanente Regen in die zweite Woche ging, begann ich mir Sorgen zu machen. Ich wusste ja aus der Bibel, welch verheerende Folgen die letzte Sintflut mit sich gebracht hatte. Unsere deutschen Nachbarn waren da gelassener. Sie kommentierten den nicht aufhörenden Regen mit folgenden Worten, die ihre Mentalität ganz präzise wiedergaben: »Et möt sich halt kalt reschnen.«

Also musste es lange regnen, bevor es kalt werden konnte. Ich erinnerte mich an den Leitsatz unserer deutschen Nachbarn, als im vergangenen

Sommer das Thermometer ebenfalls nicht über die siebzehn Grad Marke steigen wollte, und er klang irgendwie ähnlich: »Et möt sich halt warm reschnen.«

Auf jeden Fall war ich überzeugt, dass diese Thesen verschlüsselte Botschaften waren, die wir Gastarbeiter nicht verstehen konnten. Noch nicht, dachte ich mir und übte fleißig den eigenwilligen Dialekt und konnte es kaum abwarten, endlich deutschen Schnee zu sehen, denn bei so viel Regen musste es irgendwann schneien. Schließlich waren alle Griechen, die ich kannte, der Meinung, Deutschland verfüge über eine eigene Schneemaschine. Die überdimensionalen Poster mit den Wintermotiven aus dem Süden Deutschlands, die Mitte der Siebzigerjahre in jedem griechischen Wohnzimmer hingen, standen Pate für diese Annahme. Die Panne des letzten Jahres konnte nur eine Ausnahme gewesen sein, davon war ich überzeugt. Da hatte nämlich keine einzige Schneeflocke den Himmel in Richtung rheinische Erde verlassen. Eines Tages dann traf ich unseren Nachbarn Hubert im Innenhof unseres Hauses bei der Pflege seines Mofas, wie immer mit nacktem Oberkörper und Hosenträgern. Er hatte mehrmals gen Himmel geschaut und dabei seinen Kopf geschüttelt.

»Et dauert net mehr lang«, sagte er auf einmal, »bald krijemer einen sehr strengen Winter.«

Hubert sollte sich nur bedingt als Wahrsager erweisen. Schon in den nächsten Tagen hörte der Regen auf und es wurde zu meinem Erstaunen noch milder, als es ohnehin schon war. Das war Mitte November, als das Weihnachtsgeschäft begann. Hubert sah ich nur noch hinter seinem Fenster bei der Suche nach dem strengen Winter und ich konnte buchstäblich von seinen Lippen lesen, jedes Mal, wenn er die Zigarette aus seinem Mund nahm und seine Lippen sich bewegten: »Et möt sich kalt reschnen.«

Jedenfalls stand Sankt Martin an und wir freuten uns trotz des milden Wetters. Immerhin hatte es aufgehört zu regnen. Mein Bruder machte sich bereit, um mit dem Fackelzug unserer Straße in Nord-Düren mitzugehen.

Seine Laterne, die die Form eines lächelnden Mondes hatte, hing an einem Holzstab. Wir hatten vergessen, die dazugehörenden Kerzen einzukaufen, was ihn sehr ungemütlich machte. Er war kurz davor, alles hinzuschmeißen, doch da hatte meine Mutter die ultimative Idee. Sie holte aus dem Wohnzimmerschrank eine überdimensionale, alte Tischkerze. Wir überzeugten Georg, dass diese Kerze eigentlich extra dafür gegossen worden war, um in einer Laterne zu leuchten. Er nahm uns die Geschichte ab. Ich schnitt ein großes Stück der Kerze ab – leider nicht groß genug, wie sich später herausstellen sollte –, um sie hineinstellen zu können, und schnitzte die unteren Ränder mit einem Messer an, um sie passend für die Halterung zu machen. Die Laterne war nun vollkommen und mein kleiner Bruder überglücklich. Mit einem Feuerzeug nahm ich die Kerze in Betrieb und Georg ging stolz auf die Straße zu den anderen Kindern. Ehrfürchtig trug er seine Laterne hoch, während er sich von uns verabschiedete. Auf die Frage, ob ich mitgehen sollte, antwortete er mit einem knappen »nee«, während er hochkonzentriert auf die Laterne schaute. Wir gingen hinein und überließen ihn der Obhut der anderen Kinder, die von einigen Erwachsenen geführt wurden und natürlich vom Sankt Martin hoch zu Ross.

Aus dem Fenster sah ich die tausend bunten Lichter und war ohne Sorge. Die Zeit, bis Georg heimkehren würde, vertrieben wir uns mit Fernsehen. Kaum eine viertel Stunde später klingelte es unerwartet und ich ging verdutzt mit meiner Schwester zur Tür, um nachzusehen. Vor uns stand wie ein Häufchen Elend unser Bruder mit herabhängenden Schultern und den Tränen nahe. In den Händen trug er etwas, was wie der Rest seines Stabes aussah, auf dem die Laterne hätte hängen sollen. Ich wusste zuerst gar nicht, was geschehen war, und fragte mich, wo die Laterne sei.

»Was ist passiert?«, wollten wir wissen.

»Scheiße ist passiert, meine schöne Laterne ...«

Ich versuchte eine plausible Erklärung zu finden, als Georg wütend und maßlos enttäuscht an mir vorbei in unsere Wohnung lief. Ohne Erfolg versuchten wir ihn zu beruhigen, bis wir begriffen, dass seine Laterne, die aus dünnem Krepppapier bestand, in Flammen aufgegangen und Schuld dafür die überdimensionale, eigens dafür gegossene Kerze war. Die leuchtend gelbe Laterne existierte nicht mehr, sie schenkte ihrem Halter nur kurz Freude. Sankt Martin war ohne unseren Bruder weitergegangen – wie ungerecht.

»Ihr seid an allem Schuld, ich mag euch nicht mehr«, brüllte Georg.

Und zu allem Übel hörten wir nun aus der Ferne noch das Zugpferd aller Sanktmartinslieder, nämlich: »Ich gehe mit meiner Laterne und meine Laterne mit mir.«

Alles, was von Georgs Laterne übrig geblieben war, war der bis zur Mitte verkohlte Stab, den er neben der Tür abgelegt hatte. Der klägliche Rest lag irgendwo noch glühend zwischen unserer Wohnung und der Sankt Joachims Kirche auf der Straße. Das war der Gipfel der Unerträglichkeit. Wir konnten unser Gelächter nicht mehr halten. Meine Mutter war die erste, die sich aus tiefem Herzen amüsierte. Wir taten es ihr nach, während unser Bruder verärgert über uns schimpfte. Doch schnell geriet diese Episode in Vergessenheit und machte Platz für die schönste Zeit des Jahres.

Es gibt kaum etwas Schöneres als die Adventszeit in Deutschland. Kaum ein anderes Volk versteht es besser, die trübe und graue Zeit im Dezember mit so viel Liebe zu gestalten. Vorweihnachtliche Stimmung ist bei mir eng verknüpft mit diesem Land und seinen Bräuchen. Weihnachtlich dekorierte Geschäfte, Straßenbeleuchtung und Weihnachtsmarkt, unzählige Weihnachtslieder. Ein Hauch von Kerzen- und Tannenduft lag in der Luft. Ganz zu schweigen von den unzähligen Leckereien, ohne die Weihnachten eine Frau ohne Oberweite sei, pflegte Hubert, unser Nachbar, zu sagen. Ferner hatte er uns einmal von den sagenumwobenen Printen aus Aachen erzählt. Fortan hatte ich mich auf die Suche nach diesem Schatz gemacht – ohne Erfolg.

Meine Mutter kaufte in den Geschäften nur Waren, die sie gut kannte. Fremder Kram interessierte die meisten Griechen nicht. Wenn ich morgens meinen Freund Uwe abholte, um zur Schule zu gehen, durfte ich mich mit an den Tisch der Familie Kleefisch setzen. Mutter Kleefisch war eine Meisterin im Dekorieren. Überall im Haus brannten Kerzen in allen Größen und Farben, geschmückt mit Tannengrün. Im ganzen Haus duftete es nach deutscher Weihnacht. Ich bin nämlich der Meinung, dass griechische Weihnacht anders riecht. Das schummrige Licht verstärkte dieses

Gefühl noch mehr. Auf dem Frühstückstisch standen allerlei Wurstarten und Käse, dampfende Tassen und mehrere Sorten Brot. Trotz der Aufforderung von Uwes Mutter, zuzugreifen, hielt ich mich meistens sehr zurück. Zu deutlich waren die Erinnerungen an meine ersten Essproben bei Familie Kleefisch.

Obwohl meine Mutter uns mittags – und da gab es keine Ausnahme – stets gut bekochte, hatte mich der Gedanke, mal in einer deutschen Familie mitzuessen, sehr gereizt, bis sich schließlich einige Monate vor Weihnachten die Gelegenheit dazu ergeben hatte. Ich hatte bei Familie Kleefisch am Tisch gesessen und die Mutter des Hauses hatte emsig die für mich fremden Speisen verteilt. Voller Stolz und mit großem Interesse hatte ich zuerst die Tischdekoration ausgiebig begutachtet. An jedem Platz lagen über der Tischdecke ein weiteres, kleineres Deckchen, ein Teller und jeweils eine Gabel und ein Messer. Letztere Gegenstände hatten mir erhebliches Kopfzerbrechen bereitet, weil ich bis dahin nur mit einer Gabel auskam. Größere Stücke vom Essen schnitt meine Mutter uns Kindern immer klein. Neben den Tellern standen Schälchen, gefüllt mit Salat, der zu meiner Überraschung mit Kondensmilch und Zucker angemacht war. Dieser Salat sollte mein Untergang werden und mein anfängliches Vorurteil, die Rheinländer könnten gar nicht kochen, verfestigen. Frau Kleefisch hatte an jenem Tag darauf bestanden, dass wir den Salat bis auf das letzte Blatt aßen, was ich anstandshalber auch tat.

Die zweite Begegnung mit dem rheinischen Essen sollte Monate später von Frau Kleefischs legendärem Mettigel gekrönt werden, so dass ich mir schwor, nie wieder hungrig Uwes Familie zu besuchen. Lediglich für die berühmt-berüchtigten Printen wollte ich eine Ausnahme machen, denn es hatte ja gerade die langersehnte Adventszeit angefangen.

Zu Beginn hielten sich die gegenseitigen Einladungen zwischen uns und unseren deutschen Nachbarn in Grenzen. Man konnte annehmen, dass niemand die Absicht hegte, sich mit jemandem anzufreunden, der mit großer Wahrscheinlichkeit bald nicht mehr da sein würde. Nur zögernd und mehr aus Verlegenheit unterhielt man sich über den einen Meter hohen Gartenzaun hinweg, zum Beispiel beim Aufhängen der Wäsche oder bei der Gartenarbeit. Zuweilen stellte die Sprache die schwierigste Barriere dar. Auch nach über vierzig Jahren Aufenthalt in Deutschland höre ich meine Mutter ihren beliebten und allbekannten Satz aussprechen: »Ich werde mir nie, wirklich nie, verzeihen, die deutsche Sprache nicht gelernt zu haben.«

Irgendwann brach endlich das Eis zwischen uns und den Deutschen aus der Nachbarschaft. Ich erinnere mich an eine Einladung, die Clemens, ein deutscher Kollege meines Vaters, ausgesprochen hatte. Der arme Kerl hatte es vorgezogen, eine Griechin zu heiraten. Ich sage bewusst armer Kerl, weil zu jener Zeit unter den Deutschen das Gerücht kursierte, griechische Frauen seien treuer, liebenswerter und vieles mehr als ihre deutschen Kontrahentinnen. Das gravierendste von allen Gerüchten jedoch war das über die Jungfräulichkeit dieser sehr exotischen Frauen. Einige dieser sehr befremdlichen Gerüchte mochten richtig sein, doch bestätigen Ausnahmen bekanntlich die Regel. Das hieß damals im Klartext, Clemens hatte ins Schwarze getroffen. Maria, so hieß seine Angebetete, erwies sich als die Inkarnation des verlogensten, impertinentesten und aufsässigsten Weibes auf der ganzen Welt. Ihre Intrigen unter den Griechen und 'Deutschen waren gefürchtet. Darüber hinaus hatte sie von Anfang an die Rolle des Mannes für sich beansprucht und alle Pflichten, die damals eine Frau zu erfüllen hatte, fielen ihrem Mann zu. So arbeitete Clemens drei Schichten in der Papierfabrik mit meinen Vater zusammen. Während mein Vater seine Freizeit als vierte Schicht seinem Kafenion widmete, putzte, kochte und wusch Josef zur gleichen Zeit die Wäsche seiner Familie. An Sonntagen buk er sogar Kuchen und schlug die dazugehörende Sahne. Das konnte ich schon bei unserem ersten Besuch bei Familie Fischer mit Entsetzten feststellen. In meiner Vorstellung von einer anständigen Ehe hatte damals der Mann die Hosen an.

»Sieh es dir an. Er hat sogar gebacken«, flüsterte damals meine Mutter meinem Vater ins Ohr zu, als Frau Fischer in der Toilette den letzten Schliff vornahm und ihr Mann uns in der geblümten Rüschenschürze aus der offenen Küchentür beim Schlagen der Sahne anlächelte.

Ihr Hinweis war durchaus als Kritik an meinem Vater zu verstehen, und obwohl berechtigt, war es gleichzeitig auch schizophren. Denn generell mochte meine Mutter nur richtige Männer, was sie auch oft genug zum Ausdruck brachte: »Mein Mann muss nicht an meiner Schürze kleben.«

Irgendwie war Clemens doch ein richtiger Mann, dachte ich, denn er klebte nicht an der Schürze seiner Frau, nein, es war seine eigene Schürze, die an ihm klebte. Und das war nicht dasselbe. Auf jeden Fall wurde es ein recht amüsanter Abend bei Familie Fischer mit jeder Menge filmreifer Sprüche, die unverblümt aus dem Munde Marias kamen, immer dann, wenn Clemens in die Küche verschwand, um mehr von der leckeren Sahne oder Kaffee zu holen.

»Ich kann dir gar nicht sagen, Theodora, wie schwer es ist mit Clemens.«

Zwischendurch lugte sie anstandshalber zur offenen Küchentür, während sie an ihrem Kuchen stocherte, um dann ein riesiges Stück in ihren Mund zu stopfen.

»Er ... er ist irgendwie nutzlos. Versteht mich bloß nicht falsch. Aber es ist nicht alles Gold, was glänzt.«

Krokodilstränen benetzten als Nächstes ihre schlanken und gut geschminkten Wangen. Sie war wirklich eine attraktive Frau.

»Nimm einen Schuh aus deiner Heimat, auch wenn er geflickt ist«, das war meistens ihr abschließendes Resümee, dessen sie sich mit einem tiefen Seufzer entledigte.

Manchmal blieben wir bis spät am Abend bei Familie Fischer. Dann haben wir im Fernsehen »Am laufenden Band« gesehen und uns ungemein amüsiert. Clemens servierte die berühmten deutschen Butterbrote, Chips, allerlei ungesunden Knusperkram und jede Menge Limonade und Malzbier. Letzteres liebte ich sehr. Trotz der offensichtlichen Disharmonie zwischen den Eheleuten Fischer war ich jedes Mal traurig, wenn wir gehen mussten. Maria und ihre verzogenen Kinder waren jedoch nicht der Grund dafür; es waren vielmehr Clemens Herzlichkeit und seine leckeren Brote und Kuchen.

Im Gegensatz zu den meisten Deutschen, die, wie ich schon sagte, nur achtbare Wesenszüge bei einer griechischen Frau vermuteten, gab es einen Mann, der genau vom Gegenteil überzeugt gewesen sein musste. Es war unser Vermieter, Herr Kaspers, den wir nur »Dickekof« nannten, was so viel hieß, wie dicker Kopf. Ein wohlhabender Bauer aus der Eifel. Ein Al-Capone-Verschnitt mit erheblichem Übergewicht, feuchter Aussprache, einem Hut, einem beigen, großkarierten Anzug, der links oder rechts vom Reißverschluss – ich weiß es nicht mehr ganz genau – immer einen dunklen Fleck aufwies, und einer dicken, halbgerauchten Zigarre, die entsetzlich stank. Immer pünktlich am ersten Montag eines Monats gegen achtzehn Uhr parkte er seinen imposanten Opel Kapitän vor seiner Mietskaserne, deren unterstes Sechstel wir unser Heim nannten, und wir wussten, es war Zahltag. Als Erster war der Jugoslawe an der Reihe, der allein unter dem Dach wohnte. Herr Kaspars fing immer oben an und arbeitete sich gemächlich nach unten. Irgendwann hörten wir ihn keuchend vor unserer Tür stehen, kurz danach klopfte es.

»So, da bin isch at widder«, so ungefähr klang seine Begrüßung.

Meine Mutter hatte meist das abgezählte Geld in ihrer Hand, um ihn möglichst schnell wieder loszuwerden. Doch er schien sich in meine Mutter verguckt zu haben.

»Machste mir ne Kaffee, Liebschen.«

Diesen Satz fürchtete meine Mutter sehr. Doch ihre Vorstellung von Gastfreundschaft wog mehr, viel mehr.

»Und tum misch wat Süßes dabej. Isch bin en Süße, weste doch.«

Mit einem angewiderten Lächeln kochte meine Mutter Kaffee und wir Kinder sahen stumm zu. Seine Sprüche im Anschluss waren unter der Gürtellinie und Gott sei dank für mich und meine Geschwister damals nicht zu verstehen. Dennoch konnte ich an seinen Blicken nur Schlechtes ablesen und war jedes Mal froh, wenn er ging.

Schließlich wurde es Weihnachten und ich hatte keine einzige Printe essen können. Die Außentemperatur betrug circa zwölf Grad und der Schnee blieb bedauerlicher Weise aus.

»Winter fünfundvierzig, dass war ein Winter, sage ich dir«, sagte Hubert an Heiligabend, als wir uns nachmittags im Hof vor der Gemeinschaftstoilette trafen.

»Wir hatten kein Holz zum Heizen und nichts zu fressen.«

Dann trugen seine sonst freundlichen Augen Trauer. Ich hatte mich schon lange gefragt, warum dieser Mann allein lebte, nun wollte ich es unbedingt wissen. Es war schließlich Weihnachten. Niemand sollte Weihnachten allein sein. Doch wie sollte ich es herausbekommen? Meine Deutschkenntnisse reichten nicht aus. Obgleich meine Familie großes Mitleid mit ihm hatte, waren unsere Hände gebunden aufgrund von schamerfüllter Unsicherheit. So feierte Hubert ein weiteres Mal einsam Weihnachten und unser schlechtes Gewissen sollte noch mehr wachsen. Am ersten Weihnachtstag, als wir uns aufmachten, zur Kirche zu gehen, fanden wir vor unserer Tür eine Plastiktüte mit Inhalt. Unsicher hob meine Mutter sie auf und prüfte den Inhalt. Eine Schachtel und drei kleine Schokoladennikoläuse schauten stumm heraus. Wir nahmen die Tüte an uns und waren zerfressen vor Neugier, doch etwas davon nehmen durften wir nicht. Nach der Messe eilten wir nach Hause, um dort weiterzumachen, wo wir vor der Messe aufgehört hatten. Jeder von uns bekam einen Nikolaus, während mein Vater dabei war, die Schachtel zu öffnen. Mit offenem Mund sah ich im Inneren der Schachtel das Gebäck, wovon alle in den letzten Tagen schwärmten. Freilich probierte ich eine und war ein wenig enttäuscht. Die Printe war steinhart, obgleich nicht fremd im Geschmack. Heute gehört sie zu meinen Lieblingsgebäcksorten und ein Weihnachten ohne Printen wäre undenkbar. Schließlich ist Weihnachten ohne Printen wie eine Frau ohne Oberweite.

Ein weiterer Winter in Deutschland verging und es wurde milder, doch nicht mild genug. Gegen Ende April regnete es immer noch wie aus Eimern. Ich traf erneut Hubert im Innenhof bei der Pflege seines Mofas. Er schaute gen Himmel und wackelte mit dem Kopf.

»Et möt sich halt warm reschnen.«

Einige Wochen später wurde es warm, dank des anhaltenden Regens, und es passierte etwas, was ich nicht für möglich gehalten hätte. Hubert bekam zum ersten Mal Besuch von zwei reizenden Mädchen und er hatte sich ungewohnterweise in Schale geworfen. Es war plötzlich laut in seiner Wohnung, angenehm laut. Er hatte mich und meine Schwester eingeladen und als wir um den geschmückten, reich gedeckten Wohnzimmertisch saßen, strahlte er bis über beide Ohren und seine Augen waren feucht.

»Das sind Cornelia und Ulrike, meine Töchter, und sie werden mich von nun an öfter besuchen«, sagte er und mir wurde einiges klar.

Und dann klopfte der Sommer laut an unsere Türen. Die meisten unserer Nachbarn hatten nur ein Thema und sie sprachen darüber tagelang. Urlaubzeit lag in der Luft. Sie flog über unsere Köpfe, stieg durch die offenen Fenster in die Wohnungen und Häuser der Leute und verbreitete gute Laune. Familie Kleefisch war treuer Italienurlauber. Seit Jahren fuhr sie zum Teutonengrill an der Adria, nach Rimini. Ich hatte im Jahr davor Frau Kleefisch nicht erkannt, als sie aus dem Urlaub zurückgekehrt war. Sie hatte wie eine gegrillte Makrele ausgesehen. Familie Jansen hingegen fuhr im fünften Jahr in Folge nach Griechenland. Vergeblich hatte Herr Jansen versucht, meinem Vater Informationen über eine vom Tourismus noch nicht erschlossene Gegend in Griechenland zu entlocken. Achselzuckend warf mein Vater unwissend seinen Kopf nach hinten. Achim, der Sohn der Familie Jansen, erzählte mir von Delphi und von Kreta. Von der heiligen Stadt Olympia und der abenteuerlichen Überfahrt mit der Fähre von Italien nach Griechenland. Ich nickte jedes Mal bestätigend und hoffte, keine seiner Fragen beantworten zu müssen. Ich hatte nämlich nicht viel gesehen in Griechenland und wenig auch nicht, gar nichts, genau genommen. Doch als er mich fragte, welche Stadt ich in Griechenland am schönsten fand, fiel mir nur eine Stadt ein. Ich sah den Glockenturm dieser Stadt, sah die »Platia« mit den vielen Leuten.

»Kozani«, sagte ich, »Kozani ist die schönste Stadt in Griechenland.«

Bald, wusste ich, würde unsere Josefstraße verwaisen. Selbst die dort wohnenden Griechen würden in den Urlaub fahren. Anscheinend hatten sie vor, in Deutschland ewig zu bleiben und brauchten die Abwechslung, wir hingegen würden nicht in den Urlaub fahren, weil wir glaubten, bald für immer Deutschland zu verlassen. Und es wurde ein lausiger Sommer in jenem Jahr mit viel Regen zwischendurch und einer Weisheit, die ich unbedingt verstehen wollte: »Et möt sich warm reschnen.«

MEINE DEUTSCHE VERLOBTE UND DIE SOLDATEN

Es war an einem Montag und die Schule schloss pünktlich ihre Pforten. Wir, das heißt Uwe, meine Wenigkeit und zwei Jungs aus unserer Schule, die auf illustre Namen wie Lothar und Volker hörten, waren auf dem Nachhauseweg. Ein Gespräch am Wochenende zwischen meiner Mutter und einer Nachbarin ließ mich nicht los. Da war die Rede von Griechenland und wie wichtig es für uns Gastarbeiterkinder sei, dort zur Schule zu gehen. Verwirrt hatte mich, dass in dem Zusammenhang mein Name mehrmals erwähnt wurde. Das machte mir große Angst. Es weckte einen Verdacht in mir, über den ich nicht einmal nachdenken mochte.

Seit einigen Tagen gingen wir eine andere Route nach Hause, auf der es viel zu entdecken gab. Ich fühlte mich wie ein trockener Schwamm, der alle neuen Eindrücke mit Entschlossenheit aufsog. Der kleinste Unterschied, den ich entdecken konnte – im Vergleich zu meiner Heimat – weckte in mir ungezügelte Neugier. Gut genährte Männer mit dicken Zigarren in ihren Mündern und Hüte in allen nur erdenklichen Formen kreuzten unseren Weg. Frauen mit extravaganter Kleidung und kurzen Haaren, die kleine Hunde, die auf Namen wie Hasso und Waldi hörten, hinter sich herzogen, und allen voran Kinder, die ihrer Größe und ihrem Alter entsprechende, passende Hosen und Hemden trugen. In meinem Kleiderschrank hingen stets entweder zu kurze oder zu weite Sachen. Hier und da mal kam mein Vater mit prallgefüllten Müllsäcken nach Hause, in denen gebrauchte Anziehsachen steckten. Woher die Sachen stammten, fragten wir nicht. Wir Kinder zogen sie an und freuten uns unsagbar. Manche der Sachen waren so modern – fand ich – dass ich sie kurzerhand zu meiner Sonntagskluft erklärte. Dass auf dem Weg zur Kirche, die wir orthodoxen Christen am ersten Sonntag des Monats nach dem katholischen Gottesdienst nutzen konnten, einmal ein Nachbarsjunge seine Augen von mir nicht nehmen konnte und seinem Freund, der neben ihm ging, etwas ins Ohr flüsterte, während er auf meine Hose zeigte, hatte mich nicht gewundert und in mir keimte ein Verdacht auf.

Geschäfte wie »Kaufhalle«, »Kaufhof«, »Wehmeyer« und »C&A« zogen uns zwar an wie Magneten, weil sie magische Orte waren, die einem von morgens bis abends das schöne Leben propagierten. Für Leute, die ihre Heimat verlassen mussten, um Arbeit zu finden, um ihren Kindern ein besseres Leben zu ermöglichen, waren sie jedoch kaum erreichbar. Doch zweimal im Jahr passierte etwas Wunderbares. Zweimal im Jahr hingen an den Schaufenstern dieser Läden große Spruchbänder, auf denen »Winterschlussverkauf« oder »Sommerschlussverkauf« stand, und ab sofort standen die Pforten auch für unsereins offen. Dann deckten wir nicht nur unseren Bedarf an Kleidung, sondern auch den unserer Verwandten in Griechenland für die nächsten Jahre ab. Zu Beginn der siebziger Jahre teilten wir uns mit den wenigen Gastarbeitern aus Italien und Spanien noch die Alleinherrschaft über die vollen Wühltische, die während dieser Zeit großzügig überall in den Geschäften dastanden. Das sollte sich aber gegen Ende derselben Dekade rasch ändern. Neuankömmlinge aus dem fernen Anatolien beanspruchten nun die reduzierten Waren für sich. Es wurde zusehends schwieriger, gegen die Unermüdlichkeit, die Zielstrebigkeit und den Eifer dieser Leute zu bestehen. Einerlei wie früh wir auch immer aufstanden, um als Erste vor den Türen der Läden zu stehen, die listigen Anatolier waren uns stets eine Stunde voraus. Mit einem müden Lächeln und mehreren leeren Tüten unterm Arm hingen sie buchstäblich an den Türklinken und ließen sie nicht mehr los. Es half nichts, die begehrten Waren mussten wir fortan mit ihnen teilen. Für mich hieß es, die Anziehsachen in meiner Größe, die ohnehin auch zuvor Mangelware waren, würden nun stets vergriffen sein.

Jedenfalls zogen mich an jenem Tag nicht nur die ansprechenden Geschäfte, sondern auch der Frisiersalon auf der Kölnstraße besonders in ihren Bann. Das üppige, mit unzähligen Modellpuppen ausgestattete Schaufenster ließ Exklusivität erahnen oder das, was ich für Exklusivität hielt. Die Schaufensterpuppen waren außerordentlich schön frisiert. Sie waren geschminkt und trugen Schmuck. Eine dieser Puppen war mir besonders ans Herz gewachsen. Sie hatte goldblondes Haar, lächelte liebevoll und zugleich unnahbar. Sie vertrat jenen Frauentyp, der nicht leicht zu erobern ist. Ich konnte stundenlang an diesem Schaufenster kleben bleiben und mich an all den schönen Dingen nicht satt sehen.

Durch den grob gehäkelten Vorhang konnte man dem Geschehen im Innenraum beiwohnen. Vornan stand die Theke mit der Registrierkasse. Ihr gegenüber und mit großen Ledersitzen ausgestattet befand sich die Warteecke. An der Garderobe vorbei gelangte man in den eigentlichen Aktionsraum. Dort wurden Damen von in weißen Kitteln steckenden Friseurinnen mit Frisuren, die an Kürbisse erinnerten, bis zur Unkenntlichkeit verändert.

Den Mann mit dem Schnurrbart und dem längerem Haar erklärte ich kurzerhand zum Chef. Mit dem Taktgefühl eines Dirigenten und sehr überzeugend leitete er seine Mitarbeiter. Er trug die gepflegte, modische Föhnwelle mit Würde und Erhabenheit. Sie machte ihn irgendwie freundlich, ja, geradezu sympathisch. Braune und beigefarbene ineinander verkeilte Quadrate schmückten alle Wände und auch die Decke. Schönheit war dort zu Hause, ohne jeden Zweifel. Das musste der vornehmste Salon in unserer Stadt sein.

Eine scheinbar schöne Welt und unerreichbar für mich und meinesgleichen. Wenn ich vor dem Schaufenster stehen und träumen konnte, wurde ich ein Teil dieser Welt. Die Jungs nutzten jede Gelegenheit, um sich über mich lustig zu machen, wenn sie mich beim Träumen ertappten. In der goldblonden Modellpuppe sahen sie meine zukünftige Braut. So auch an jenem sonnigen Sommertag des Jahres 1976. Wir schlenderten gemütlich nach Hause. Meine Freunde gingen vor und ich folgte ihnen. Unauffällig lenkte ich meine Schritte in Richtung Salon. Ich musste noch einmal meine teutonische Traumfrau sehen. Nur sie vermochte meinem Kummer den Garaus zu machen. Ich ließ es eher nach Zufall aussehen und schlenderte scheinbar uninteressiert am Schaufenster entlang. Meinen Blick abgewandt, pfiff ich eine Melodie, die noch ein Lied werden sollte. Ich hatte alles im Griff. Mehr Zufall konnte ich nicht vortäuschen. Die Jungs waren weit vor mir mit ihren Fußballkarten zugange. Obwohl die Weltmeisterschaft zwei Jahre her war, träumten wie immer noch vom

Spiel der Spiele. Deutschland war Weltmeister und ich teilte mit meinen deutschen Freunden Ruhm und Ehre brüderlich.

Ich denke heute noch an das nervenaufreibende Spiel, das bis zuletzt dramatisch war. Gespannt hatten wir die deutsche Elf gegen die Niederlande in der Nachbarschaft verfolgt. Tief getroffen mussten wir mit ansehen, wie Johan Nesskens nach Elfmeter zum 1:0 ausholte. Hoffnung wuchs in uns, als Bernt Hölzenbein den Ausgleich schaffte. Schweißtreibende Minuten verbrachten wir, auf unseren Nägel kauend, als Gerd Müller wie ein Blitz die niederländische Verteidigung umging, um uns die gnadenvolle Erlösung durch das 2:1 zu bescheren. Seinen Namen sprachen wir ab sofort mit Ehrfurcht aus und sein Abziehbild trug ich eine Zeit lang wie eine christliche Reliquie mit mir. Blasphemisch glaubte ich nun an die Existenz zweier Götter, und auch die ohnehin endlose Heiligenschar erfreute sich eines unerwarteten Zuwachses: In der ersten Liga der geheiligten Personen standen Namen wie Paul Breitner, Franz Beckenbauer, Helmut Schöne, Sepp Mayer, Bertie Vogts.

Nun denn. Vertieft tauschten die Jungs an jenem Tag ihre Fußballkärtchen und scherten sich nicht um mich. Eine gute Gelegenheit, um mich abzuseilen. Sobald sie in die nächste Straße einbögen, würde ich mir in Ruhe das Schaufenster angucken und ein bisschen träumen, nahm ich mir vor.

Ein letzter Blick in ihre Richtung bestätigte meine Erwartung. Zeit für meine kleine mentale Liebesreise. Aufgeregt schenkte ich nun meine ganze Aufmerksamkeit der wunderschönen Modellpuppe im Schaufenster. Für eine Sekunde hauchte ich ihr Leben ein und sie wurde lebendig. In meiner Fantasie stand sie vor mir und umarmte mich. Sie roch gut und hatte nur gute Absichten. Sie kannte sogar meinen Namen. Aus ihrem Mund klang er noch viel schöner. Ihre Hände waren gepflegt und mit langen Nägeln bestückt. Samtweich fühlte sich ihre milchweiße Haut an und ihr goldenes Haar machte sie einem Engel gleich. Ich wollte sie nie wieder loslassen, wollte sie fragen, ob sie mich heiraten wollte, auch wenn das noch etliche Jahre dauern würde. So musste die Frau sein, die später meine Frau würde, dachte ich. Genau so und nicht anders.

»Da ist einer schwer verliebt«, rief Uwe und ermutigte die anderen zu ähnlichen Spekulationen.

Wo zum Teufel kamen die jetzt plötzlich her? Einem kalten Regenguss gleich holten sie mich vom Olymp der Liebe herunter und plagten mich mit ihren Hypothesen.

»Hast du wieder deine Verlobte besucht?«, fragte der Junge mit dem am schwierigsten auszusprechenden Namen.

Peinlich berührt versuchte ich ihnen in gebrochenem Deutsch klarzumachen, dass mich ihre Andeutungen nicht im Geringsten interessierten.

»Lothar, er will sie heiraten und mit ihr Kinder machen«, war sich Volker sicher.

Verwundert über Volkers hellseherische Fähigkeiten, jedoch um keine Erklärung verlegen, wehrte ich auch diese Unterstellung ab und versicherte ihnen, dass die blonde, schön frisierte Puppe rein zufällig meinen Blick gekreuzt hatte.

»Ich glaube, unser Freund ist verliebt, und wir sollten ihm eine Lektion in Kindermachen erteilen«, sagte Uwe.

Bei so viel Gespött blieb mir nur die Flucht übrig. Wie lästige Geister folgten sie mir und fuhren fort mit ihren Sticheleien. Vergeblich wiederholte ich, dass ich nichts von der Schaufensterpuppe wollte und dass ich wohl wüsste, wie man Kinder macht.

»Sag uns zuerst, woher die Kinder kommen«, sagte Volker und hielt mich am Ranzen fest.

Unbehaglich und einem Schweißausbruch extrem nahe, suchte ich nach den passenden Worten. Ich wollte mich um nichts auf der Welt demütigen lassen. Das war das Letzte, was ich beabsichtigte. Meine Mutter hatte mal gesagt, dass die Kinder unter den Armen aus der Achselhöhle herauskommen. Das war die einzige Information zu diesem Thema, die mir zur Verfügung stand. An der roten Ampel vor uns überzeugte ich die Jungs von der Untauglichkeit unseres Standorts und bat sie um Aufschub, bis wir an einer geeigneten Stelle vorbeikämen. Als Letztere eintrat, versammelten sich alle um mich. Sie warteten gespannt auf meine Erklärung. Aufgeregt, doch entschlossen teilte ich den Jungs mit, dass Kinder unter den Armen durch die Achselhöhlen geboren werden. Fassungslos hüllten sie sich in Schweigen, was bei mir den erfreulichen Eindruck erweckte, ich wäre zumindest auf dem richtigen Weg. Obwohl ich gestehen musste, das das beschriebene Unterfangen erhebliche Fragen aufwarf und meines Erachtens kaum vorstellbar war. Was nach diesen andachtsvollen Schweigeminuten folgte, ist kaum in Worte zu fassen. Mit durchdringendem Gelächter schüttelten sich meine Freunde am ganzen Körper. Sie zeigten auf mich, als hätte ich gerade den begnadetsten Witz im Universum erzählt. Zur Abwechslung hauten sie sich auf ihre Knie und rissen ihre Münder so weit auf, dass ich gemütlich ihre Mandeln zählen konnte. Es bestand kein Zweifel. Ich war nun wirklich der Hanswurst in unserer Straße.

Vollkommen ernst dreinblickend, schien nur Lothar den Witz nicht verstanden zu haben. Er schaute fragend unter seine Achselhöhlen, was meinen Verdacht erhärtete, er stünde als einziger Nichtlachender auf der Skala der Hanswursts dieser Welt direkt neben mir.

Die emotionale Entgleisung der anderen zwei dauerte einige Minuten, die mir wie eine halbe Ewigkeit vorkamen. Ich wünschte mir innigst, ich könnte die letzten fünf Minuten streichen und ungeschehen machen, doch wie mir bekannt war, hatte man die Zeitmaschine noch nicht erfunden. Vielleicht aber doch und ich hatte auch das verschwitzt.

Uwe gönnte sich eine kleine Atempause und mit reichlich Lachtränen um seine Augen hängte er seinen Arm um mich und fragte mich: »Das war doch nicht dein Ernst, oder?«

Während sich Volker immer noch seinen Bauch vor Lachen hielt, versuchte ich ihn mit Händen und Füßen davon zu überzeugen, dass meine Aufklärung noch einiger grundlegender Lehrstunden bedurfte, um vollständig zu werden. Uwe war gewillt, erneut einen Lachkrampf zu bekommen, gab sich aber große Mühe, es nicht zu tun. Schließlich mäßigte sich auch Volker und verteilte eifrig Taschentücher. Die Lachattacke hatte beiden arg zugesetzt.

»Okay, du glaubst, die Kinder kommen aus den Achselhöhlen? Aber weißt du, wie sie gemacht werden?«

Ich zweifelte nicht an Uwes guter Absicht und verneinte widerstandslos seine Frage. Einen weiteren kläglichen Absturz gestattete ich mir nicht. Indes trotteten wir weiter auf unserem Heimweg. Nach einigen Metern erreichten wir den Bahnhof, in dessen Vorhof uns eine Nische die erwünschte Intimität für unsere nichtöffentlichen Gespräche versprach.

»Also, wenn ein Mann und eine Frau ein Kind machen wollen, müssen sie sich ausziehen und ganz nah beieinander sein. Dann legt sich der Mann auf die Frau und küsst sie«, begann Uwe.

»Und dann machen sie Sex«, korrigierte Volker ungeduldig und deutete augenfällig auf seinen Finger, den er in seiner Faust hin und her schob. Währenddessen suchte Lothar unweit von uns immer noch nach der Öffnung unter seinen Armen.

»Nee, das haben meine Eltern nie gemacht. Ausgeschlossen. Meine Eltern sind doch nicht krank!«, sagte ich ungläubig.

»Und wie sie es gemacht haben! Wie viele Geschwister hast du?«, fragte mich Uwe.

»Zwei«, antwortete ich.

»Dann haben sie es dreimal gemacht«, beglaubigte Volker notariell und mit stetigem Kopfnicken.

Ich konnte nicht glauben, was Volker mir da sagte. Solche Ungeheuerlichkeiten akzeptierte ich nicht. Meine Eltern würden nie so etwas Empörendes tun, dachte ich. Oder doch?

»Haben nur Frauen Öffnungen unter ihren Armen?«, wollte Lothar, der nun neben uns stand, bildungshungrig wissen.

»Das kannst du mir glauben, File mou, ich lüge nicht«, beteuerte Uwe, ohne von Lothar Notiz zu nehmen.

Noch fassungslos versuchte ich mir Uwes Theorie näherzubringen. Würde ich ihm Glauben schenken, wären meine Eltern perverse Kranke und hätten mich schwer enttäuscht. Sie waren aber weder krank noch pervers, also dürfte es meine Geschwister und mich gar nicht geben. Da es uns aber gab, war das der lebende Beweis, dass meine Eltern das gemacht haben, was ich nicht wagte auszusprechen, und das ganze drei Male.

Meine erste Schwester mitgerechnet schnellte die Zahl ihrer abnorma-
len Handlungen nach oben und machte sie zu wollüstigen Perversen mit
anstößigem Hang zu Maßlosigkeit.

»Uwe, sag doch mal, haben nur Frauen Öffnungen unter den Armen?«, fragte Lothar beharrlich.

»Was für Öffnungen unter den Armen?«, fragte Volker.

»Na die, woraus die Babys kommen«, sagte Lothar.

Uwes Lachpensum schien – dank mir – gebührend überstrapaziert
worden zu sein und so erteilte er geduldig Lothar in Sachen Sex Nachhil-
fe, während ich blutleer weitertrottete.

Nach dem Erreichen unserer Straße trennte ich mich entrüstet von
den anderen. Ich konnte es nicht fassen. Meine Eltern waren wie alle
anderen Leute. Viermal hatten sie es gemacht, was für eine Schande. Ich
hoffte, sie würden mittlerweile zur Vernunft gekommen sein und ihre
gesundheitswidrigen Aktionen augenblicklich abgestellt haben. Das wäre
das einzige Motiv für mich, ihnen zu vergeben.

Die letzten Gedanken und die Tatsache, dass meine Freunde von den
Eskapaden meiner Eltern wussten, beunruhigten mich. Ich wusste nicht,
was mich am meisten störte. Es ist nicht gut, dass jemand mehr weiß, als
einem recht ist, hatte ich in Griechenland gelernt. Das machte mich ver-
letzlich und angreifbar. Befreiung brachte einzig und allein die Tatsache,
dass die Eltern meiner Freunde nicht besser waren als meine. Ich dachte
an meine Großeltern, die sieben Kinder hatten und mindestens noch mal
so viele, die bei der Geburt gestorben waren. Oh Gott, nein, ich wollte
keinen Gedanken mehr daran verschwenden!

Nach dem Mittagessen machte ich meine Hausaufgaben in der Küche.
Wir hatten nicht viel auf. Ich beeilte mich, um anschließend meine
Freunden auf der Straße treffen zu können. Meine Geschwister spielten
selig im Wohnzimmer und meine Eltern unterhielten sich. Sie redeten
leise, als dürfte niemand etwas von dieser Unterhaltung mitbekommen.
Mit einem Ohr versuchte ich, an ihrem Gespräch teilzunehmen. Mein
Vater war schon immer der Meinung gewesen, ich müsste studieren und
Arzt werden. Beide dachten, wenn ich Arzt würde, müsste ich nichts

mehr tun und zur jeden vollen Stunde würde man mir Kaffee servieren. Das war im Übrigen die Meinung vieler Griechen damals, woraus sich heute verständlicherweise die momentane Krise in Griechenland ableitet.

»Er kann bei meiner Mutter wohnen«, hörte ich meinen Vater sagen.

»Das kommt gar nicht in Frage«, lehnte meine Mutter seinen Vorschlag ab.

»Aber er muss in der Heimat zur Schule.«

»Ja, schon, ich sehe es ein.«

»Er wird so nichts verpassen und in zwei oder drei Jahren sind wir sowieso in Griechenland.«

»Spätestens.«

»Für die Zeit könnten wir Lina fragen, sie macht es bestimmt.«

»Na ja, sie ist nicht mehr die Jüngste.«

»Aber anderswo gebe ich den Jungen nicht hin.«

»Wie du willst.«

Stumm starrte meine Mutter gegen die Wand im Wohnzimmer. Nur meine Geschwister waren zu hören. Ich versuchte die Worte von vorhin zu vergessen und wollte überhaupt nicht wissen, worum es ging. Stille machte sich breit und brachte die Unerträglichkeit gleich mit. Die Luft war mit herbem Zigarettenrauch und Heimlichkeiten gefüllt.

»Ich gehe dann mal«, sagte mein Vater, wie immer, wenn es ernst wird.

Mehr hatte er nicht zu sagen und Fragen sollte niemand stellen. Er überließ gerne meiner Mutter wichtige Entscheidungen. Die Dinge, die ihn interessierten, konnte ich an einer Hand zählen. Die Lust auf die Hausaufgaben war mir vergangen. Gespräche dieser Art fanden in letzter Zeit immer häufiger statt und niemand sagte mir definitiv, was die Geheimniskrämerei zu bedeuten hatte. Als wenn ich im Prinzip nicht wüsste, worum es ging. Doch ohne eine klare Aussage würde ich nicht erfahren, ob meine Vermutungen richtig waren.

»Kann ich euch kurz allein lassen, Stefo? Ich gehe mal eben zu Stavroula nach nebenan«, fragte mich meine Mutter.

»Ja, ja, geh nur, aber komm bald wieder«, antwortete ich.

»Du passt mir auf die Kleinen auf, ja?«

»Natürlich.«

Sie warf ihre Bluse locker um und verließ die Wohnung. Ich stand am Fenster und sah, wie sie bei Stavroula, der Nachbarin, klingelte. Irgendwie machte sich Unruhe in mir breit. Das sollte nicht mein Tag werden. Am Mittag das Fiasko mit den Jungs, dann das komische Gespräch und nun diese unerträgliche Stimmung. Ich erledigte meine Hausaufgaben und war gewillt, den Rest des Tages doch noch zu retten.

Als ich mit allem fertig war, begab ich mich zum Fenster, um nach meinen Freunden zu sehen, die um diese Zeit üblicherweise auf der Straße spielten. Meine Geschwister machten es mir nach und stellten sich neben mich. Es war irgendwie seltsam, vor unserem Haus schien niemand zu sein und weiter unten sah man ebenfalls niemanden. Nur am Anfang der Straße versammelten sich einige Leute und man hörte schwach Musik. Das änderte auch nichts an meiner Laune.

»Stefo, was ist da draußen?«, fragte Koulitza.

»Ich weiß nicht«, antwortete ich.

Die Gruppe der Musizierenden schien sich in Bewegung zu setzten, und als sie immer näher kamen, wurde die Musik lauter. Ich wollte mir ein genaueres Bild von der Lage verschaffen und öffnete das Fenster. Gegenüber von unserem Haus standen mittlerweile einige Leute und dem Anschein nach warteten sie auf die Musizierenden. Die Gruppe kam näher und mein ungutes Gefühl verschlechterte sich schlagartig, als ich in der Menge Männer in Uniformen und mit Waffen über der Schulter paradieren sah. Ein letzter Blick aus dem Fenster räumte jeden Zweifel weg. Panik überkam mich und ich dachte an die Worte meines Großvaters: »Sie kommen musizierend und adrett in ihren maßgeschneiderten Uniformen und eh du dich versehen hast, stellen sie dich vor eine Wand und erschießen dich.«

Dieser Satz hallte in meinen Ohren und erfüllte mich mit Angst. Ich war von der Idee, dass die Soldaten kommen, um uns zu holen, wie besessen. Ausgerechnet zu diesem Zeitpunkt war keiner von meinen Eltern da. Was sollte ich bloß machen? Ich bat Gott, es möge nur ein Missverständnis sein.

Die Musik jedoch, die immer lauter wurde, ließ keinen Zweifel daran, dass das alles wirklich stattfand. Die Männer auf der Straße trugen Uniformen und Gewehre! Ich musste etwas tun und zwar postwendend. Also schloss ich das Fenster und dachte nach. Ich wollte meine Geschwister nicht beunruhigen. Den Schlüssel an der Tür drehte ich einmal um und forderte meine Geschwister auf mitzukommen.

»Kommt, wir spielen wilde Tiere und das ist unsere Höhle«, sagte ich beherzt.

Ich zeigte auf unseren Küchentisch, der, wie ich dachte, ideal war, um uns zu verstecken.

»Kommt schnell, böse Jäger wollen uns töten«, fügte ich eilig hinzu.

Die Kleinen gehorchten mir und stellten keine Fragen. Ich verbarrikadierte mit den Stühlen den Tisch in der Küche, anschließend holte ich mir aus der Schublade das Brotmesser. Sicher war sicher. Anschließend schlüpfte auch ich unter den Tisch zu meinen Geschwistern. Sie dürften den Ernst der Lage bloß nicht bemerken. Ich würde bis zum Ende kämpfen, ergeben würde ich mich nicht. Mir war ganz heiß bei dem Gedanken und ich wundere mich über meine Entschlossenheit.

»Was machst du mit dem Messer, Stefo?«, fragte meine Schwester.

»Ich werde die bösen Jäger damit töten, wenn die uns zu nahe kommen«, beruhigte ich sie.

Die Musik erreichte jetzt maximale Lautstärke, was bedeutete, dass die Soldaten vor unserer Tür sein mussten. Mein Großvater hatte Recht. Den Deutschen durfte man nicht trauen. Die Abwesenheit unserer Nachbarn erhärtete den Verdacht, dass sie sich versteckten und nichts mit der Sache zu tun haben wollten. Wäre doch bloß Toni hier, er würde mir beistehen mit seinem Gewehr, wünschte ich mir von Herzen.

»Sind das die Jäger, Stefo?«, wollte meine Schwester erstaunt wissen.

Ich hielt meinen Zeigefinger vor meinen Mund.

»Seit still, die dürfen uns nicht hören.« Und es war mir ernst – und wie ernst!

»Warum nicht?«, fragte Koulitza ungläubig.

»Weil sie dann wissen, wo sie uns finden.«

Georg lag auf dem Rücken und schlug mit einem Kleiderbügel die Bommel der Tischdecke. Dabei verursachte er Geräusche, die mich noch nervöser machten.

»Sei still Georg, sie könnten dich hören«, sagte ich leise.

Nichts brachte Georg aus der Ruhe. Er hörte auf keines meiner Kommandos. Selig sind die Kleingeister, dachte ich und betete für unsere Rettung. Denn nur ein Wunder konnte uns nun retten. Plötzlich klopfte es an unserem Fenster. Es ging los, sie standen vor unserem Haus und wollten uns rauslocken und das musizierenderweise, wie es mein Großvater immer gesagt hatte, doch das würde ihnen nicht gelingen. Ich war bereit, ein Mann muss wissen, wann seine Zeit gekommen ist. Nur warum so früh, fragte ich mich. Ich bereute, in dieses Land gekommen zu sein, aber es war zu spät, um über die Richtigkeit vergangener Entscheidungen nachzudenken.

»Was war das, Stefo?«, fragte mich plötzlich Koulitza verängstigt, weil sie meine Furcht gemerkt hatte.

»Die Jäger bestimmt«, entgegnete ich mit pochender Brust.

Meine Schwester wurde ernst, nur Georg kämpfte immer noch mit den Bommeln, die an der Tischdecke baumelten. Erneut polterte es, diesmal an unserer Tür und ich war zu allem bereit. Die werden weder mich noch meine Geschwister bekommen, wisperte ich mir selber zu.

»Vielleicht sind es gute Jäger«, meinte meine Schwester indes verängstigt.

»Das sind sie bestimmt nicht«, antwortete ich, den Tränen nahe.

Die Musik ging aus und ich atmete auf. Minuten der Stille vergingen, versunken in Gedanken.

»Ich habe keine Lust mehr zu spielen«, sagte meine Schwester und verließ unser Versteck, um schnell wieder zurückzukehren, als zum wiederholten Mal jemand ans Fenster klopfte.

Mäuschenstill saßen wir drei nun unter unserem Küchentisch. Nur Georg erkannte den Ernst der Lage nicht und hampelte herum, was mich wütend machte. Sein Kleiderbügel verhedderte sich in den Fransen, an denen die Bommel hingen, und er versuchte mit aller Gewalt, ihn zu befreien. Mit einer selbst erfundenen Geschichte versuchte ich, die Situation

zu beruhigen. Ich holte sämtliche Kreaturen aus der Unterwelt empor, bekannte und nie da gewesene. Meine Verzweiflung stand Pate für diese Geschichte, die im Verlauf immer irrealer wurde. Realismus war eigentlich auch nicht mein Ziel. Nach einer Weile beruhigte sich die Lage wieder. Die Musik spielt nicht mehr und an Tür und Fenster hörte man auch niemanden. Mein kleiner Bruder schlummerte ein und Koulitza fragte mich gelangweilt, wann unsere Mutter endlich kommen würde. Ich erzählte ihr, dass sie bald kommen würde, und wir wagten uns langsam heraus.

Leise ging ich zum Fenster. Millimeter für Millimeter kroch mein Kopf hoch. Hinter der Gardine konnte mich von draußen niemand sehen. Die Soldaten versammelten sich nun vor dem Haus gegenüber. Ihre Gewehre trugen sie immer noch. Die Tür des Hauses war seit Samstag mit allerhand Gestrüpp geschmückt. Eine fette Schlaufe war am oberen Abschluss der Tür angebracht, unter dem beschrifteten Schild. Ein fülliger Mann mit roten Wangen stand in der Türschwelle. Seine Schultern und seine linke Brustseite waren prächtig geschmückt. Er begrüßte die Soldaten und hielt eine kurze Rede. Mir fiel auf, dass der Pinsel auf dem Hut des Mannes wesentlich größer war, als die der Soldaten. Ohne jeden Zweifel war dieser Mann ein General oder etwas Vergleichbares, da war ich mir sicher. Es wurde leise, alle schwiegen. Einer der Soldaten trat vor. Er stand vor dem General und hielt ein Blatt Papier in seinen Händen. Lauthals las er daraus vor. Der General hörte erfreut zu. Seine Miene verriet ganz deutlich seine Ergötzung. Endlose Beteuerungen und Schwüre verließen den Mund des Soldaten, der überzeugt und mit erhabenem Stolz wegtrat. Irgendwann dankte ihm der General mit einem kräftigen Händeschütteln. Er grüßte anschließend die restlichen Soldaten und gab seiner Frau, die im Hintergrund gewartet hatte, ein Zeichen mit der Hand. Prompt trat sie mit einem Tablett in den Händen vor, auf dem ein Dutzend gefüllte Biergläser standen.

»Sind die Jäger jetzt weg, Stefo?«, fragte meine Schwester.

»Noch nicht, die machen nur eine Pause, glaube ich«, gab ich von mir.

»Stefan, komm heraus, Jung«, hörte ich Uwes Mutter rufen und an unserem Fenster klopfen.

Sie hatte also die ganze Zeit geklopft. Ich unterstellte ihr, mit den Mördern unter einer Decke zu stecken. Ich traute niemandem. Wir würden auf gar keinen Fall nach draußen gehen, bis meine Mutter käme. Doch das konnte noch lange dauern. Die waghalsige Idee, durch den Hinterausgang die Wohnung zu verlassen, manifestierte sich in mir und schien die letzte Chance zu sein, mich und meine Geschwister in Sicherheit zu bringen. Ungesehen könnten wir dann zu Stavroula gehen, bei der sich meine Mutter aufhielt.

»Stefo, was wollte die Frau?«

Vertieft in meinem Plan und immer noch mit dem Küchenmesser bewaffnet, überhörte ich meine Schwester, worauf sie ihre Frage wiederholte. Mir fiel nichts ein, was ich ihr hätte sagen können, Gott sei Dank, der Kleine schlief noch, was jedoch unseren Fluchtversuch außerordentlich erschwerte. Ich hatte den Gedanken kaum zu Ende gedacht, als ich feststellte, dass jemand versuchte, durch unsere Wohnungstür einzubrechen. Entsetzt stellte ich mich vor meine Schwester und lief anschließend in Richtung Tisch, wo Georg immer noch lag und schlief. Koulitza schaute mich verstört an, während an der Tür ohne Unterbrechung von außen gepoltert wurde. Zu allem Übel klopfte wieder jemand am Fenster. Sie griffen aus allen Ecken an. Unser Ende nahte.

»Stefo, Koulitza, seid ihr da? Macht schon auf.«

Die Stimme meiner Mutter holte mich aus dem Trancezustand wieder halbwegs heraus. Ich stürmte zur Tür und schloss sie auf. Die Erleichterung war unbeschreiblich.

»Wieso seid ihr nicht nach draußen gegangen? Und was machst du mit dem Küchenmesser in der Hand?«, wollte meine Mutter von mir wissen.

Verwirrt fragte ich mich, warum sie mir solche Fragen stellte. Sie musste doch die Soldaten gesehen haben. Wollte sie uns etwa verlieren? Und woher hat sie die Lutscher in ihren Händen? Fragen über Fragen.

»Da waren Jäger, Mama, mit richtigen Gewehren und wir haben uns versteckt«, sagte Koulitza.

»Was für Jäger? Das sind doch keine Jäger und die Gewehre sind aus Holz«, erwiderte meine Mutter lachend.

Mir war übel. Das war wirklich nicht mein Tag. Am liebsten würde ich alles, was bis dahin passiert war, löschen. Meine Mutter bestand darauf, mit uns nach draußen auf die Straße zu gehen, und das taten wir, nachdem ich unauffällig das Messer wieder in der Schublade deponierte. Wenn auch mit einem Unwohlgefühl.

»Na endlisch, da seda ja«, empfing uns Uwes Mutter.

Sie verteilte eifrig Lutscher, solche, wie meine Mutter sie in ihren Händen hielt. Uwe stand plötzlich vor mir und legte seinen Arm um meine Schulter. Ich warf einigermaßen entspannt einen Blick auf die Soldaten. Aus der Nähe sah ich nun, dass die Gewehre der Männer nie einen einzigen Schuss hätten abgeben können, denn sie bestanden aus Holz. Ihre ansteckende gute Laune war Garant dafür, dass sie weder böse Absichten hatten noch jemals welche gehabt hatten. Einige der Kostümierten kannte ich sogar aus unserer Straße.

»Stefan, ihr hättet fast alles verpasst, Jung«, sagte Uwes Mutter und drückte uns die Lutscher in die Hände.

Ich schämte mich. Dieser Frau hatte ich unterstellt, sie führe Böses im Schilde. Vom ersten Tag an war sie nett und herzlich zu uns. Ich schämte mich nicht zuletzt über meinen Fettnäpfchentritt. Darüber hinaus würde diese wahnwitzige Geschichte unbehaglich zwischen mir und meinen Geschwistern bis ans Ende unserer Tage schweben. Im Anschluss täuschte ich lässig Überlegenheit und Fantasie im Spiel vor.

Gott sei Dank hatte niemand etwas von meinem Misstrauen gemerkt. Selbst wenn jemand etwas bemerkt hätte, hätte das kaum Konsequenzen. So viel war mir gewiss in diesem Land, dessen Menschen nicht so hitzköpfig und nicht nachtragend waren, wie jene aus meiner Heimat. Sie waren menschlich und warmherzig, auch wenn sie so seltsame Bräuche pflegten. Ich war mir sicher, mit der Zeit würde ich einen Weg finden, diese Mentalität zu verstehen, und gewiss meine Angst und meine Vorurteile ganz verlieren. Mein Großvater hatte nicht gelogen, das weiß ich heute. Was er mir erzählt hatte, ist wirklich passiert. Damals wollte ich eher nichts darüber wissen, was die Deutschen einst taten. Das Bild, das ich mir von den Deutschen gemacht hatte, sollte bloß nicht verblassen. Was mich allerdings an diesem Tag am meisten beschäftigte, waren die Gespräche um meine Person in Verbindung mit Griechenland. Ich vermutete Unerfreuliches, wagte aber nicht, es mir einzugestehen. Mit jedem Tag, der verging, erhärteten sich meine Vermutungen und eine Frage ließ mich nicht los: Würde ich wieder wegmüssen und wenn das so sein sollte, warum?

Auf die Antwort sollte ich nicht lange warten müssen und als meine Eltern an einem der darauffolgenden Abende darüber sprachen, fragte meine Mutter mich, ob ich gerne wieder in Griechenland leben würde. Nach all der Unsicherheit, die in den letzten Tagen aufgekommen war, waren diese Fragen eher erleichternd, doch das hart erarbeitete Vertrauen zu meinen Eltern schwand zusehends. Dabei waren wir uns so nah gekommen in den letzten Monaten und ich war mir so sicher gewesen, dass ich nie wieder allein sein würde.

»Nur ein Jahr, Stefano, und dann sind wir für immer zusammen, das verspreche ich dir, außerdem, du hast immer gesagt, dass du Griechenland schöner findest und lieber dort leben möchtest.« So fing das Gespräch an und ich wusste, wie es enden würde. Schweigend dachte ich über alles nach. Ich war hin und her gerissen. Am Anfang wollte ich es so, aber nun hatte ich meine Meinung geändert. Das fremde Land gefiel mir zunehmend. Es schenkte mir eine Menge schöner Dinge, ganz zu schweigen von meinen Freunden. Außerdem würde ich ja gern in Griechenland leben, aber nicht allein. Ich bereute jedes Wort, dass ich sagte und wünschte mir, ich hätte es nie ausgesprochen.

»In Griechenland sind wir zuhause und früher oder später werden wir sowieso dorthin zurückkehren. Dann werden wir wieder vereint sein und uns wird es gutgehen. Wir müssen alle Opfer bringen, du auch mein Junge.«

Ich verspürte Wut und ertrug es nicht, wenn meine Mutter mich ihren Jungen nannte. Wenn ich ihr Junge war, warum musste ich weg und warum begegnete mein Vater uns mit so viel Gleichgültigkeit? Er sagte kein Wort dazu. Uninteressiert guckte er seine Nachrichten, als gäbe es nichts Wichtigeres.

»Du sollst einmal studieren, es besser haben als ich«, warf mein Vater dann doch ein, als die Nachrichten zu Ende waren.

»Denk darüber nach«, fügte meine Mutter hinzu. »Ja, wenn du studierst und eines Tages Arzt wirst, dann bist du was. Du musst nichts tun und verdienst Geld.«

»Und zur jeder vollen Stunde bekommst du deinen Kaffee serviert«, rundete mein Vater ab.

Dann versuchte ich mich mühevoll auf der Oberfläche eines Meeres der Stille zu halten, bis ich kraftlos aufgab und geistig ertrank. Irgendwann danach zog mein Vater sich die Jacke an. Seinen Mund verließen altbekannte Worte: »Ich gehe dann mal.«

Die Versuche meiner Mutter, ihn dazu zu bewegen, nicht ins Kafenion zu gehen, schlugen fehl. Er öffnete die Tür und verschwand unbeeindruckt in der schützenden Dunkelheit des Treppenhauses. Es war nicht das erste Mal, dass er uns zwei stehenließ, als wären wir nicht existent. Meine Geschwister schliefen schon, Gott sei Dank. Ich suchte verbissen nach Ausflüchten, um die Entscheidung meiner Eltern zu beeinflussen, doch wie immer fehlte mir der Mut, dazu irgendetwas zu sagen.

Meine Mutter verwünschte indes ihr unglückliches Leben mit meinem Vater. Wie ein unfreiwilliger Zuschauer nahm ich teil an der Verlesung des Anklageprotokolls, in dem meine Mutter alles aufzählte, was mein Vater versäumt hatte zu tun und zu sagen. Mein Anliegen verlor an Wichtigkeit und rutschte ganz weit nach hinten. Ich sehnte mich nach der Nacht, die den Schlaf bringt, und hoffte, dass am nächsten Morgen alles besser würde, obwohl mir klar war, dass es einen besseren Morgen nicht mehr geben konnte. Die einzige Chance, mit der Situation fertig zu werden und sie erträglicher zu machen, lag in meiner Hand. Ich musste mir nun alles, was kam, schönreden. So lange schönreden, bis ich daran glaubte, und Gott bitten mir Kraft zu geben, um eine weitere Trennung zu ertragen. Ich überzeugte mich, dass die Entscheidung meiner Eltern auch die einzig richtige Entscheidung sei. Ja, eine andere Chance hatte ich wahrhaftig nicht. Glaube versetzt Berge, heißt es, jedoch lassen sich Berge leichter versetzen, als Trennungen ertragen. Keiner der Erwachsenen würde wissen wollen, wie es in mir aussah. Vielleicht, weil die Situation keinen Platz für Sentimentalitäten zuließ. Jeder Widerstand war zwecklos, je eher ich mein Schicksal akzeptierte, desto einfacher würde es sein, es zu ertragen. Selbst wenn ich eine Chance gehabt hätte, meinen Unwillen kundzutun, fehlte mir die Kraft dazu. Ich hatte es fast erahnt und doch bis zuletzt gehofft, es wäre nur Einbildung gewesen. So wie sonst, wenn ich mir ohne Grund zu viele Gedanken über bestimmte Dinge machte. Nun ereilte mich die traurige Gewissheit, dass meine Befürchtungen doch begründet waren.

Einige Tage später war es so weit. An einem herbstlich kühlen Septembermorgen, um sechs Uhr morgens, fand ich mich im Bahnhof von Düren wieder, auf einer Bank sitzend und auf den Zug wartend. Meine Mutter weinte ununterbrochen still vor sich hin und mein Vater las den Fahrplan. Meine Geschwister schliefen noch, als ich ging. Ich hatte nicht den Mut gehabt, mich in Anwesenheit meiner Eltern von ihnen zu verabschieden. Wie gerne hätte ich die zwei noch einmal umarmt und geküsst. Aber dafür habe ich mich zu sehr geschämt. Warum, weiß ich nicht einmal. Vielleicht, weil ich nie gelernt hatte, Gefühle zuzulassen oder sie zu zeigen.

Einem treuen Gefährten gleich stand der kleine Koffer neben mir. In der Hand hielt ich den Kugelschreiber, den mir Jannis geschenkt hatte, und ein Stück Papier. Mir kam mir die absurde Idee, ein paar Wörter auf das Papier zu schreiben und es irgendwo unter der Bank verstecken, einfach so. Eines Tages würde ich vielleicht zurückkommen und nach diesem Stück Papier suchen. Dann würde ich das Geschriebene lesen und denken, ich wäre nie weg gewesen, dachte ich. Ich wusste auch, was ich darauf schreiben wollte. Ob das Sinn machte, kann ich noch nicht mal sagen, jedoch reichte es, um die übrigbleibenden Minuten zu füllen. Das wunderte mich nicht, meine Gefühlswelt war ziemlich durcheinander. Wie eine Marionette, deren Schnüre von einer fremden Kraft geführt wurden, tanzte ich hin und her.

Ein Blick auf meine neue Uhr, die mir meine Eltern irgendwann in der letzten Woche als Trostpreis überreicht hatten, sollte mir Ruhe vermitteln. Zu meiner Überraschung stellte ich fest, dass ich sie gar nicht anhatte. Ich musste sie in der Wohnung vergessen haben, eine andere Erklärung war gar nicht möglich. Tief in mir jedoch wusste ich um meinen

Plan. Die Uhr war mir nicht so wichtig, jedoch sah ich im Holen der Uhr eine Chance, meine Geschwister für einen Moment zu sehen und sie zu umarmen. Mein Vorhaben linderte meinen Kummer, und ohne eine Sekunde zu verlieren, machte ich mich auf den Weg. Ich durfte erst gar nicht um Erlaubnis dafür fragen, nur den Schlüssel bei meiner Mutter holen und laufen. So schnell ich konnte.

»Ich habe meine Uhr vergessen, ich gehe sie schnell holen, gib mir bitte den Schlüssel«, sagte ich, und als meine Mutter mir überrumpelt den Schlüssel übergab, düste ich ab.

Ich nahm den schnellsten Weg und stand nach nur wenigen Minuten vor unserem Haus. Vor lauter Aufregung vergaß ich, welcher Schlüssel zur Haus- und welcher zur Wohnungstür passte. Ich führte Selbstgespräche, um mir die unerträgliche Unruhe zu nehmen. Fast gelang es mir, doch als ich in unsere Wohnung eintrat, hatte ich kaum Luft zum Atmen. Es roch vertraut, es roch nach unserer Familie. Die zugezogenen Vorhänge verliehen dem Raum eine dämmrige Stimmung. Ich warf einen ausgiebigen Blick durch ihn und entdeckte viele Details. Die rote barocke Kerze auf dem Schrank, die Plastikblumen daneben, die bestickte Tischdecke auf dem Schreibtisch, der anstelle eines Wohnzimmertisches herhalten musste. Das Foto von uns allen, das meine Mutter bei einem griechischen Fest hatte machen lassen, fesselte mich. Die Gesichter auf ihm sahen mich ernst an, fast traurig. Ich wandte mich ab. Auf dem Tisch lag meine Uhr. Ihr lautes Ticken machte alles noch unerträglicher. Sie tickte erbarmungslos weiter, Minute für Minute, ohne auch nur eine Sekunde zu verschenken. In diesem Rennen gab es nur einen Gewinner, und das war meine Uhr, die mir stets einen Schritt voraus war. Das ist das wirkliche Leben.

Ich band sie mir um und Zweifel überkamen mich, ob ich wirklich ins Schlafzimmer gehen sollte, dort, wo meine Geschwister lagen und schliefen. Eine innere Stimme behielt die Oberhand. Sie überzeugte mich, es zu tun. Mit endloser Spannung ging ich leise ins Schlafzimmer. Ich suchte zuerst meine Schwester auf, die noch tief schlief und sah sie eingehend an, anschließend gab ich ihr einen Kuss auf die Wange. Es war viel einfacher, weil niemand dabei war, weil sie schlief. Wie ein Film lief die letzte Zeit vor meinen Augen ab. Wie wir lachten und uns gegenseitig neckten.

Ich hatte versäumt ihr zu sagen, wie wichtig sie mir war und dass ich sie vermissen würde. Zu viele Dinge, die nie gesagt wurden, würden für eine lange Zeit in unseren Herzen unausgesprochen weilen.

Dann wandte ich mich meinem Bruder zu. Allzu viel Zeit blieb mir nicht und ergriffen küsste ich ihn ebenfalls innig. Ich betrachtete ihn eine Weile und dachte daran, wie nervig er manchmal war. Dabei wollte er immer nur in meiner Nähe sein. Ich wollte nicht weg, ich wollte dort bleiben, denn nur dort war mein Platz.

Schübe von Tränen überfluteten meine Augen und ich küsste ihn ein letztes Mal. Er öffnet seine Augen im Halbschlaf und lächelte mich an. Mit einem langen Atemzug neigte er – sich in Sicherheit wiegend – seinen Kopf zur Seite und schlief friedlich weiter. Gott sei Dank, er schlief wieder ein. Kaum auszudenken, was passiert wäre, wenn er wach geworden wäre. Meine Eltern hatten es so arrangiert. Die zwei sollten nichts von meiner Abreise mitbekommen. Mit bleiernen Fesseln an Händen und Füßen verließ ich das Zimmer. Ich eilte zur Wohnungstür und warf erneut einen flüchtigen Blick durch die Türritze. Ich überflog wieder den Schreibtisch, den Vitrinenschrank auf dem die künstlichen Blumen standen, die Barbies mit den selbstgestrickten Kleidern und die rote barocke Kerze, die wir nie angezündet hatten. Das Bild von uns überflog ich. Ich mochte es kein weiteres Mal ansehen, mochte kein weiteres Mal unsere Stimmen hören. Zuletzt atmete ich noch einmal unseren Duft ein und als ich die Tür abschloss und das Haus verließ, spürte ich eine unerträgliche Leere in mir. Einzig meine Angst, den Zug zu verpassen, sorgte dafür, dass wieder Blut durch meine Adern floss.

Im Laufschritt erreichte ich wieder den Bahnhof. Ich setzte mich auf die Bank neben meinen Koffer. Die Tränen wischte ich mir zuvor ab. Niemand sollte meine emotionale Schwäche bemerken.

Meine Mutter hatte sich mittlerweile beruhigt. Sie versuchte sich mit unwichtigen Themen abzulenken. In wohlklingende Worte verpackt gab sie mir noch einige Ratschläge mit auf den Weg. Aus ihrem Mund klang die bevorstehende Trennung wie ein unvermeidliches Muss, eine notwendige Episode, die mir gnadenvoll geschenkt wurde.

»So ein Glück haben die wenigsten«, betonte sie.

Ihre seichten Worte bargen trotz ihrer Bemühungen und ohne Zweifel auch trotz ihrer Trauer immer nur eine Botschaft, und die war mir bekannt: »Tu deine Pflicht oder das, was ich von dir erwarte.«

Unbeeindruckt von diesen alles überschattenden Worten kreisten meine Gedanken nur um eine Sache. Mein Ziel war es, auf den Fetzen Papier von eben meine illusorische Botschaft zu bringen. Möglichst wenige Buchstaben sollten möglichst viel aussagen.

Die Ankündigung des verhassten Zuges würde nichts daran ändern können, mein Wunschtext verewigte sich in meiner Seele. Wie er lauten sollte, hatte ich vorhin schon entschieden. Mit zittriger Hand schrieb ich den ersten Buchstaben, dann folgte der zweite. Weitere sollten nachkommen, bis der letzte geschrieben war. Bevor ich meine Botschaft in eines der hohlen Eisenrohre, aus denen die Bank bestand, deponieren konnte, nahm ich mir die Zeit, den kurzen Satz lautlos und mit Bedacht zu lesen:

»Ich werde wiederkommen, das verspreche ich.«

WIEDER ALLEIN

Die Sonne neigt sich gen Westen. Sie schenkt immer noch – wenn auch weniger kraftvoll – ihre Wärme. Spürbar warm ist auch die Erde unter meinen Füßen, einschläfernd das Zirpen der Zikaden. Nur die dicke, von Mustern übersäte Marmorplatte, auf der ich sitze, bietet Abkühlung. Meine Reise in die Vergangenheit ermüdet mich. Weitere Abkühlung verspricht die Wasserstelle neben der Kapelle. Ich werde mir einen Schluck genehmigen. Das wird mir gut tun, denn ich bin wie ausgetrocknet. Bei näherem Hingucken jedoch stelle ich fest, dass der mobile Wasserhahn fehlt – den haben wir früher unter der Überdachung hier versteckt. Mit geübten Griffen durchsuche ich die Stelle und werde fündig.

Ein behagliches Gefühl überkommt mich. In der Vergangenheit gibt es kaum etwas, was ich nicht mag, trotz der schmerzlichen Trennungen, Abschiede und Entbehrungen. Sehe ich jedoch die Gegenwart, ertappe ich mich dabei, dass ich sie ablehne und stattdessen wieder in der Vergangenheit herumstöbere. Ist es vielleicht die Gegenwart, die ich nicht mag, und warum? Vielleicht, weil sie sich meine mir ureigene, kindliche Welt gierig einverleibt. Sie soll sie mir bloß lassen, denn diese kindliche Welt, die unberührt in der Vergangenheit, in meiner Vergangenheit verborgen ist, bewegt alle meine Sinne, weckt meine Sehnsucht.

Halten wir mal fest, ich mag sehr vieles aus meiner Vergangenheit in Griechenland, jedoch relativ wenig aus der Gegenwart dieses Landes, und vor seiner Zukunft habe ich Angst. Angst davor, eines Tages meine Wiege nicht mehr finden zu können, Angst davor, dass eines Tages Menschen und Straßen nicht mehr dort sind, wo ich sie einst wusste. Wie einen dichten Nebel stelle ich mir die Zukunft in meiner alten Heimat vor und ich mitten in ihr – verloren. Ich stelle mir vor, wie ich ohne Sicht herumtappe auf der Suche nach etwas, um mich daran festzuhalten, um nicht zu fallen. Wie ich nach etwas Vertrautheit und vielleicht nach ein wenig Zugehörigkeit in der mir fremd gewordenen Welt suche.

Es ist die uralte Geschichte von der ereignisreichen, ungewissen Reise und der langersehnten Ankunft, die nie eintritt. Wir Griechen, die überall auf der Welt leben, reisen nicht, um irgendwo anzukommen, denn im Grunde genommen ist unser Ziel keine Ortschaft, zu der irgendeine asphaltierte Straße führt. Und es ist auch kein Land, das man gemütlich mit einem Zug oder mit einem Flugzeug erreichen kann. Es ist eher die Heimat, die tief in uns harrt, der kleine Fetzen, der mühsam von uns zu einem Geflecht aus Sehnsucht und Erinnerung gebunden wurde. Der Fetzen Kindheitserinnerungen, der sich über die Jahre bis zur Unkenntlichkeit verändert hat und deren einst kräftige Farben zusehends verblassen, als wenn die Jahre sie aus ihnen herausgesogen hätten. Das ist die Heimat, die wir aus Erinnerungen zusammengebaut haben, und dort wollen wir ankommen und nirgendwo anders.

Doch ich für meinen Teil komme dort nie an. Ich komme nie dort an, weil ich im Grunde genommen einer Utopie hinterherjage. Denn ich glaube, ja, ich bin sogar überzeugt, es ist die Sehnsucht nach der Sehnsucht, die mich dorthin treibt. Dichter haben jene Sehnsucht »Ithaka« genannt, um eben dieser Sehnsucht ein Antlitz zu verleihen. Sie sollte erkennbar sein und fassbar. Ein grünes Eiland in einem blauen Meer, ein Sturmfluten erprobtes Schiff, ein Kapitän, der den Weg dorthin nicht mehr findet. Denn »Ithaka« ist eine Erinnerung, nur eine verblasste Erinnerung.

Den Kupferbecher, der an der Wasserstelle an einer Kette hängt, fülle ich und trinke einen Schluck. Das Wasser ist angenehm kühl. »Eine Gottesgabe«, höre ich meine Tante sagen. Paradiesische Ruhe und der unwiderstehliche harzige Duft der Zypressen haben mich als Kind schon hierher gelockt, um zu verweilen und nachzudenken. Der Friedhof war und ist sowohl Ruhe- als auch Unruhestätte. Ich muss an eine Geschichte denken, die sich vor vielen Jahren hier im Dorf ereignet hat und die diesen Friedhof als Ausgangsort hatte – eine Episode, die die Menschen im

Ort lange beschäftigt hat und ihren Glauben an Gott maßlos gestärkt hat, wenn auch unfreiwillig.

Ich erinnere mich daran, als wäre es heute. Eine unheimliche Aura war über das Dorf gebreitet und wuchs mit jedem Tag mehr. Begonnen hatte alles mit Evangelos, der erzählt hatte, dass er eines Nachts eine undefinierbare, in Weiß gehüllte Erscheinung durch die Straßen des Dorfes gehen sah, die im Friedhof in einem der Gräber verschwand. Prompt war das der Geist eines Verstorbenen, der keine Ruhe finden konnte. Als dann noch Wassiliki aus dem Unterdorf ein ähnliches Wesen am Haus ihres Nachbarn, des alten Andreas, sah, war allen klar, der Tod macht seine Runden. Der alte Andreas war nämlich schon lange krank und eine Besserung war nicht in Sicht. Die lebhafte Fantasie und Kombinationsgabe der Dörfler sorgte für den Rest. Erzürnt von derartigen Geschichten, brach seine Tochter Smaro, die ihn aufopfernd pflegte, den Kontakt zu den Nachbarn ihres Vaters ab.

Auf unserer Straße kursierte das Gerücht vom Geist schon lange. Die Frauen entzündeten jeden Abend die Kerzen auf dem Kandelaber und hofften auf Gottes Segen. Ihren Höhepunkt erreichte die Episode, als wir eines Abends bei Maroula, der Nachbarin, waren, um fernzusehen. Mitten im Film verließ ihre Tochter den Raum, um draußen im Hof auf die Toilette zu gehen. Nach nur wenigen Minuten kehrte sie unverrichteter Dinge zurück, worauf Maroula sie nach den Grund fragte. Als Antwort gab sie vor, eine Gestalt in Weiß gesehen zu haben, die in Richtung Friedhof ging. Wie von Sinnen standen alle bis auf Onkel Kostas auf, der während des Films eingenickt war, und sie bekreuzigten sich mehrfach. Die Ikone aus der Nische im Flur wurde geholt und sachdienliche Gebete wurden gesprochen.

Mittlerweile war Onkel Kostas wach und wunderte sich über den Aufstand der Frauen. Man klärte ihn schnell auf, worauf er stoisch eine Antwort aus der Tasche zog: »Der Geist ist von allein gekommen, also wird er auch wieder von allein gehen!«

Der Mann von Maroula, der zuvor nach draußen gestürmt war, kam kreidebleich zurück und sagte, der Geist sei im Friedhof untergetaucht. Meine Tante war besorgt. Zwischen dem Friedhof und dem Haus des alten Andreas war unsere Straße die einzige Verbindung. Das würde bedeuten, dass der Geist seine nächtlichen Ausflüge noch lange über unsere Straße unternehmen würde. Das war auch für Dimitra, einer weiteren Nachbarin, untragbar. Ihr Mann, den sie kürzlich geheiratet hatte, befand sich zu diesem Zeitpunkt im Ausland auf Montage.

Nach dem Film und etlichen Aphorismen aus der Bibel machten wir uns auf den Weg nach Hause. Dimitra war ruhelos und versuchte meine Tante zu überzeugen, dass sie Beistand bräuchte, besser gesagt, männlichen Beistand. Für die Nächte wenigstens, bis ihr Mann heimgekehrt sei. Meine Tante hatte großes Verständnis für die Jungvermählte. Sie machte sich gründlich Gedanken, wie sie ihrer Nachbarin helfen konnte.

Ihr Mann, mein Onkel Kostas, war für solche Abenteuer nicht zu haben. Darüber hinaus wurde er für eigene Zwecke gebraucht. Sakis, ihr Ältester, wurde ebenfalls von seiner Frau kompromisslos beansprucht. Also kam nur einer in Frage und das war der alles beherrschende, todesmutige und signifikant pubertierende Toni.

Kein großes Problem, wenn nur die Nachbarn nicht wären. Das Dorf ist klein und Missverständnisse sind an der Tagesordnung.

Tante Lina dachte weiter nach und teilte Dimitra dann ihre Entscheidung mit. Sie sagte, sie mache sich keine Sorge um Toni oder um Dimitra. Toni würde »ungebraucht« zu ihr kommen und sie genauso »ungebraucht« wieder verlassen. Was Dimitra mit Entschlossenheit bestätigte und noch hinzufügte, dass Toni erst nach dem Abendessen kommen und vor dem Frühstück gehen solle, und erst, wenn es dunkel sei. Nicht, dass sie ihn nicht zum Essen da haben wolle, nein, um ihn vor bösen Zungen zu schützen.

Ferner brachte Tante Lina Dimitra nah, dass Toni schwere Zeiten durchlebe – wegen der Pubertät. Und so wurde beschlossen, dass Toni während der Zeit in der Küche auf dem Diwan schlafen sollte, was Dimitra nur recht und billig war.

Der Handel war so gut wie beschlossen. Nun musste nur noch Toni vom Vorhaben der beiden Frauen überzeugt werden. Das sollte sich aber als einfach erweisen. Ich verstand damals die ganze Aufregung nicht, hatte aber mächtig Respekt vor dem Geist.

Man verabschiedete sich und ging seines Weges. Zuhause teilte Tante Lina dem bereits schlafenden Toni ihren Plan mit. Nun ja, schön ausgeschmückt und mit wirkungsvollen Sprüchen überzeugte sie Toni von der guten Absicht und Minuten später machte er sich auf den Weg zu Dimitra. Wir machten das Licht aus und gingen guter Dinge ins Bett.

Jedoch das Gebell von Dimitras Hund warf uns wieder aus dem Bett und verriet uns, dass Toni an ihm gescheitert war. Nur etwas später stand er fluchend und mit Spuren des Kampfes mit dem Hund vor unserer Tür, und es gehörte viel Überredungskunst dazu, ihn davon abzuhalten, die Sache zu beenden. Als meine Tante vermittelnd an seine Männlichkeit appellierte, erklärte er sich bereit, den Plan seiner Mutter zu vollenden und es ein weiteres Mal zu versuchen.

Danach sollte alles gut laufen und nachdem meine Tante die Räume im Haus mit Weihrauch beräuchert hatte, gingen wir zu Bett. Aus irgendeinem Grund, der mir damals nicht einfallen sollte, schien Toni Gefallen an den nächsten »Tagen« oder besser gesagt »Nächten« zu finden.

Irgendwann an einem der nächsten Tage und vor der Dämmerung fand Evangeli, die Frau von Sakis, merkwürdige Zeichen vor unserer Tür. Geflügelknochen und Federn geometrisch zusammengefügt, vermutlich von einem Streuner nach seinem Mahl in der Nacht liegengelassen. Für meine Tante war das jedoch ein Zeichen des Geistes. Aufgebracht schickte sie mich zum Pfarrer. Aus dem Bett musste ich ihn holen, was seine gute Laune enorm beeinträchtigte. Als er dann endlich kam, folgte ein Exorzismus nach bester Manier. Nicht nur der Hof, sondern auch die Stallungen und zuletzt die Wohnräume wurden weitläufig mit Weihrauch ausgeräuchert. Während der Zeremonie auf dem Weg zur Küche stand plötzlich und ohne Vorwarnung Toni vor uns, der aussah, als würde er jeden Moment im Stehen einschlafen.

Der Pfarrer staunte nicht schlecht über den sonst nicht gerade für seine Frühtauglichkeit bekannten Toni, fuhr aber mit dem Exorzismus fort. Meine Tante holte tief Luft und erzählte dem Pfarrer die groteskesten Sachen über das Erscheinen ihres Sohnes zu so früher Stunde. Sie versicherte ihm, dass Toni an diesem Tag sehr früh aus dem Haus müsse und bereits gefrühstückt habe.

Mit strengem Blick drückte sie anschließend Toni seine Tasche in die Hände und wünschte ihm einen erfolgreichen Tag. Ohne die geringste Reaktion und überzeugt von ihrem Blick, der eher einem Unwetter ähnelte, ging Toni resigniert, noch ziemlich müde und ohne Frühstück zur Arbeit.

So verstrichen die Tage und vor allem die Nächte. Toni sah ich kaum noch. Er kam und ging in der Nacht und das alles, ohne von jemandem bemerkt zu werden. Der Geist zeigte sich nun immer häufiger. Der Pfarrer hatte alle Hände voll zu tun. Es verging kein Tag ohne Exorzismus. Der Verbrauch von Weihöl und Weihrauch stieg dramatisch.

Jetzt wollten einige aus dem Dorf dem Geist persönlich begegnet sein. Andere beteuerten, sie hätten mit ihm gesprochen. Einige wenige erzählten, der in weiße Tücher eingehüllte Geist sei Jesus persönlich. Eine Lösung musste her, so berief der Pfarrer eine Sondersitzung ein, in der entschieden wurde, dass alle im Dorf mindestens eine Woche fasten sollten.

Dem alten Andreas hätte die angeordnete Fastenzeit um ein Haar das Leben gekostet, doch dank der Fürsorge seiner Tochter Smaro wurde er irgendwann wieder gesund. Das Fasten hatte Wirkung gezeigt. Die Gebete unseres Pfarrers schienen den Adressaten erreicht zu haben und so kehrte Ruhe ein und alles war wieder normal. Erleichtert gingen die Leute aus dem Dorf wieder ihren Pflichten nach und Dimitras Mann kehrte an einem Freitag heim. Toni verzichtete an diesem Wochenende auf alle Mahlzeiten und blieb im Bett. Er stand erst Montag wieder auf. Über diese abenteuerliche und perfide Zeit hat er nie ein Wort verloren.

Jahre später sollte sich der Spuk rein zufällig lüften. Smaro, die Tochter des alten Andreas, hatte im Jahr zuvor ihren Bruder in Australien besucht. Er hatte ihr ein knöchellanges Regencape mit Kapuze aus weiß gefärbtem Känguruleder geschenkt. Dieses trug sie immer, wenn sie am Ende eines Tages ihren kranken Vater im Dorf besuchte. Sie wohnte unweit des Dorfes auf der Hauptstraße, fünfhundert Meter hinter dem Friedhof. Ihre Route führte sie vom Haus ihres Vaters über unsere Straße bis zur Hauptstraße. Der Gang über den Friedhof war für sie nur die Abkürzung. Sie wusste sehr bald, dass sie als Geist gehandelt wurde. Der

Streit mit den Nachbarn ihres Vaters und deren Verbohrtheit veranlassten sie dazu, das falsche Spiel für eine Weile in die Länge zu ziehen.

Bei der Erinnerung an diese Ereignisse bekomme ich selber Lust, im Mondlicht mit einem Regencape eine Runde um den Friedhof zu drehen. Aber ich beschließe, stattdessen das Grab meines Großvaters zu besuchen. Er liegt zwei Reihen weiter, wo die alten Gräber sind. Ich kämpfe mich durch die spitzen Grashalme weiter vor und suche nach dem Grab meines Ahns. So viele bekannte Gesichter schauen mich aus den unzähligen verblassten Fotos an. So viele mir bekannte Menschen, die nun unter der Erde ihre ewige Ruhe finden. Menschen, die in irgendeiner Weise mit meiner Vergangenheit eng verbunden sind. Sehnsüchtig fahre ich mit meiner Suche fort. Hier – ich glaube, das ist es. Die steinerne Platte mit seinem Namen, der auch mein Name ist. Die erste Begegnung mit dieser Steinplatte war verheerend. Wer hat schon das »Glück«, zu Lebzeiten seinen Namen auf einem Grab zu lesen? Gestern wie heute erfüllt mich diese Tatsache mit Ehrfurcht.

Ich stehe jetzt davor, so nah, dass ich die Energie, die unter der Erde brodelt, spüren kann. Vor meinen Füßen unter den archaisch anmutenden Steinen liegen Menschen, in deren Adern einst mein Blut floss. Sonne und Regen haben die Gravur auf diesen Steinen fast unkenntlich gemacht. Ein Wink des Schicksals, scheint mir. Denn wie die Namen auf den steinernen Gräbern, die die Zeit unkenntlich gemacht hat, so sollen auch die Gesichter aus unserer Erinnerung gelöscht werden.

Neben seinem Grabstein liegt ein kleinerer. Ähnlich verwittert wie der Große erzählt der winzig kleine seine eigene Geschichte. Es ist das Grab meiner nie gekannten Schwester, die vor meiner Geburt verstarb. Ich bin überzeugt, dass sie im Himmel ein Engelchen ist, in Gottes Nähe. Ich will, dass es so ist, unbedingt.

Ich habe lange vergeblich nach einem Foto von ihr gesucht. Das einzige je existierende Foto von ihr ist verschollen. Niemand weiß, wo es ist. In meiner Fantasie male ich mir ihr Gesicht aus: Es wird von schwarzen Haaren gesäumt, ihr blasser Teint wirkt frisch, ihr Mund sehr zart. Ihre braunen, mandelförmigen Augen strotzen nur so vor Lebenskraft. Doch bei näherem Hinschauen erkenne ich auch Tränen – Tränen einer verlorenen Kindheit.

Der Platz neben unserem Großvater ist gut gewählt. Er starb auch sehr früh. Die meisten Menschen sterben zu früh. Wie er war, werde ich nie erfahren. Viele Vermutungen habe ich mit den Jahren aufgestellt. Die, die ihn kannten, leben lange nicht mehr. Vergeblich habe ich als Kind versucht, mich in ihm zu sehen. Ich dachte, wenn ich schon seinen Namen trage, dann müsste ich auch seinen Charakter geerbt haben.

Viel ist von ihm nicht übrig geblieben. Einzig ein vergilbtes Vorkriegsfoto, das kurz vor seinem Tod gemacht wurde. Auf dem trägt er die tadellose Uniform eines Waldhüters und kniehohe Stiefel. Der leicht angestaubte Fußbereich weist einen Mann aus, der unzugängliches Gelände nicht scheut. Gestützt auf eine neoklassizistische Säule posiert er stolz nach alter Manier. Sein gepflegtes Äußeres erzählt von einem ordnungsliebenden und strengen Mann, der Prinzipien hat und sie lebt. Am Knopf der linken Brusttasche hängt eine Kette, an deren Ende sich seine Trillerpfeife befindet. Am Kragenrevers ist die Nummer siebenundzwanzig gut lesbar. Seine Flinte hat er nicht mit auf das Bild genommen.

Sein Gesicht wirkt sehr ernst. Tiefe Sehnsucht vermitteln seine hellbraunen Augen. Sie sprechen Bände, und doch bin ich nicht imstande, sie zu deuten. Auffällig verliert sich sein nach vorn gerichteter Blick in der Linse des Fotografen, der ihn verewigen soll. Ein vergilbtes Bild, nicht ohne die üblichen Spuren der Zeit. Ein Bild wie tausend andere, und doch zeigt es anschaulich einen Mann, dessen Name auch meiner ist.

AUF DER JAGD

Eine der Stärken von so manchem Griechen ist seine Schwäche für grenzenlose Übertreibungen. Selbstverständlich und ohne Bedenken maßt er sich mit dem Feingefühl eines fachkundigen Prüfers jedes Urteil an. Eigentlich ein durchaus annehmbares Kompliment an die lebendige Fantasie meiner Landsleute. Es ist Ausdruck und zugleich Zeichen für ihren leidenschaftlichen Wunsch, sich ohne die geringste Mühe die Eigenschaften eines Experten anzueignen. Die Wahl des unterstützenden Zubehörs ist noch weniger gut durchdacht. Jeder auch nur primitiv zusammengebaute Ramsch wird kurzerhand zum ultimativen Qualitätsgegenstand erklärt, zu dessen Wirkung man über enorme Kenntnisse verfügt. Schnell wird aus einer schlecht geschweißten Blechkanne aus dem Repertoire eines viertklassigen Ramschanbieters ein luxuriöser dreischichtiger Schnellkocher oder aus einer verrosteten Siebzigerjahre-Waschschüssel ein unter Denkmalschutz stehendes Boudoir mit leichten Abnutzungsspuren.

Ein lebendes Beispiel dafür ist mein Vater. Er lobt seinen Garten, wo er nur kann. Mit Ausdauer und Liebe zum Detail hat er ein Anwesen geschaffen, das im Dorf seinesgleichen sucht. Auf einer Fläche von ca. achthundert Quadratmetern gedeihen üppig alle Unkräuter unserer Region, die er mit großer Begeisterung zusammengetragen hat. Alte Kultursträucher und Bäume ignoriert er verachtungsvoll. Überall verstreut liegt griffbereites, funktionsuntüchtiges Werkzeug und Schnittholz in rauen Mengen. An der Mauer entlang aufgestapelte, verrostete Dosen sind integrale Bestandteile des ansonsten recht passablen Anwesens. Mein Traum von einem gepflegten und geschmackvoll gestalteten Grundstück ist da eher fehlgeleiteter Optimismus, der mit dem Schönheitsempfinden meines Vaters niemals kompatibel sein wird.

Da war mein Großvater mütterlicherseits das direkte Gegenteil. Er war zwar ein einfacher Mann, doch was er wusste, wusste er bis zur Vollendung. Ob er meine Zuneigung je bemerkt hat, weiß ich nicht. Unsere Beziehung war eigentlich eher mittelmäßig. Ich liebte seine Disziplin und sein Faible für Ordnung, seinen liebevollen Umgang mit seinen Tieren und ganz besonders mit seinem treuen Esel. Seine Liebe für die Natur und ihre Geschöpfe. Attribute, die mich bis heute geprägt haben.

Wenn er sonntags als erster aufstand, sich wusch und seine Sonntagskleidung anzog, um zur Kirche zu gehen, erfüllte mich das mit Stolz. Sein liebster Enkel wollte ich sein, doch den Platz hatte er schon vor langer Zeit vergeben, als mein Cousin Jorgos geboren wurde. Just an dem Tag wurde Jorgos sein Stammhalter und somit sein absoluter Liebling. Das Taschengeld am Samstag gab mein Großvater jedem von uns mit verdeckter Hand. Niemand sollte erfahren, wie viel jeder von uns bekam. Seit geraumer Zeit wurmte mich der Verdacht, Jorgos bekäme mehr als ich, er hingegen wiegte sich stets in Sicherheit, bis ich eines Tages eine Idee hatte. Ich erzählte Jorgos, ich hätte dreißig Drachmen von unserem Großvater bekommen, worauf er mir wutentbrannt seine zwanzig Drachmen zeigte und versprach, unserem Großvater die Leviten zu lesen. Es hat mich einiges an Nerven gekostet, ihn zu beruhigen. Anschließend musste ich meine Faust öffnen und ihm mein Geld zeigen. Er schämte sich, als er meine zehn Drachmen sah, und versprach, in Zukunft mit mir zu teilen.

Meinem Großvater haben wir nie davon erzählt, obgleich ich nun Gewissheit hatte, wie groß meines Großvaters Schwäche für Jorgos war. Wie gerne hätte er seine Liebe für Wein und Natur mit ihm geteilt, wie gerne hätte er in ihm einen würdigen Nachfolger gesehen.

»Jorgo, sag mir, welche Traube ist die süßeste?«, fragte er eines Tages, während wir durch seinen Weinberg gingen.

Jorgos war wenig interessiert – sogar eher gelangweilt – und er machte auch kein Geheimnis daraus. Ich betete zu Gott und wünschte mir, er möge mich fragen, denn obwohl ich ebenfalls keinen blassen Schimmer hatte, wollte ich unbedingt mein großes Interesse für seine Trauben kundtun. Wie sehr habe ich Jorgos beneidet, als mein Großvater sich zu ihm hinbeugte und ihm sagte: »Jorgo, schau mal, das wird eines Tages dir gehören, und bis dahin musst du dir sehr viel Wissen aneignen.«

Ich glaube, das war das größte Geschenk, das er jemandem je machen wollte. Es sollte aber alles anders kommen. Acht Jahre nach dem Ableben meines Großvaters erkrankte Jorgos an einem Tumor und starb nur zwei Monate danach. Ironie des Schicksals, zu Lebzeiten so fern voneinander, sind die zwei im Himmel nun zusammen. Vielleicht haben sie dort ein geeignetes Stück Land gefunden und bearbeiten es jetzt gemeinsam. Mir würde diese Vorstellung sehr gefallen.

»Wenn ich sterbe und im Himmel bin, werde ich den Wein für unseren Herrgott keltern«, hat sich mein Großvater immer gewünscht, und das wünsche ich ihm auch von ganzem Herzen.

Sein irdisches Weinfeld pflegt heute Onkel Manos, der Sohn meines Großvaters und Vater des glücklosen Jorgos. Dieses besondere Stück Land ist wunderschön. Circa zwei Hektar fruchtbarste, schwarze Erde umgeben von einer Natursteinmauer, von Hand und mit der Kunst vergangener Epochen gesetzt. Behütet wird es von großen, uralten Mandelbäumen. Im Frühjahr, wenn die Mandelblüte im Gange ist, gleichen die Bäume weißen Bräuten vor der kirchlichen Trauung. Vereinzelt wachsen zwischen den Bäumen duftende Kräuter, aus denen die himmlischsten Speisen zubereitet werden können.

Wenn der Wind am Abend von den makedonischen Hügeln herunterweht und samtig über diese herrlichen Göttergaben streift, füllt sich die Luft mit betörenden Aromen ... so betörend, dass sogar die Vögel eine Singpause einlegen, um ihre Schnäbel mit den Düften zu füllen: Rosmarin, Majoran, Thymian und zweifelsohne Oregano.

In der Mitte – wie mit dem Lineal gezogen – stehen die Weinreben. In Breite und Höhe gleich, unterscheiden sich die Reben nur in der Sorte. Hier stehen »Agiorítikotrauben«, »Xinómavro« und »Moshofílero« eng zusammen und nicht zuletzt auch die »Moshátotraube«, die Königin aller Tafeltrauben.

Als Kinder haben wir hier verstecken gespielt und wenn wir Hunger hatten, haben wir uns an den lieblich süßen Trauben erfreut. Onkel Manos liebt seine Weinreben und alles, was man aus ihnen machen kann.

Er ist ein ganz besonderer Mensch. Er besitzt alle guten Eigenschaften seiner Eltern. Die Gelassenheit, den Fleiß, Humor und die Liebe für gutes Essen und guten Wein hat er von seinem Vater. Die Herzlichkeit, Geduld und seinen christlichen Glauben von seiner Mutter. Er war und ist in fast allen Lebenslagen mein Vorbild. Seit dem Tod seines Sohnes hat sich unser Verhältnis, das sowieso sehr gut war, enorm gefestigt.

»Blut ist dicker als Wasser, merk dir das!«, sagte er mir einmal.

Letztes Jahr bei unserer Teesammlung, als wir den Gipfel des »Nackten Rückens« – so nennen wir den Hügel hinter unserem Dorf – aufstiegen, verriet er mir sogar etwas, bei dem mir die Luft wegblieb. Er sagte, dass, wenn er sich noch einmal einen Sohn wünschen könnte, dieser Sohn so sein müsste wie ich.

Ich kämpfte mit den Tränen, während er die Teebüschel vom Boden schnitt und dabei diskret meine Gefühlsaufwallung übersah. Ein größeres Kompliment hat mir nie zuvor jemand gemacht. Zum ersten Mal stellte ich ihm die Fragen zum Tod von Jorgos, die mich schon lange beschäftigten. Geduldig hatte er – und waren die Fragen noch so unangenehm – stets eine Antwort bereit, was mir die Gewissheit gab, dass unsere Tour für uns beide nur Anlass war, um unsere Gedanken und Ideen auszutauschen. Ich war glücklich, ihn für mich allein zu haben und ihn mit niemandem teilen zu müssen. In vielen Stationen meines Lebens war er mir stets ein gerechter und gütiger Berater. Mein größter Wunsch wäre, mich dafür erkenntlich zu zeigen. Ich gebe mir große Mühe, jedoch vermag ich es als Neffe nie, meinem Onkel eine Gegenleistung entgegenzubringen. Ich spare es mir für den Tag, an dem ich selbst der Onkel sein werde.

»Heute ist ein schöner Tag. Ein schöner Tag, weil wir zusammen hier sind«, sagte er irgendwann am Abend.

In meinem Kulturkreis gibt es etwas ganz Unerklärliches, etwas, das Vater und Sohn widerfährt zwischen dem zehnten Lebensjahr und dem heiratsfähigen Alter des Sohnes: Man entfremdet sich gewaltig. Die zuvor offenen Türen sind plötzlich verschlossen für den Sohn. Vergebens versucht man seinen Vater zu erreichen. Der Vater wendet sich von ihm ab. Der Junge ist kein Kind mehr, um ihn zu liebkosen und mit ihm zu spielen, und erwachsen ist er auch nicht, dass man ihn ins Kafenion mitnehmen könnte. Der Vater hat schlicht und ergreifend keine Verwendung für seinen Sohn. Eine schwierige Phase, die keiner so richtig verstehen kann und bei der alle froh sind, wenn sie vorbei ist. Wie in einem archaischen Ritual muss der Junge nun schnellstens erwachsen werden. Dann erst öffnen sich die verschlossenen Türen und man wird aufgenommen im erlauchten Kreis der wahren Männer.

Auf seine Fragen reagiert der Vater nur mit Hohn und seine nur mäßigen Leistungen sind in jedem Fall nicht mit den überragenden Leistungen des Vaters vergleichbar. Wenn sich der Vater die Blöße gibt, mit ihm zu reden, dann wohl nur, um ihm vor Augen zu führen, dass er, der Sohn, alles besitzt, was er, der Vater, nie hatte. Man lebt nebeneinander und nicht miteinander. Wie der alte Hirschbock, der seine baldige Entmachtung ahnt und sich mit allen Mitteln dagegen wehrt, trägt der Vater seine Krone nun sichtbar.

In dieser Phase befand ich mich nun in meiner nächsten Erinnerung. In den ausgiebigen Ausflügen durch die unberührte Natur suchte ich nach meiner Männlichkeit. Mit der Schleuder in der Hand und in Begleitung meiner Freunde durchforstete ich die Landschaft nach Jagdbeute. Es war ein sehr heißer Tag. Wir mussten die Schlucht bald erreichen, denn unser Durst war unerträglich. Das »Gelbe« nannten wir sie, unter anderem, weil aus einem der Brunnen gelbes schwefelreiches Wasser fließt. Ein weiterer Grund ist die Erde, die in der Nachmittagssonne gelblich schimmert. Reich an Wasser und bedeckt mit Bäumen aller Gattungen bot das »Gelbe« natürlichen Schutz für Enten, Wachteln, Rebhühner und pubertierende Jugendliche wie uns. Hoher, dichter Schilf machte jedoch das Überqueren fast unmöglich.

Getroffen hatte ich noch nichts, worüber ich gar nicht trauerte. Bewusst schoss ich den ganzen Vormittag daneben. Meinen Ruf als furchtloser, echter Mann war ich im Begriff zu verlieren. Keine dankbare Aufgabe, der Anführer von Jugendlichen zu sein, die Heldentum erwarten. Mutproben hatte ich genug bewältigt, selbst die Nacht auf dem Friedhof hatte ich unversehrt überstanden, aber das Schießen auf kleine und große Vögel brachte mir keine nennenswerte Befriedigung. Zumal es mit meiner eher pazifistischen Ader nicht im Geringsten übereinstimmte. Ich wagte kaum mir auszumalen, wie mein Untergang aussehen würde, wenn Onkel Manos mich mit der Schleuder in der Hand erwischen würde.

Als wir unten an der Schlucht ankamen, tauchten wir unsere Füße samt Sandalen in das kalte Becken. Die Erleichterung stand uns ins Gesicht geschrieben. Das kalte, nach Schwefel riechende Wasser war wie der Nektar in der Bibel und überdies hielt es die lästigen Mücken von uns fern. Die dicken Maulbeeren auf dem Baum, die wir danach entdeckten, erinnerten an das Manna im gleichen Buchabschnitt, und beides bescherte uns biblische Augenblicke.

Im Schatten der einzigen Weide hier auf dem »Gelben« legte ich mich hin und dachte nach. Stathis und der jüngere Noulis hatten sich in der Böschung auf der anderen Seite breit gemacht, mir gegenüber, und aalten sich in der Sonne. Babis zog es vor, in meiner Nähe zu bleiben.

»He Stefo, bist du verliebt?«, fragte er mich.

»Vielleicht«, antwortete ich.

»Entweder ist man verliebt oder man ist es nicht.«

Zugegeben, meine Gedanken kreisten ab und zu um Johanna, der Tochter von Josef. Sie und ihre Familie hatten einige Jahre in Deutschland gelebt. Nun waren sie ins Dorf zurückgekehrt. Die Hoffnung, dass meine Familie eines Tages für immer nach Griechenland ziehen würde, gab ich auf.

Johanna. Sie war das lieblichste Mädchen im Dorf. Die meisten Jungs, mich einbezogen, verhielten sich recht eigenartig in ihrer Nähe. Ich war nicht besonders beliebt bei den Erwachsenen und genoss das vogelfreie Leben eines Abtrünnigen. Meinen Rivalen jedoch war ich stets einen Schritt voraus. Meine recht dürftigen deutschen Sprach- und Kulturkenntnisse öffneten mir die Tür zu Johannas Herz. Wenn ich sie im Dorf sah, grüßte ich sie meist auf Deutsch. Ich ließ nichts aus, um mich zu blamieren.

In der Nacht zum ersten Mai sang ich mit einigen meiner Freunde vor ihrem Fenster. Babis meinte, das sei schrecklich, und bat mich lieber aufzuhören, ehe ihr Vater wach würde. Trotz der gut gemeinten Warnungen sang ich weiter und das mit Erfolg, dachte ich. Johanna kam in dieser

Nacht nicht ans Fenster, wie erhofft, aber ihr Vater mit einer Schüssel dampfendem Urin, den er uns bis auf den letzten Tropfen über die Köpfe goss. Das machte die Runde im Dorf und meine Beliebtheit schrumpfte seit der Episode mächtig. Das reichte den Eltern meiner Freunde, um mich nicht zu mögen. Sie meinten, ich verführte ihre Sprösslinge mit meinen garstigen Manieren. Sie behaupteten, ich würde ihren Sprösslingen das Rauchen beibringen und den schlechten Umgang mit Mädchen. Darüber hinaus unterstellten sie mir Sexgier. Der Grund für diese Unterstellung lag noch weiter zurück. Vor einiger Zeit hatte ich einen Mann kennengelernt, der mich am Straßenrand auf dem Weg ins Dorf traf und in seinem Auto ein Stück mitnahm.

Es passierte einige Male, dass er mich dort traf und mitnahm. Ich wunderte mich nicht über so viel Zufall. Als er mich wieder einmal auf der Straße aufgabelte, war ich in Begleitung von Stathis. Wir stiegen ein und Stathis staunte über seinen protzigen Cadillac.

»Na, ihr Racker, wie war die Schule heute?«

»Nicht besonders«, sagte ich.

»Er meint, sie war beschissen«, meinte Stathis.

»Ich verstehe euch, die Schule war nie mein Fall.«

Nach einigen Schweigeminuten erreichten wir unser Dorf. Am Ortsausgang machte er uns einen Vorschlag, den wir nicht abschlagen konnten, ohne unseren Stolz stückchenweise in den Müll zu werfen.

»Ich kann euch Karten für das Kino besorgen. Welchen Film würdet ihr denn gerne sehen?«

»Ich gucke gerne Karatefilme«, sagte ich.

»Und du Stathis, was würdest du gerne sehen?«

»Ich weiß nicht – vielleicht einen Western«, sagte Stathis.

»Habt ihr schon mal einen, ihr wisst schon, einen Film mit nackten Frauen gesehen?«

Die Frage war uns zu privat und erschwerte gewaltig eine Antwort. Peinlich berührt und mit einem roten Kopf wuchs dessen ungeachtet unsere Neugier. Interesse war in hohem Maße vorhanden, nur Mut fehlte uns.

»Ihr könnt, wenn ihr wollt, eure Freunde mitbringen und Eis gibt es dazu«, lockte der Mann.

Nach einigen Tagen und unzähligen Sitzungen mit dem Rest der Bande waren wir uns darüber einig, das Angebot des Mannes anzunehmen. Ich musste nur noch den Tag festlegen und die Jungs feierlich an ihre Schweigepflicht erinnern.

Mit unseren besten Sachen und gut frisiert standen wir vor dem großen Kino in Kozani und warteten, wie verabredet, auf den Herrn. Die Warteschlange war lang. Die Männer, die dort anstanden, waren etliche Jahre älter als wir und uns kamen Zweifel auf, ob wir wirklich hineingehen sollten. Irgendwann waren wir an der Reihe. Schweißgebadet näherten wir uns dem Schalter. Meine Übelkeit wurde unerträglich und von dem Mann keine Spur. Hinter mir und gut versteckt folgten mir die Jungs. Meine Erfahrungen in Sachen Sex, die ich mir mühselig während meines Aufenthalts in Deutschland aneignen konnte, waren zwar dürftig, doch sie reichten aus, um meinen Freunden etwas vorzumachen. Ich war in der Gruppe der Erfahrene, der Führer sozusagen.

»Was wollt ihr denn hier?«, fragte uns der Mann am Schalter.

Auf diese Frage war ich nicht vorbereitet. Meine verzweifelten Blicke kreisten um den Schalter und blieben an den Tüten mit den Sonnenblumenkernen stehen.

»Wir wollen Sonnenblumenkerne kaufen«, sagte ich.

»Sonnenblumenkerne? Die könnt ihr bei Lazkos kaufen, doch nicht hier.«

Ich bedankte mich für den Tipp und ließ es wie ein Missverständnis aussehen. Mit gespieltem Selbstbewusstsein verabschiedete ich mich. Der Rest schwieg und folgte mir in der Rolle der Unwissenden.

»Halt, lass die Jungs rein, es sind meine Gäste«, rief jemand, in den wir den Mann erkannten, der uns eingeladen hatte.

Er winkte uns zu und ignorierte die Proteste des Kassierers hinter dem Schalter. Wir folgten ihm hinter den Vorhang in einen kleinen Raum, in dem einige Veloursessel hintereinander aufgereiht waren.

»Setzt euch hierhin, ich bringe euch das Eis und haltet mir auch einen Platz frei.«

Aufgeregt saßen wir nun wie Taubstumme und waren gespannt, als das Licht ausging. Nach einer kurzen Vorschau fing der Film an. Belanglose Konversation entwickelte sich relativ schnell zu einer Schlacht der Körper. Ungezügelt gingen Menschen zur Sache. Nie zuvor hatte ich so viele akrobatische Übungen zwischen Mann und Frau gesehen. Wir rutschten so tief wie nur möglich in unsere Sessel und bereuten die Entscheidung, die schönste Sache der Welt so schrankenlos öffentlich zu erleben. So reizvoll die weiblichen Körper auch waren, überschritten sie doch Grenzen, deren Existenz wir noch nicht einmal erahnt hatten. Hinter uns hörten wir beiläufig Gebete, die in einer Kirche genauso gut aufgehoben gewesen wären: »Lieber Gott im Himmel« oder »Maria, segne mich!«

Glückliche Stimmen lobten den ganzen Film über den Herren. Ich meine sogar, das »Vater unser« gehört zu haben, aber in der Kurzform, und war überrascht, wie viele überzeugte Christen diesem Film beiwohnten.

Irgendwann gesellte sich der Mann zu uns. In seinen Händen hielt er fünf große Eishörnchen. Er nahm neben mir Platz. Wir lagen mittlerweile in den Sesseln und litten an akuter Erregtheit und damit verbundener Atemnot und extremer Überhitzung. Das versprochene kühle Eis sollte dem ein Ende setzen und uns von unserem ekstaseähnlichen Zustand erlösen. Doch weder die Frische noch der intensive Geschmack des Eises brachten das erwünschte Resultat.

Verwirrend und unerwartet spürte ich die Hand unseres Gönners zwischen meinen Beinen, die langsam höher wanderte und mir ungemeines Unbehagen verursachte. Wie erstarrt zuckte ich zusammen, doch das hinderte ihn nicht im Geringsten daran, weiterzumachen. Unfähig zu irgendeiner Reaktion wünschte ich mir das Ende herbei und wie aus heiterem Himmel griff ich abwehrend nach seiner Hand. Der Mann tat es ab, als wäre es eher Zufall gewesen und verließ den Vorführraum. Was das Eis nicht geschafft hatte, hatte er mit seiner Aufdringlichkeit geschafft. Mit einem unangenehmen Gefühl verlor ich das Interesse an dem sonst so inspirierenden Film. Nachdem wir das Eis gegessen hatten, beschlossen wir, vor Ende des Films das Kino zu verlassen. Den Mut, mit all den anderen guten Christen am helllichten Tag hinauszugehen, hatten wir nicht.

Lange Zeit verloren wir kein Sterbenswörtchen darüber. Jedenfalls, trotz des Eides, den wir alle geschworen hatten, hatte einer von uns seine Erfahrungen im Kino an seine Eltern weitergegeben. Die Folge für mich war mein gesellschaftliches Ende im Dorf. Nun war ich in der Rangliste der unentschuldbaren Unmöglichkeiten noch tiefer gesunken, als ich ohnehin schon war. Noch tiefer ist nur die Hölle. Ich teilte mir den Platz mit dem gemeinen Wurm, der unter der Erde kriecht.

»Ich hab genau gesehen, wie du sie anschaust«, sagte Babis vorwurfsvoll.

»Na und, wenn ihr etwas anschaut, ist es ehrenhaft, tu ich das Gleiche, ist es Sünde. Geh zu deiner Mama, Muttersöhnchen, und lass mich in Ruhe«, wetterte ich. Meine Wut auf ihn hatte einen Grund. Seine Mutter mochte mich nicht einmal in ihr Haus hineinlassen. Zu den Essenszeiten schickte sie mich immer weg, bevor sie Babis hereinrief.

»Ich wüsste, was mit so einer Frau anzufangen wäre«, rief uns Stathis zu, während er sich – uns gegenüber – lasziv am Hang rekelte. Ich hakte das unter »Ermangelung an Anstand« ab und ignorierte Stathis mit folgenden Worten: »Was denn, du Heiliger, du holst ihn schon raus, wenn die alte Marianthi sich zu tief bückt.«

»Nimm das zurück, ich leide doch nicht an Nekrophilie«, wehrte sich Stathis.

»Sei still jetzt, das nervt«, beendete ich die Unterhaltung.

»Ja, seid alle still, ich will mich konzentrieren«, sagte Stathis und fummelte eifrig an seiner Hosenöffnung. Wenn Stathis von Konzentration sprach, dann konnte nur eins gemeint sein. Er wollte seiner Lieblingsbeschäftigung nachgehen. Sich ein bisschen Glück verschaffen, entspannen, relaxen, dem Himmel nah sein mit seiner Rechten. Nicht dass wir anderen abgeneigt gewesen wären, ganz und gar nicht. Wir ließen keine Gelegenheit aus, um unsere Erfahrungen zu erweitern. Unsere kollektiven Wichsversuche hatten erhebliche Fortschritte gemacht. Doch an jenem Tag war mir nicht danach.

»Was machst du denn da?«, fragte ihn der jüngere Noulis.

»Schau genau hin, dann kannst du etwas lernen«, antwortete Stathis.

»Wofür soll das gut sein?«, fragte Noulis erneut.

Er schaute mit großem Interesse, doch auch ein wenig angeekelt Stathis zu.

»Hol ihn raus und mache es mir nach. Es ist wie beim Kühe Melken.«

Babis hob seinen Kopf und schaute zu ihnen hin.

»Ich fass es nicht, du bist ein Ekel«, tadelte er Stathis lauthals.

»Wie beim Kühe Melken«, wiederholte währenddessen Noulis erfreut.

Ich war zu beschäftigt, um etwas dagegen zu sagen, schließlich hatte ich den Jungs alles beigebracht. Meine eigentlichen Gedanken, die mir immer wieder das gleiche kitschige Bild vor meine Augen malten, trugen die azurblauen Wolken davon. Auf dem Bild saß Johanna vor unserem Haus auf einer Bank. Sie trug ihr blond gewordenes Haar hochgesteckt und ihre Augen waren nicht braun, sondern blau. Eingehüllt in ein wunderschönes Dirndl lächelte sie mich an. Johanna mutierte in meiner Fantasie zu einer Walküre. Ich war der Förster vom Silberwald und sie meine Geierwalli. Eine wunderbare Vorstellung, die angesichts meiner zahlreichen Retuschen zu platzen drohte. Es fällt mit heute schwer, herauszubekommen, welche Abgründe ich seinerzeit durchschritt.

»Wenn du so weitermachst, hast du es bald geschafft«, grunzte Stathis wie ein in der Brunst stehender Keiler.

»Ich versuche es ja schon«, sagte Noulis, der begeistert an sich rieb.

Ich machte mir Sorgen um seine Zunge, die fest zwischen seinen Zähnen steckte und schon ziemlich blau war.

»Ihr seid das Allerletzte«, rief Babis, was die zwei nicht davon abbrachte, weiter an ihrer Nudel zu melken, um ihr Werk zu vollenden.

Mich kümmerte es nicht im Geringstem, ich wusste, dass jegliche Kommentare von uns Stathis eher anspornten als hemmten. Stattdessen kaute ich weiter an meinem Strohhalm und machte die Augen zu. Erwartungsvoll versuchte ich, vor meinem geistigen Auge die Heimatfilmkulisse wieder aufzubauen, was sich als eher mühselig erwies angesichts des Gestöhnes der beiden. Zusammengekrümmt und mit irrem Blick erlebten die zwei ihre erlösende Befreiung in vollen Zügen.

»Ich bin so weit ... ahhh«, rief Stathis als Erster. In der Disziplin war er immer der Erste.

»Scheiße, wie machst du das?«, verzweifelte Noulis.

»Mach weiter ... ahhh.«

»Wie weiter?«

»Na weiter, bis es kommt ... ahhh.«

»Bis was kommt?«

»Du wirst sehen was ... ahhh.«

Stathis Bewegungen wurden langsamer, sein Gestöhne leiser. Nach einem gewaltigen Zucken rekelte er sich zuletzt glückselig in der Böschung. Seine ungesicherte Waffe baumelte zwischen seinen Beinen. Noulis biss immer noch heftig auf seine Zunge. Er wanderte mit seinen Blicken zwischen Stathis und seinem Anhängsel.

»Es ist wie melken, nur schneller«, murmelte er.

»Genau, wie melken«, sagte Stathis völlig entspannt.

Noulis rieb und rieb und erhöhte das Tempo. Dabei krümmte er sich wie ein Igel und sein Kopf wechselte die Farbe wie ein Weihnachtsstern, von hellrot über dunkelrot bis lila. Für ihn blieb trotz kolossaler Anstrengung nur der zweite Platz.

»Ich glaube, mir kommt's jetzt auch ... ahhh«, sagte er erleichtert und mit verzogenem Gesicht.

Vollkommen entspannt und offenkundig indifferent fand Stathis gleichwohl lobende Worte für seinen Auszubildenden.

»Jetzt bist du einer von uns, Kleiner ...«

Noulis wusste das Kompliment zu würdigen und lächelte selbstbewusst und voller Stolz.

»He, was macht ihr hier?«, schallte es durch die Schlucht.

Mit einem Sprung standen Babis und ich auf. Wir stellten fest, dass die tiefe Stimme dem Hirten Kanellas gehörte, der mit seinen Schafen über der Böschung stand. Seine Tiere kauten genüsslich über den Köpfen der beiden uns gegenüber liegenden, stimmlosen Unglücksraben – Stathis und Noulis. Völlig überraschend war es mit ihrer Gelöstheit vorbei.

»Ihr unverschämten Bengels, das werde ich euren Eltern erzählen!«

Mittlerweile waren die zwei aufgestanden und so unverhüllt versuchten sie, der Lage wieder Herr zu werden.

»Und so etwas macht ihr also in eurer Freizeit, ihr Ochsen. Ihr werdet alle blind davon, blind werdet ihr!«, rief Kanellas.

Wutentbrannt sah ich zu ihm herüber.

»Lieber blind sein als Ziegen besteigen«, rief ich ihm zu.

Er machte mich unter den Jungs aus.

»Das war klar, dass du nur so was im Kopf hast, du Teufel. Ich würde mich nicht wundern, wenn das deine Idee gewesen ist, du Esel.«

»Mach in deine Hose«, rief ich wohl wissend, dass ich schneller war als er.

»Ich komm jetzt runter und dann sehen wir, ob du immer noch so mutig bist«, erwiderte er.

Der grobschlächtige Kanellas war eine Mischung aus einem genmanipulierten Igel und einem Neandertaler. Ein runder Stein aus meiner Tasche fand schnell seinen Platz in meiner Schleuder und mit sicherem Blick traf ich die Schafe dieses ekelhaften Mannes. Sofort brach unter den Tieren Panik aus.

»Mach in deine Hose, alter Mann.«

Diese Worte machten einen beschwichtigenden Rückzieher ganz und gar unmöglich. Mir war es egal, einen Ruf besaß ich lange nicht mehr, also konnte ich ihn nicht verlieren. Im höchsten Gang verließen wir das Gelbe in Richtung Dorf. Wir fegten von dannen, als gelte es, dem Teufel ein paar Seelen abzujagen. Noulis weinte vor Angst, dass seine Eltern von seinem kurzen, aber glückbringenden Trip erfuhren. Zusätzlich machte er sich Sorgen um sein Augenlicht, das laut Kanellas gefährdet sei wegen der unzüchtigen Handlung, wie er Stathis mitteilte.

Weit vom Gelben entfernt, war ich voller Wut und wünschte mir, ich hätte ihn anstelle seiner Schafe mit meiner Schleuder getroffen. Dieser Neandertaler sah nur das, was er sehen wollte. Ich hasste ihn, ich hasste alle im Dorf, die in mir stets den Übeltäter sahen. Es machte keinen Unterschied, ob ich mich benahm oder nicht. Ich war der geborene Sündenbock. Zwischen mir und den anderen Jungs gab es keine nennenswerten Abweichungen. Nicht besser und nicht schlechter als sie unterschied ich mich nur durch die Tatsache, dass ich schutzlos war. Ich gelobte mir feierlich, wenn ich mal Kinder hätte, würde ich sie niemals schutzlos lassen. Ich erinnere mich an die Gesichter der Jungs, als ich schäumend sämtliche Steine vom Boden aufhob und auf alles, was meinen Weg kreuzte, zu schießen begann. Dabei fluchte ich laut und böse. Einer nach dem anderen gingen sie, ohne ein Wort zu sagen, und ich blieb zurück. Irgendwann, als mir die Steine ausgingen, ließ ich mich kraftlos auf den ausgedörrten Boden nieder und ein Heulkrampf überfiel mich, den ich aber bald unterdrückte, und schließlich machte ich mich wieder auf den Weg zurück ins Dorf.

ZEIT FÜR VERHANDLUNGEN

Zwei Tage waren vergangen. Es war Waschtag. Mit Waschpulver und Bürste bewaffnet stand ich vorm Waschbecken im Hof meiner Groß-mutter. Mein letztes Jahr in Griechenland fernab der Familie verbrachte ich bei meiner Großmutter väterlicherseits. Es war sicherlich eher eine Notgemeinschaft als eine liebevolle Oma-Enkel-Beziehung. Sakis, Tante Linas Ältester, hatte sein drittes Kind bekommen und aufgrund von Platzmangel musste ich zu meiner Großmutter ziehen. Die schmutzige Wäsche hatte ich bereits aus dem Haus dazugeholt. Meine Latzhose, die wenigen T-Shirts und die zwei Unterhosen waren nun an der Reihe, ge-waschen zu werden. Mit reichlich Waschpulver legte ich los. Auf den Knien sitzend bürstete ich mit Optimismus meine Wäsche.

Die einzige Hose, die ich für besondere Anlässe hatte, war gerissen. Das geschah, als ich einige Tage zuvor mit meiner Clique bei Stamatis war, um Kirschen zu pflücken. Zu meiner Freude hatte plötzlich Johanna dagestanden und bemerkt, dass die besten Kirschen in der Baumkrone ganz oben an der Spitze hingen. Für mich die Gelegenheit, ihr furchtlos meine Ergebenheit zu demonstrieren. Ohne ein Wort zu sagen, kletterte ich trotz aller Warnungen bis nach oben. Johanna hatte ein schlechtes Gewissen und appellierte an mich, herabzusteigen und nicht weiter mein Leben zu riskieren. Ihre Sorgen um mich putschten mich nur noch mehr auf und vollgepumpt mit unzähligen Glückshormonen dachte ich nicht daran, mein waghalsiges Unternehmen abzubrechen, ohne ihr mindes-tens eine der Kirschen aus der Baumkrone zu holen. Ich pflückte einige der überreifen Kirschen und begab mich auf den Weg nach unten, als mir die Idee kam, meiner Mutprobe die Krone aufzusetzen und von der Mitte des Baumes herunterzuspringen. Ich suchte einen besonders starken Ast und teilte meinen Zuschauern die kleine Änderung mit.

»Tu es nicht«, waren Johannas bange Worte, die in meinen Ohren wie ein Startschuss klangen. Mit Wucht und dem Geräusch von reißendem Stoff landete ich unsanft auf dem Boden. Meine Hose war im Schritt durch und durch gerissen. Die Krönung sollte aber noch folgen. An jenem Morgen hatte ich aus Ermangelung an Unterhosen keine angehabt. Beim Landen und auch danach wurde so manches Teil sichtbar, was eigentlich hätte verborgen sein müssen. Ich verschwand hinter dem Baum und meine Begleiter lachten sich schief. Johanna ging – was mir sehr recht war –, ohne eine Kirsche zu probieren, und ich überlegte, wie ich es bis zu meiner Oma schaffen sollte, ohne zum Gespött der Nachbarn zu werden.

Die Kirschen waren plötzlich unwichtig. Mit beiden Händen hielt ich die gerissene Hose so gut ich konnte fest und trat den Nachhauseweg an. Meine Versuche, sie später zu reparieren, waren ohne Erfolg. –

Nach der gründlichen Wäsche landeten die Sachen auf der Leine. Waschpulver und Bürste brachte ich wieder in den Schuppen. Das Wochenende konnte beginnen. Ich dachte an nichts Böses, als Niko, der Nachbarsjunge von Tante Lina, an der Tür stand und nach mir rief:

»Stefo, Stefo, sie sind da, hörst du?«

»Was ist los?«

»Sie sind gerade gekommen und warten bei deiner Tante Lina«, sagte er außer Atem.

»Wer ist bei meiner Tante?«, fragte ich, aus dem Schuppen herauskommend.

Er gönnte sich eine kleine Pause, dabei sah er mich freundlich an und zögerte, als wenn er die Grenzen meiner Ungeduld prüfen wollte.

»Wer ist bei meiner Tante, wird's bald?«, sagte ich genervt und mit der Selbstverständlichkeit des Älteren.

Niko kippte seinen Kopf zur Seite mit einem breiten Lächeln, und ich wunderte mich über seine kecke Art. Kopfschüttelnd kehrte ich ihm dem Rücken, um die Schuppentür zu verschließen, als ich ihn hinter mir sagen hörte:»Na deine Familie, komm schnell, sie warten.«

Ich dachte, ich hätte mich verhört. Dass sie kommen würden, wusste ich seit einigen Wochen und doch war ich überrascht. Mir schlotterten die Knie.

»Du sollst Arzt werden, da brauchst du nichts mehr zu tun, und zur jeder vollen Stunde wirst du den Kaffee serviert bekommen«, hörte ich meinen Vater sagen, und meine nicht allzu guten Zeugnisnoten brannten in mir wie Feuer. Ich kannte die Devise meiner Eltern sehr gut. Aus mir sollte ein besserer Mensch werden. Gott, war ich aufgeregt! Ich lief schnell ins Haus, um mir andere Schuhe und eine Hose anzuziehen. Die Shorts, die mir im Haushalt dienlich waren, hielt ich kaum für angemessen für einen Anlass dieser Größe. Eine Handvoll Wasser landete in meinem Gesicht und wurde wieder rasch mit dem Handtuch abgewischt. Der zahnarme Kamm brachte kurzfristig meine Haare in Form und die Hose, die ich vorgestern gewaschen und gefaltet unter das Bett gelegt hatte, um mir das Bügeln zu ersparen, zog ich an. Mein gelbes T-Shirt, auf dem mein Karatevorbild abgebildet war, hielt ich für angemessen, und der beiläufige Blick in den Spiegel im Flur erteilte mir die Starterlaubnis. Ich war bereit, meine Familie zu empfangen. Wieder draußen auf dem Hof eilte ich zur Hauptstraße und überquerte sie. Ich folgte Niko, der mir die erfreuliche Nachricht gebracht hatte und mir vorausging.

»Wirst du jetzt für immer nach Deutschland gehen, Stefo?«, fragte er mich neugierig.

»Ich weiß nicht«, antwortete ich und hoffte, dass es so sein würde.

Obwohl ich es unbedingt wollte, kannte ich die Pläne meiner Eltern nicht. Eigentlich war es ganz einfach. Ich würde meine Eltern bitten, mich mitzunehmen. Was war schon dabei? Ein plausibler und durchaus berechtigter Wunsch, den mir keiner abschlagen konnte. Nur – wie würde mein Vater reagieren? Verdient hatte ich es nicht, meine Noten bestätigten das, aber wenn ich versprach, mich in Deutschland zu bessern? Wer weiß, vielleicht kann ich sie überzeugen, dachte ich und war aufgeregt, weil ich sie bald sehen würde. Es waren noch ein paar Meter zu gehen. Die berühmten letzten Meter. Stimmen, die ich nicht zuordnen konnte, wurden hörbar, und meine Aufregung kannte keine Grenzen mehr. Am Haus blieb ich einen Moment stehen, um Luft zu holen. Mir war übel und mein Mut verließ mich einmal mehr. Vor dem Haus von Tante Lina setzte ich mich einen Moment und versuchte, mich zu beruhigen.

»Willst du nicht hin?«, fragte mich Niko.

Ich antwortete nicht, mir fehlten die Worte. Meine Energie wollte ich mir für später sparen. Im Innenhof wurde sich lautstark unterhalten. Nun erkannte ich auch die Stimmen. Es waren alle da. Meine Mutter, mein Vater, meine Schwester und der kleine Georg. Er musste viele Fragen beantworten. Er tat mir Leid. Dass der Nachbarsjunge ging, bemerkte ich beiläufig. Die Spannung war einfach zu groß. Meinen Puls konnte ich deutlich hören. Ich atmete mehrmals tief ein und aus. Einigermaßen wieder ansprechbar, war ich nun bereit, meiner Familie zu begegnen. Ich stand entschlossen auf und begab mich durch den Hintereingang hinein. Die Rufe wurden immer unerträglicher, je näher ich der Gesellschaft kam.

»Oh mein Junge, da bist du ja«, rief meine Mutter als Erste.

Es lief alles nach altbekanntem Muster ab. Wie eine Schaufensterpuppe ließ ich mich umarmen und küssen. Meine Sinne waren wie immer abgeschaltet. Ich fühlte nichts, wirklich gar nichts. Ich wäre nur froh gewesen, wenn alles wieder hätte normal sein können, doch das sollte noch einige Zeit dauern. Mitten in der wüsten Begrüßungszeremonie versuchte eine kleine Hand, meine Hand zu fassen, und zwei kleine Augen schauten voller Stolz zu mir hoch. Es war, als wenn wir nie getrennt gewesen wären. Die kleinen Augen, die mich ununterbrochen musterten, und die kleine feuchte Hand gehörten meinem Bruder. Er stand mit Koulitza gerade mal eine Fußbreite von mir entfernt, und ich brachte es nicht fertig, die zwei zu umarmen. Unsere letzte Begegnung war so ähnlich gewesen. So viel Zeit war vergangen und ich hatte nichts gelernt. Ich war immer noch unfähig, mich meinen Gefühlen hinzugeben. Meine Mutter erkundigte sich nach meiner Gesundheit, ich antwortete sparsam, versuchte dabei, zu mir zu finden.

»Lass dich anschauen, du bist so groß geworden und dünn bist du. Hast du denn gar nichts gegessen? Und deine Haare sind so lang.«

So in etwa ging es bis zum Abend weiter. Ich entspannte mich nur langsam. In mir brodelte es. Das leidige Thema um meine Person und meinen Wunsch, bei meiner Familie zu sein, ging mir nicht aus dem Kopf. Wann finde ich den Mut, es anzusprechen? Nicht heute Abend, dachte ich und war froh für diese kluge Entscheidung. Zeit hatte ich genug, doch ich durfte den Zeitpunkt auch nicht verpassen. Ich stellte meinerseits meinen Geschwistern einige Fragen, die mich brennend interessierten, und hörte gespannt zu. Ich wollte alles wissen.

Meine Schwester erzählte mir, was sie für erzählwürdig hielt. Die Hauptthemen waren sämtliche neue Filme im Kino. Die Rede war von galaktischen Rittern mit Namen wie Obi Wan und Skywalker. Von Starsky und einem gewissen Hutch, die in den Straßen von irgendeiner Stadt in Amerika auf Ganovenjagd gingen. Angeregt tauschten wir Informationen am laufenden Band. Georg saß dicht neben mir und hörte interessiert zu. Wie Efeu rankte er hoch an meinem Arm und hielt ihn ganz fest. Er dachte nicht daran, ihn loszulassen. Mit großen Augen war er sichtlich beeindruckt, als ich ihm von dem Falken erzählte. Er sagte, er wolle das Schießen mit der Schleuder auch lernen und ich sollte sein Lehrer sein.

Die Nacht brach ein. Die erste Hürde war geschafft. Meine Aufregung hatte sich gelegt und meine Familie war mir wieder sehr nahe. Nur meinem Vater ging ich aus dem Weg. Meine Zeugnisnoten waren nicht der einzige Grund dafür. Ich wusste genau, dass ich bald auf Fragen nach meinen Noten Rede und Antwort stehen musste, doch ich schob diese Gedanken weit weg. Ein Tag in naher Zukunft würde der richtige sein, und wenn es so weit sein sollte, wünschte ich mir Onkel Mano an meiner Seite.

Ich sollte Recht behalten. Einige Tage später war ein Besuch bei meinem Onkel in Króko, dem Dorf meiner Mutter, angesagt. Ich wusste am Morgen schon, dass dieser Tag eine Entscheidung herbeiführen musste. Mit der ganzen Familie standen wir nun vor dem Haus meines Onkels und wurden von seiner Familie begrüßt. Wie üblich weinten die Frauen bitterlich und übertrieben mit ihren Wünschen. Die Männer schüttelten sich mit glasigen Augen die Hände und wir Kinder kamen uns ungemein überflüssig vor.

Mein Onkel warf mir einen Blick zu, der mir seine Hilfe zusicherte. Wir setzten uns auf die Terrasse und Kaffee wurde serviert. Für uns Kinder gab es einen Löffel Vanille – eine Glukose-Zucker-Mischung mit Vanillegeschmack und cremig-elastischer Konsistenz – in einem Glas mit kaltem Wasser. Die ernsten Gespräche führten die Erwachsenen. Wir

Kinder begnügten uns mit Stillsitzen und damit, gelegentlich auf Fragen der Großen zu antworten.

Ich war unruhig und sehnte mir die klärenden Themen herbei. Bald müssten sie angesprochen werden und es durfte nichts dazwischen kommen. Ich würde stark sein, ich musste es, das war mein wichtigstes Ziel und dafür wollte ich kämpfen. Nur die richtigen Worte musste ich finden und auf keinen Fall wieder stottern, wenn es ernst würde. Diesmal hatte ich Onkel Mano auf meiner Seite, es konnte nichts schief gehen. Ich wollte zuvor auf die Toilette gehen. Meine Blase drohte vor Aufregung zu platzen. Doch das verkniff ich mir. Wenn es mit meinem Anliegen losging, wollte ich nicht abwesend sein. Nach einer Weile stand mein Onkel auf und wandte sich meiner Mutter zu. Meine Spannung stieg.

»Dora, wie sehen eure Pläne für die Zukunft aus?«, fragte er meine Mutter.

»Gott allein weiß, wie es weitergehen wird«, sagte sie kopfschüttelnd.

Es vergingen einige Minuten des Schweigens. Mein Onkel rieb sich mehrfach nachdenklich den Nacken. Dann stellte er die nächste Frage.

»Schwester, wie wird es mit dem Jungen weitergehen?«

»Wie soll es mit ihm gehen, wir haben uns noch nicht entschlossen, was aus uns allen wird«, antwortete sie.

»Ja, gut, aber er sollte bei seiner Familie sein, da gehört er hin.«

Meine Mutter setzte ihre ernste Mine auf und schaute mich drohend an.

»Er wollte selber in Griechenland leben, es war seine Entscheidung, frag ihn doch.«

Sie schüttelte ihre Schulter und pustete laut aus, und ich wurde das Gefühl nicht los, ihre Pläne durcheinandergebracht zu haben. Indes warf mir meine Tante verlegene Blicke zu, während sie dabei nervös an ihrer Schürze fingerte, und das Gespräch geriet zunehmend ins Stocken. Meinen Vater schien das alles nicht zu stören. Doch ich brannte auf eine Antwort.

»Stefo, möchtest du hierbleiben oder mit deiner Familie gehen?«, fragte Onkel Mano mir zugewandt.

»Möchte mit ihnen gehen«, antwortete ich mit zittriger Stimme, den Tränen nah.

»Zuerst will ich gute Resultate sehen. Er war die letzten Jahre ein miserabler Schüler«, fielen die Worte meines Vaters ein, wie die Axt eines Henkers. „Wir wollten nur, dass unser Sohn es besser hat eines Tages. Er sollte studieren, sonst nichts.«

Sein kontrollierender Dialog, der von mir keinerlei Beiträge erforderte oder gestattete, brachte sogar meinen Onkel zur Raison. Auf diesen Moment hatte ich gewartet und dennoch fehlte mir die Kraft, meine Argumente auf den Tisch zu legen. Eine Mischung aus Müdigkeit und Schwächeanfall überkam mich und drohte meinen Plan zunichte zu machen. Nichts und niemand war jetzt in der Lage, meinem Vater Sanftmut abzugewinnen. Die Verhandlung war zum Scheitern verurteilt. Gegen seine unerbittliche Härte kam ich nicht an. Ich fiel verbittert in mich zusammen. Ohne meinem Vater ins Gesicht zu sehen, spürte ich seine Abneigung gegen mich. Im Geiste sah ich seine hasserfüllten Augen, die mir vor langer Zeit erfolgreich das Stottern beigebracht hatten. Wer war ich denn, seine Autorität anzuzweifeln? Wenn ich ihm im Geringsten etwas bedeuten würde, hätte ich es spüren müssen. Doch alles, was meine Sinne empfingen, waren eisige Kälte und Ablehnung. Mutlos schwieg ich, um nicht zu stottern.

»Ich finde, dass der Junge zu seiner Familie gehört. Wenn er erst bei euch ist, wird er sich ändern«, versuchte es mein Onkel erneut.

»Ganz sicher«, unterstrich Tante Nika die Worte ihres Mannes.

»Wenn das so ist, dann soll er uns das selber sagen», meinte meine Mutter.

Sie starrte mich mit Augen der Verachtung an, ließ mir durch sie die Botschaft übermitteln, dass ich ein Verräter sei. Zu meinem Bedauern schwiegen alle anderen Anwesenden im gleichen Moment, als man von mir eine Antwort erwartete.

Nicht stottern, bitte nicht stottern, ich möchte erwachsen wirken, die sollen Respekt vor mir haben, wie können sie mich sonst ernst nehmen? Bitte, mein Gott, stehe mir bei, sagte ich mir. Minuten verstrichen und ich kämpfte mit meinen Tränen und mit meinem Stottern. Ich fragte mich, warum ich ein Feigling war.

Die alles verschlingende Stille erschwerte die Lage erheblich. Ich atmete ein paarmal ein, wie Taucher das machen, bevor sie in unbekannte Tiefen absteigen.

»Ich möchte nicht mehr alleine sein, wenn ihr mich mitnehmt, werde ich ein besserer Schüler werden, das verspreche ich.«

Ich wagte kaum zu glauben, dass ich es gesagt hatte. Es war passiert, ich hatte es gesagt. Ohne zu stottern oder gar zu weinen. Ich fühlte mich zum ersten Mal stark. Stark, um jede Entscheidung meiner Eltern zu akzeptieren.

Mein Vater stand nun auf. Er ging einige Schritte bis zur eisernen Tür des Hauses. Das machte er immer, wenn es ihm zu viel wurde. In seinen Augen sah ich Wut und verletzten Stolz. Ich fragte mich nur: Weswegen? Ich war es doch, um den es ging. Ich war sein Sohn, warum konnte er mir nicht verzeihen? Ich verfiel in Tagträume. Sah ihn, wie er mich anlächelte, mir freundlich zuwinkte. Er sprach sanft, mit Honig in seiner Stimme, gab jedem meiner Wünsche statt und lobte mich mit den besten Worten.

»Nehmt den Jungen mit euch und überlegt nicht lange«, bekräftigte Tante Nika ein weiteres Mal die Worte ihres Mannes.

Niemand schien ihr zuzuhören. Stumm starrten alle in die Gegend.

»Wenn das so ist, dann musst du eben mit uns kommen. Wir haben es für dich getan, nicht für uns«, sagte meine Mutter selbstgefällig.

Ich sank in meinen Stuhl, schamerfüllt, wünschte mir, die Erde möge sich auftun und mich verschlucken.

»Was weiß er schon. Er sitzt da und diktiert mir, was ich zu tun und zu lassen habe, wo ich doch nur sein Bestes will. Ich hatte seine Chancen nicht, und er weiß sie nicht zu schätzen.« Das war das eiserne Resümee meines Vaters. Mit schüttelndem Kopf und am Rücken zusammengekreuzten Armen begutachtete er den Quittenbaum im Vorgarten meines Onkels. Als ginge es darum, an der Quitte weiterzumachen.

Ich schämte mich und wusste gar nicht wofür. Er hatte es einmal wieder geschafft, mir ein schlechtes Gewissen einzureden. Wie schlecht war ich eigentlich? Sehr schlecht offenbar. Ein hoffnungsloser Versager, ein unwürdiger Mensch, ein Nichts und doch wollte ich mit nach Deutschland.

»Er ist kein kleines Kind mehr, Philip. Erwachsen ist er und er hat gute Vorsätze für die Zukunft. Begrabt euren Ärger und nehmt ihn mit.«

Die Worte meines Onkels brachten die erhoffte Einsicht, zumindest offiziell. Inoffiziell standen mir noch einige unangenehme Gespräche bevor. Mehr hatte ich auch nicht erwartet. Ich hatte mich tapfer geschlagen und doch kamen in mir erhebliche Zweifel auf. Ich fragte mich, ob ich meines Vaters Meinung je ändern könnte und ob wir je freundschaftlich miteinander umgehen würden. Schließlich fragte ich mich zutiefst betrübt, ob er mich je geliebt hat. Falls er mich mal geliebt haben sollte, wann und warum hörte er damit auf? Nichtsdestotrotz wollte ich nur bei meiner Familie sein, nahm mir jedoch vor, meinem Vater die nächsten Tage aus dem Weg zu gehen.

Das Bild meiner Tante schoss Ilias, der Dorffotograf. Ich schiebe die Glasscheibe zur Seite und krame es aus dem Kästchen heraus. Die dünne Staubschicht wische ich mit meiner Hand ab. Nun sehe ich alles besser. Ich bin auch nicht mehr niedergedrückt und es ist eher Dankbarkeit, die mich begleitet. Dankbarkeit für ihr sanftes Ableben, weil sie ohne zu Leiden gehen konnte.

Auf dem Foto trägt sie ihre gute Schürze mit den Blumenmotiven. An Sonn- und Feiertagen trug sie diese Schürze und auch einmal, als sie mich zum Bahnhof begleitet hatte. Ich sollte damals – mittlerweile sechzehn Jahre alt – für immer zu meiner Familie nach Deutschland reisen. Andreas, unser Nachbar, hatte uns am Morgen jenes Tages mit seinem Auto abgeholt und zum Bahnhof nach Kozani gebracht. Tante Lina erzählte mir von diesem fremden Land, als wäre sie selbst da gewesen. Erneut erschallt ihre Stimme in meinen Ohren.

»Denk an die vielen Kuchenstücke, die deine Mutter für dich bereithält«, sagte sie, »und du weißt, die Milch gibt es in Papier in Deutschland.« Die Sache mit der Milch in Papiertüten hatte meiner Tante so sehr imponiert, dass sie ständig davon sprechen musste. »Diese Deutschen, was werden die noch alles erfinden«, war noch einer ihrer Lieblingssätze.

Der Abschied bei ihr zuhause war gar nicht so schwer, aber als wir darauf im Auto saßen, herrschte Stille. Andreas fuhr die Abkürzung nach Kozani. Es war ein holpriger, sehr kurvenreicher Weg, der nur zum Teil geteert war. Staub zog durch das Fenster hinein und in der Ferne sah man die Mähdrescher arbeiten. Ich schaute aus dem Autofenster und versuchte in meinem Herzen alles zu verewigen. Alle Farben und Gerüche sollten eingefangen werden. Jedes Geräusch, das ich an diesem Vormittag empfangen würde, sollte das Geräusch meiner Heimat sein. Nichts sollte mir entgehen, nicht das Geringste. Und sei es die kleinste und noch so unwichtige Erscheinung, ich wollte sie besitzen. Mein Proviant sollte es sein für die Fremde, meine geistige Nahrung. Obwohl meine Freude groß war, wurde sie dennoch von Herzweh überschattet.

»Es ist gut, dass der Junge zu seiner Familie geht«, sagte Andreas.

Meine Tante schwieg beharrlich. Ihr wissender Blick lag auf der Straße.

»Ein Kind gehört zu seiner Familie«, fuhr Andreas fort.

Das kaum wahrnehmbare und zerstreute Nicken meiner Tante bestätigte Andreas Worte.

»Ich habe es nie verstanden, warum seine Eltern seine Schwester zu sich geholt und Stefanos hier gelassen haben«, sagte Andreas.

Meine Tante zuckte mit ihren Schultern.

»Wir wissen halt nicht, wohin uns Gottes Wege führen«, sagte sie in Gedanken.

»Ja, so ist es. Wir sind nur seine Werkzeuge, nicht mehr und nicht weniger.«

Nach diesen Worten konzentrierte sich Andreas wieder auf die Straße und ich mich auf meine geistige Sammlung. Ich sah rechts und links von uns die überreifen Felder. Goldgelb wirkten sie wie aus einem Bild eines berühmten Malers. Es roch überwältigend nach Korn und Stroh, nach Sommer. In der Mittagssonne duftet alles viel intensiver. Als wir die kleine Brücke im tiefsten Punkt der Schlucht erreichten, trafen wir Apostolos – einen unserer Dörfler – mit seinen Kühen. Es waren so viele, dass es unmöglich war, an ihnen vorbeizukommen. Andreas kurbelte die Fensterscheibe herunter, um die Kühe mit lauten Pfeifgeräuschen zu scheuchen. Apostolos kam zum Fenster des Autos und während wir im Schritttempo weiterfuhren, tauschte er mit Andreas einige eilige Worte. Andreas erzählte ihm, wo wir hinfuhren, und daraufhin warf mir Apostolos durch das offene Fenster einen eingehenden, ernsten Blick zu. Dann seufzte er und entschied sich, wenn auch sehr verhalten, etwas freundlicher auszusehen.

»Stefo, verlässt du uns? Bleib doch hier.«

Er gönnte sich ein schallendes Lachen, und ich nickte beiläufig und wunderte mich darüber, dass er mich ansprach. Wenn wir uns sonst im Dorf begegnet waren, hatte er mich noch nicht einmal angeguckt. Nach diesem flüchtigen Gruß fuhr Andreas weiter. Hinter uns im dichten Staub dirigierte Apostolos fluchend seine Kühe. Wir fuhren am alten Militärflughafen vorbei und ich erinnerte mich, wie oft ich schon zu Fuß dort entlanggelaufen war. Wenn ich von der Schule kam und kein Geld für das Busticket hatte, lief ich den ganzen Weg zu Fuß nach Hause. Mein Fahrgeld ließ ich meistens am Tresen der besten Patisserie unserer Stadt. Vornehmlich für Bugatza – Blätterteigpastete mit Vanillecremefüllung – oder für süßes, in Honigsirup getränktes Gebäck.

Kurz danach erreichten wir den Bahnhof von Kozani oder das, was wir hier in Griechenland einen Bahnhof nennen. Ein verrosteter Unterstand und ein baufälliges Gebäude auf einer Empore aus rohem Beton, die über eine dreistufige Treppe zu erreichen war. Das Schild, auf dem Kozani stand, dürfte noch ein Relikt aus der Zeit des ersten Königs des freien Griechenland sein, der ein Bayer war. Die Uhr über dem Schild stand still. Das einzige Gleis kam aus dem Nichts, vorbei an dem verrosteten Unterstand, um dann erneut im Nichts zu entschwinden.

In dieses Nichts würde ich gleich hineingleiten. Mein einziger Trost war die Tatsache, dass ich nach einer langen und nicht immer schönen Odyssee endlich bei meiner Familie sein würde. Mein bisheriges Leben würde ich hinter mir lassen mit allem, was bis zu diesem Zeitpunkt für mich wichtig war. All die Menschen und die Dinge, die mich bis dahin begleitet hatten, würden nun zurückbleiben. Jene Menschen, die mich geprägt und den Grundstein gelegt hatten für mein weiteres Leben. Sie würden gelegentlich nur noch meine Erinnerung schmücken und mir stets ein dumpfer Hinweis dafür sein, wer ich bin und woher ich komme.

Andreas trug meinen Koffer und begleitete uns ein Stück bis zum Bahnsteig. Er drückte mir die Hand und sagte lächelnd: »Na dann, gute Reise und grüß mir deine Eltern.«

Dann kehrte er zum Auto zurück. Der Zug stand schon eine Weile da und schien auf uns zu warten. Wie eine Zeitmaschine, um mich in eine andere Welt, in eine andere Zeit zu befördern. Bahnhöfe, Flughäfen und

Bushöfe waren für mich lange Zeit Orte, an denen ich undefinierbare Ängste durchstand. Orte der Begegnung und der Trennung. Orte, die ich unweigerlich mit bitterem Schluchzen und verweinten Gesichtern in Verbindung brachte. Das Pfeifen eines Schaffners oder die Ansage durch die Lautsprecher entfachte bei mir unsägliche Unruhe.

»Wenn du mitfahren willst, Junge, musst du jetzt einsteigen«, bemerkte der schlecht gelaunte Schaffner.

»Höre mir zu, mein Herr, der Junge muss nach Thessaloniki, um den Bus zu bekommen, der nach Deutschland fährt. Habe die Güte und pass ein bisschen auf ihn auf«, sagte meine Tante.

Ohne Worte nickte der Mann einvernehmlich. Ein bisschen überfordert und zu stolz, um Anweisungen von einer Frau anzunehmen, nahm er meinen Koffer und ging.

»So, mein guter Junge, gute Reise und grüß mir meine Schwester und pass ...«

Mehr bekam sie nicht über ihre Lippen. In der darauffolgenden Umarmung versuchte sie, ihre Tränen zu verbergen, und mir wurde bewusst, dass unser gemeinsamer Weg nun für eine nicht absehbare Zeit zu Ende ging. Sie blieb stehen und ich folgte mit einem Kloß im Hals dem Schaffner.

»Halt, warte ... Mutter Gottes! Ich hätte es fast vergessen«, hörte ich sie mir zurufen.

Neugierig drehte ich mich um und ging die wenigen Schritte zu ihr zurück. Ihre Hand tauchte in die Tasche ihrer Schürze ein, um etwas herauszuholen. Ein kleines hölzernes Kreuz an einem Lederband kam hervor.

»Das ist für dich, mein Junge. Es soll dich stets beschützen«, sagte sie mit zittriger Stimme.

Ehrfürchtig küsste sie das Kreuz. Mit ausgestreckten Armen und einem Nicken gab sie mir zu verstehen, dass sie die feste Absicht hegte, es mir um meinen Hals zu binden. Ich bückte mich und ließ sie in Dankbarkeit walten.

»Wie groß du geworden bist«, sagte sie in ihrem verkrampften Versuch zu lächeln.

Sie schnürte mir das Kreuz um und hielt noch einmal mit beiden Händen mein Gesicht fest. Ihr Blick war durchdringend und kraftvoll, fast unheimlich. Mein tiefstes Inneres wurde erschüttert.

»Nun geh!«

Ich kehrte zurück zum Schaffner, der fragend und kopfschüttelnd die Bartstoppeln an seinem Kinn zählte, und folgte ihm die Stufen des Zuges hoch.

»Dass du hier übernachten wolltest, hättest du mir sagen sollen«, grunzte er.

Er zeigte mir mein Abteil und ich ging zum Fenster, um ein letztes Mal Auf Wiedersehen zu sagen. Ich atmete ein paarmal tief durch und beschloss, nicht sentimental zu werden. Griechische Jungs weinen nicht, nicht wenn sie sechzehn Jahre alt sind. Schließlich streckte ich meinen Kopf aus dem Fenster heraus. Am Gleisende winkten mir Andreas und meine Tante zu. Der unsympathische Schaffner trillerte auf seiner Pfeife und der Zug fuhr mit einem kräftigen Ruck schwerfällig los.

»Sei vorsichtig, bei allem, was du tust«, rief mir meine Tante zuletzt zu.

Ein paar Schritte ist ging sie noch mit, doch dann blieb sie stehen. Die Wolken auf ihrem Gesicht waren fort und sie lachte wieder. Mit winkender Hand stand sie neben Andreas am einen Ende der Gleise – in das andere verschwand ich mit der drückenden Frage, warum ich keine Freude verspürte, wo mir doch mein sehnlichster Wunsch erfüllt wurde. In Kürze würde ich auf die Menschen stoßen, die mir am wichtigsten waren, und doch musste ich bitter schlucken. Wo gehörte ich eigentlich hin? Ich griff mit meiner Hand nach dem kleinen Kreuz. Zu gut wusste ich um die Herkunft dieses Kreuzes. Sie hatte mir etwas anvertraut, was ihr sehr wertvoll gewesen war. Nun sollte es mich begleiten und beschützen.

Bitterschöne Erinnerungen, die eine halbe Ewigkeit zurückliegen und mich dennoch tief berühren. Die kleine Gipsfigur der Mutter Gottes, die mit in dem Kistchen steht, schenkt mir ihr Lächeln, als wollte sie mir zeigen, dass Trauer und Freude nah beieinander sind.

Ich erinnere mich wieder an diesen unappetitlichen Schaffner im Zug nach Thessaloniki. Es war sehr heiß und er schwitzte extrem. Seine Uniform verriet, dass sie einst einem relativ schlanken Mann gehört hatte. Der weit offene Hosenstall unterstrich meine These. Aus seiner engen Jackentasche baumelte seine rote Krawatte heraus und sein pralles Hemd verlieh ihm das Aussehen einer deutschen Knackwurst kurz vor dem Verspeisen. Sein unrasiertes Gesicht war alles andere als freundlich. Außer ein paar endlosen Seufzern und behaglichem Aufstöhnen, das zweifelsohne durch seine Finger bei der verbissenen Suche in seinen Ohren und seiner Nase verursacht wurde, verließ kein Wort seinen Mund. Zu allem Übel saß er mir gegenüber. Ich dachte an meinen Großvater, der mir einmal von so einem Typen erzählt hatte. Er nannte ihn ein »verlorenes Werkzeug«. Verloren, aber dennoch ein Werkzeug, dachte ich, denn: für jeden Pott gibt es einen Deckel; gleichzeitig versuchte ich mein aufkeimendes Lachen mühselig zu verbergen.

»So, so, nach Deutschland fährst du also«, sagte der Schaffner mit gequältem Gesicht.

Nachdem er mit der Ohren- und Nasenpflege fertig war, kramte er ein Taschenmesser aus seiner Tasche und begann damit genüsslich an seinen Nägeln zu wühlen. Dem feuchten Niesanfall, den er dabei bekam, entging ich nur um Haaresbreite und dank meines flinken Ausweichmanövers.

»Da war ich auch mal. Kein schönes Land und die Menschen dort sind kalt wie Steine«, sagte er überzeugt.

Nach einer Weile beugte er sich zu mir hin und mit ernster Stimme und aufgerissenen Augen fügte er hinzu: »So schön wie unser Land ist kein Land, hörst du, und denk daran, lieber ein gebrauchter Schuh aus deiner Heimat, als ein neuer aus der Fremde.«

Mit dieser Weisheit beendete er sein Solo, um sich dann dem Schälen eines Apfels zu widmen mit dem Taschenmesser, mit dem er zuvor noch seine Fingernägel gereinigt hatte. Die Verschrobenheit dieses Mannes war wahrlich unerreichbar. –

In Thessaloniki stieg ich in einen Bus um. Die gesamte Reise dauerte fast drei Tage – die ganze beschwerliche Strecke über den Autoput in Jugoslawien, so nannte man die Transitstrecke durch Jugoslawien damals, über Österreich und letztlich durch den Süden Deutschlands. Am vierten Tag bestieg ich in Köln den Zug, der mich nach Düren bringen sollte. Es war ein trüber Herbstmorgen des Jahres 1980. In einigen Minuten würde ich mein Ziel erreichen. Gespannt schaute ich aus dem Abteilfenster heraus. Wenn man in Düren mit der Bahn ankommt, ist das erste sichtbare Gebäude die St. Joachimskirche in Nord-Düren. Zum ersten Mal reiste ich ohne meine ständige Begleiterin: der Frage nach dem Ausgang der Reise. Die Antwort darauf wusste ich bereits in Griechenland, als Tante Lina mich zum Bahnhof gebrachte hatte.

Diesmal war es Ausbruch und Aufbruch für immer, daran bestand nicht der geringste Zweifel, da war ich mir sicher. All die Jahre der Trennung hatten mir sehr vieles genommen, aber sie machten mich erwachsen. Ich konnte überwiegend selbst Entscheidungen treffen und mit den nachfolgenden Konsequenzen leben. Es würde mir nicht leicht fallen, wieder jemanden über mir zu haben. Allein sein hatte eben auch viele Vorteile, abgesehen von den zehnmal so vielen Nachteilen.

An jenem Tag sollten mich aber andere Fragen beschäftigen: Ich wollte wissen, was sich alles in meiner alten und neuen Heimatstadt geändert hatte. Wer würde mich vom Bahnhof abholen? Würden mich meine alten Freunde wiedererkennen? Wie würde die neue Schule sein?

Die Schule in Griechenland hatte ich mit Mühe und Not überstanden, und es tat mir leid, dass ich den Herzenswunsch meiner Eltern nicht erfüllen konnte. Obwohl die Vorstellung vom Nichtstun und davon, wie mein Vater mir stets gesagt hatte, mir zur jeden vollen Stunde den Kaffee servieren zu lassen, gefiel mir ungemein. Die Nachprüfung schließlich war schuld daran, dass ich nicht mit meiner Familie zusammen nach Deutschland reisen konnte.

Ich hatte es nicht verstanden, warum man zur Nachprüfung erscheinen und wieder gehen sollte, ohne eine einzige Frage beantworten zu müssen. Ich hatte die Order, an einem bestimmten Tag in der Schule zu erscheinen und mich bei einem Herrn Papadopoulos zu melden. Das tat ich auch ohne den geringsten Zweifel. In der Schule angekommen, traf ich einige der ehemaligen Schüler im Foyer wieder. Herrn Papadopulos musste ich nicht lange suchen, er saß an einem Schreibtisch vor dem Sekretariat und überprüfte jede Menge Anträge. Nachdem er mich auf abfällige Art zu sich gerufen hatte, stellte er mir genauso abfällig einige Fragen zu meiner Person.

»Name?«

»Stefanos Polis.«

»Geburtsjahr?«

»Einundzwanzigster siebter fünfundsechzig.«

»Klasse?«

»Meinen sie meine ...?«

»Klasse, meine ich, oder habe ich mich nicht klar genug ausgedrückt?«

»Meine Klasse war C4.«

»So, den Rest kenne ich. Du bezahlst jetzt dreihundertfünfzig Drachmen und wartest, bis du aufgerufen wirst, verstanden?«

»Ja, Herr, verstanden.«

Ich gab ihm das Geld und wartete ziemlich verunsichert auf weitere Instruktionen. Er zählte zuerst das Geld, anschließend winkte er mich von sich.

»Geh jetzt zu den anderen.«

Ich begab mich zu den anderen Schülern, die ähnlich wie ich unruhig auf ihren Aufruf warteten. Wir wechselten einige Sätze, die belangloser nicht sein konnten, und waren auf den Ablauf der Prüfung sehr gespannt. Irgendwann fing Herr Papadopulos an, die Prüflinge einzeln aufzurufen, und es verging bestimmt eine ganze Stunde, bis ich endlich meinen Namen hörte.

»Polis Stefanos in Zimmer dreizehn!«

Ohne nur eine Minute zu verlieren, ging ich in Zimmer dreizehn. In der Mitte des Raumes standen zwei Stühle. Ich setzte mich auf den einen und wartete auf den Prüfer, der mir gegenüber Platz nehmen würde. Viel Zeit verstrich und es tat sich nichts. Das Warten wurde zur Qual, zumal niemand zu hören war, weder im Flur noch anderswo. Im Glauben, vergessen worden zu sein, riskierte ich einen Blick durch die offene Tür bis zum Schreibtisch des Herrn Papadopulos, der nicht mehr auf seinem Platz saß. Ich setzte mich erneut auf den kleinen Holzstuhl, der immer unbequemer wurde. Doch nichts sollte sich ändern. Wieder stand ich auf und ging zum Fenster. Auf dem Hof standen einige Leidensgenossen und warteten. Sie hielten in ihren Händen ein Stück Papier, das ich aus der Entfernung nicht zuordnen konnte. Sacharakis, ein ehemaliger Mitschüler, winkte mir zu. Der Glückliche, dachte ich, er hat es hinter sich. Nachdem ich einige Male bis hundert gezählt hatte, hörte ich eine weibliche Stimme ungeduldig meinen Namen rufen.

»Polis! Polis, bist du taub?«

Erschrocken streckte ich meinen Kopf aus der Tür, um zu sehen, woher der Ruf kam.

»Po-lis, habe ich gesagt. Hört mich denn niemand?«

Ich ging verunsichert bis zum Ende des Flurs. Dort, wo eben Herr Papadopulos gesessen hatte, stand plötzlich eine Lehrerin.

»Bist du Polis?«, fragte sie mich.

»Ja, ja, ich bin es«, sagte ich mit zittriger Stimme.

»Das nächste Mal bringst du deine Ohren mit«, sagte sie überreizt und fügte hinzu: »Hier dein Zeugnis und alles Gute.«

Sie händigte mir ein Blatt aus und verschwand ins Sekretariat. Stutzig studierte ich das Stück Papier und war mir nicht im Klaren, dass ich just in dieser Minute in die nächste Klasse befördert worden war. Im Laufschritt ging ich hinaus und wollte wissen, wie es nun weitergehen sollte. Es konnte sich nur um einen Fehler handeln, dachte ich, doch dieses Stück Papier wollte ich nicht mehr aus der Hand geben. Im Schulhof traf ich dann auf verdutzte Gesichter.

»Hast du bestanden, Polis?«, fragte mich Sacharakis, mein ehemaliger Mitschüler.

Ich wusste nicht recht, ob ich bestanden hatte. Wie sollte ich auch, ich hatte nicht eine einzige Frage gestellt bekommen, geschweige denn sie beantwortet. Sollte ich Sacharakis alles erzählen? Und wenn dann alles aufflog, musste ich dann wieder in die Klasse, um doch noch geprüft zu werden? Nein, das hatte ich nicht vor.

»Ich glaube schon«, gab ich ihm zur Antwort.

»Was haben sie dich gefragt? War es schwer?«

»Ich ... fand es nicht so schwer und du?«

»Ich auch nicht«, sagte er und ging.

Mir war klar geworden, dass weder Sacharakis noch irgendeiner, der an diesem Tag nachgeprüft wurde, eine einzige Frage beantworten musste. Erleichtert machte ich es den anderen nach und ging nach Hause. Ich gelobte mir im nächsten Jahr vieles zu ändern.

Meinem Vater versprach ich, mich zu bessern, das war Bestandteil unserer Abmachung. Ich hoffte, mein Versprechen einhalten zu können. Überhaupt wollte ich mein Verhältnis zu ihm verbessern, nur wusste ich nicht wie. Ich gab mir große Mühe, aber es gelang mir nicht. Ich gewann den Eindruck, dass ihm an mir nichts gefiel. Ständig kritisierte er meine Ausdrucksweise, die er zu mondän fand. Jeder Versuch, mit ihm ins Gespräch zu kommen, scheiterte. Es endete immer mit den gleichen beleidigenden Worten. Manchmal glaubte ich, das liege daran, dass ich meiner Mutter und ihrer Familie ähnlich bin. Für die hatte mein Vater nicht viel übrig. Vielleicht müsste ich ihm in Zukunft öfter einen Gefallen tun und ihm nicht widersprechen.

So etwas Ähnliches hatte ich ihm schon einmal versprochen, als er im Krankenhaus gelegen hatte wegen der schweren Hirnblutung.

Es dauerte damals noch Monate, bis er wieder sprechen konnte, nachdem er aus dem Koma erwacht war. Wir genossen jeden Erfolg meines Vaters, egal, wie winzig er auch war. Manchmal nahm meine Mutter mich mit zu ihm, ich sollte ihm dann von der Vergangenheit erzählen. Er sollte sich an alles erinnern, was er früher mit mir unternommen hatte.

»Frag ihn, ob er noch alles weiß, Stefo«, sagte meine Mutter voller Hoffnung.

Mir wollte partout nichts einfallen von den Dingen, die er angeblich mit mir gemacht haben sollte. Ich erfand vieles und nur wenig fiel mir ein, was uns beide betraf. Er hatte zu seinen besten Zeiten nie mit mir das Geringste unternommen. Mir wurde bewusst, wie fremd wir uns eigentlich waren. Trotz allem erinnere ich mich nicht ohne Freude an den Tag seiner Entlassung aus der Reha.

Meine Mutter hatte mich losgeschickt, um Brot zu einkaufen, während sie mit dem Begrüßungsessen zugange war. Ich wusste, dass er in einer halben Stunde mit dem Zug kommen würde, und ging, nachdem ich das Brot gekauft hatte, zum Bahnhof. Hinter dem Zeitungsständer versteckt, stand ich nun und hielt Ausschau nach ihm. Ich war überglücklich, als ich ihn sah, traute mich aber nicht, zu ihm zu gehen. Ich ließ ihn an mir vorbeiziehen und folgte ihm aus sicherer Entfernung. Ich studierte ihn von hinten und war unglaublich stolz auf ihn. Er hatte in der Reha abgenommen und sah stattlich aus. Wie gerne wäre ich neben ihm gegangen, doch fehlte mir der Mut dazu. Ich hätte ihm gern gesagt, dass ich die ganze Zeit, in der er im Krankenhaus lag, seine Sachen angezogen hatte. Seine Unterwäsche genauso gern wie seine Hemden. Doch ich beließ es dabei, sein unfreiwilliger Schatten zu sein, der ich auch früher schon immer war.

Ich folgte ihm mit erheblichem Abstand bis vor unsere Haustür, und als meine Mutter herauskam, um ihn zu begrüßen, weinte ich vor Glück. An diesem Tag versprachen wir alle, unser Verhältnis zu verbessern und nur noch liebevoll zueinander zu sein. Bei meinem Vater hielt dieses Versprechen drei ganze Wochen lang.

Ich wollte es noch mal mit ihm versuchen. Immerhin hatte ich es geschafft, ihn davon zu überzeugen, mich mitzunehmen. Ich dachte, ich würde ihn auch davon überzeugen, dass ich es wert bin, ein Mitglied seiner Familie zu sein. Ich wollte meinen Eltern keine Schande mehr machen, das versprach ich bei meinem Namen.

Der Zug wurde langsamer. Ich griff nach meinem Koffer. Auf dem Gleis warteten Leute. Mit einem Ruck und dem Entlüften der Bremsen öffnete sich die hydraulische Tür des Zuges und ich stieg aus. Der vom Krieg verschonte Dürener Bahnhof aus dem letzten Jahrhundert hieß mich willkommen. Ein neues altes Gefühl überkam mich und ich betrachtete alles mit großer Aufmerksamkeit. Der Geist von Reichskanzler von Hindenburg schwirrt dort noch überall herum. Vor langer Zeit hatte der große Mann den kleinen Bahnhof eingeweiht. Es war die Zeit, als Düren noch die schönste Stadt Deutschlands war. Ob das stimmt, kann ich nicht mit Genauigkeit sagen, sicher aber ist, dass Düren eine reiche Industriestadt war. Das erklärt auch, warum meine Eltern sich dort niedergelassen hatten. Die gewaltigen dampfenden Fabrikessen waren nicht zu übersehen. Ihr dichter Wasserdampf dekorierte den kühlen Herbsttag kompromisslos bleich. Nur zaghaft durchbrachen die vielen Farben der herabfallenden Blätter den grauen Schleier, der über allem schwebte. Diese Stadt hatte schon bessere Zeiten gesehen, als zu Beginn des letzten Jahrhunderts Glas geblasen, Papier gesiebt, Stoff gewebt und Zucker raffiniert wurde. Letzteres ist auch der Grund für die feine Duftnote nach gebranntem Zucker in der Luft, die im Herbst den Bürgern den bevorstehenden Winter anzeigt.

Ein kurzer Blick in alle Richtungen, einmal tief einatmen, und ich verinnerlichte meine lang ersehnte Ankunft. Entspannte Betriebsamkeit und ein vom Wohlstand geformter Schaffner versprachen heitere Zeiten. Der Pfiff in seine Pfeife sorgte nur einen Moment lang für Unbehagen. Die Aufforderung zum Einsteigen, um in einen anderen Ort zu fahren, galt an diesem Morgen nicht mir. Ich war da, für immer, so war es vereinbart und niemand würde daran rütteln können.

Ich war da, endlich, ich wollte es schreien vor Freude, doch meine Stimme versagte mir den Dienst. Mit dieser Gewissheit inspizierte ich noch mal alles Sichtbare und konnte nicht die geringste Veränderung feststellen. Jeder Gedanke an meine alte Heimat oder meine Familie dort wurde unterdrückt. Ich wollte nicht traurig sein, sondern glücklich und hoffnungsvoll.

»Haben sie ein Taxi bestellt, Herr Polis?«, fragte mich von hinten eine Stimme in deutscher Sprache mit griechischem Akzent.

Ich drehte mich um und traute meinen Augen nicht. Es war Jannis, mein Freund der ersten Stunde. Er lachte und umarmte mich kurzerhand.

»Na sag schon etwas, Junge, hat es dir die Sprache verschlagen?«

Ich bekam mal wieder nichts heraus, war aber hoch erfreut über seine Anwesenheit.

»Deine Mutter sagte mir, dass du heute kommst, ich wusste nur die Uhrzeit nicht. Ich habe hier seit heute morgen gewartet.«

Aus meiner Lethargie erwacht gab ich Jannis die Hand und umarmte ihn. Es fühlte sich gut an, von jemandem, den ich fast vergessen hatte, begrüßt zu werden. Mit ihm wurden Bilder und Emotionen lebendig, die vor vielen Jahren in meinem Kopf geboren wurden, wo ich sie verewigt habe. Sie sollten meine Reserven für spätere Zeiten sein, wie vieles in meinem Leben. »Sei stets mit allem sparsam«, hieß es so oft und »Verwahre es für später«. Doch wann ist später? Das hatte man mir vergessen zu sagen.

»Wie geht es dir, du musst mitkommen und mir alles erzählen, was ich versäumt habe in der Zwischenzeit«, drängte ich.

»Gib mir deinen Koffer und lass uns gehen, unterwegs werde ich dir alles berichten.«

Ich übergab Jannis meinen Koffer und war sehr gespannt auf die Neuigkeiten. Unterwegs zum Haupteingang kam ich mit jedem Schritt diesem verführerischen Land näher. Die Gespräche der Leute an den Gleisen saugte ich auf wie ein Schwamm. So war es schon immer hier. Diese Welt, die andauernd neu erschaffen wird, um mich zu verblüffen, kann mich wie keine andere schachmatt setzen. Wie ein Kind betäubt sie mich mit ihren Kapriolen, die ihre Farben von einem Augenblick auf den anderen wechseln. Nicht fähig, die vielen, wieder neuen Eindrücke aufzunehmen, fiel ich in einen lethargischen Zustand. Ich beabsichtigte dort wieder anzufangen, wo ich das letzte Mal aufgehört hatte, mochte nichts verpassen. Mal sehen, wo genau das war.

Meine Suche begann. Als hätte ich eine Weissagung zu erfüllen, hielt ich mich an jeden auch nur so geringen Hinweis: Es war eine Bank, eine von diesen hier, aber welche? Keine wollte ihr Geheimnis preisgeben. Wenn Menschen etwas zu verbergen haben, verrät sie ihr Gesichtsausdruck und ihre Stimme. Sie lassen sich dann leicht überführen. Tote Materie hingegen hat kein Gesicht und auch keine Stimme. Die Bänke waren alle stumm, sie standen nur so da. In ihnen schlug kein Herz, doch all diese Erkenntnisse halfen auch nicht weiter.

Jannis war mit meinem Zustand leicht überfordert. Er gewährte mir stillschweigend einige Minuten Zurückgezogenheit und ging schon mal mit meinem Koffer in seiner Hand vor. Ich beschloss, den Zufall entscheiden zu lassen. Welche war es, streng dich an, such sie, sagte ich mir. Mein

Blick fiel auf eine Bank, die mir aus nicht erkennbarem Grund Aufmerksamkeit abverlangte. Ich blieb stehen, um sie eingehend zu betrachten.

»Was ist Stefo, hast du etwas verloren?«

Nein, das war es nicht, es kam mir vor, als hätte ich eher etwas gefunden. Doch konnte das möglich sein?

»Na, was ist Kumpel, was fehlt dir?«

»Ich glaube, das ist die Bank«, sprach ich zu mir selber.

»Ganz sicher ist das eine Bank, was meinst du damit?«

Jannis sah mich ungläubig an.

»Nein, ich meine das ist die Bank, auf der ich ...«

»Auf der du was? Herrgott noch mal.«

Ohne Worte näherte ich mich der Bank. Ich bückte mich seitlich an ihr herunter und schaute in eines der hohlen Rohre, die Teil des Sitzes waren. In diesem Rohr war es nicht, aber vielleicht in dem nächsten. Aufgeregt guckte ich in das besagte Rohr, doch auch da war nichts. Zweifel machten meine Hoffnung zunichte. Ich wagte es kaum, noch in das nächste hineinzugucken. Wenn auch in diesem nichts sein sollte, würde ich enttäuscht sein. Ich sollte lieber gehen und mit der Ungewissheit leben, dass ich vielleicht fündig geworden wäre, dachte ich.

Jannis ließ mittlerweile meinen Koffer zu Boden. Er guckte ungläubig in meine Richtung. Aus seiner Veloursjackentasche holte er eine Packung Zigaretten und zündete sich eine an.

Kniend harrte ich vor der Bank und beschloss, doch noch einen Blick in das letzte Rohr zu werfen. Meine Ungewissheit sollte ein Ende haben. Ich will hier und jetzt eine Antwort und keinen Aufschub mehr, verlangte ich von mir selbst. Vor meiner Nase und circa eine Handbreit im dunklen Rohrinnern steckte etwas, was ich im ersten Moment nicht genau erkennen konnte. Mit meinem Zeigefinger holte ich das undefinierbare Etwas heraus. Es war ein zusammengerolltes Stück Papier. Meine Aufregung kannte keine Grenzen.

Ich setzte mich auf die Bank, hielt den Papierfetzen in meiner Hand und gab mir größte Mühe, meine Gedanken zu sammeln. Hatte ich nicht an jenem Tag vor vier Jahren hier gesessen und etwas mit dem Kugelschreiber von Jannis auf einen Zettel geschrieben und mir ein Versprechen gegeben, fragte ich mich. Vielleicht war es die Bank und vielleicht war das mein Zettel, doch was für eine Rolle spielte das noch. Ich war im Hier und im Heute und alles andere wurde belanglos. Das Stück Papier in meinen Händen erinnerte nicht im Geringsten an meinen Zettel. Den hatte bestimmt der Wind dorthin geweht. Er bedeutete nichts, oder doch?

Ich gönnte mir einen kurzen Blick in die Ferne, dabei rollte ich mit zittrigen Händen den Zettel auf. Mein Zettel war liniert, glaubte ich, der aber war ohne Linien. Eine Laune des Schicksals wahrscheinlich, dachte ich und rollte ihn ganz auf. Buchstaben in Griechisch offenbarten sich mir. Es bestand kein Zweifel mehr, das war meine Schrift. Ich las leise für mich: »Ich werde wiederkommen, das verspreche ich. Montag den 3.9.1976.« »Ich werde wiederkommen«, wiederholte ich leise.

Der kleine Zettel lag unter dieser Bank wartend auf den, der ihn einst schrieb. Weder Zeit noch Regen oder Wind konnten ihm etwas anhaben und so hat er die ganzen lange Jahre auf seinen Abholer gewartet. Ich stand auf und machte mich auf den Weg in Richtung Ausgang zu Jannis, ergötzt von dem Gefühl, ihn mindestens hundert Jahre zu kennen. Den Zettel steckte ich mir unbemerkt in die Jackentasche.

»Hast du einen Geist gesehen?«, fragte mich Jannis.

Ich erlaubte mir kurz, meine Gedanken schweifen zu lassen.

»Ja, und was für einen. Einen guten Geist, einen Geist aus meiner Vergangenheit«, antwortete ich.

Jannis schaute mich lächelnd an und fragte:

»Und was hat er dir gesagt?«

Seine Fragen verlangten mir einiges ab, doch ich beantwortete sie alle:

»Er hat mir gesagt, dass meine Wünsche in Erfüllung gehen werden.«

»Hat er dir auch gesagt, dass du ein wenig seltsam geworden bist?«, meinte Jannis vorwitzig.

Ich nickte und in mein Gesicht schlich sich ein Lächeln.

»Wer ist schon normal?«, sagte ich.

Ich erinnere mich heute noch an Jannis Gesicht. Ich habe ihm nie gesagt, was ich an diesem Tag gefunden hatte. Ich dachte, es würde ihn nicht sonderlich interessieren. Was den Zettel betrifft: Den habe ich noch. Gut versteckt soll er mir stets zeigen, dass, so unerreichbar manche Wünsche auch sind, sie in Erfüllung gehen können. Ich beschließe, dass die Erinnerung an diesen Zettel das Ende meiner Reise in die Vergangenheit sein soll.

Es ist das Grab, mit dem eingravierten, mir sehr vertrauten Namen, nach dem ich heute Mittag gesucht habe, das mich zu dieser Reise ermutigt hat. Ich durfte sein Gast sein für ein paar Stunden und habe es mit allen Sinnen genossen. Ich habe einen Platz gehabt zum Verweilen und Abkühlen, zum Lachen und zum Weinen, und habe noch etwas darüber hinaus erfahren: Die meisten meiner Wünsche habe ich mir erfüllen können – etwas, das mir bis heute Morgen nicht ganz klar war. Ich habe immer gedacht, ich hätte vieles eingebüßt, und blind war ich, nicht in der Lage zu erkennen, welche Schätze ich dabei gewonnen habe. Jeder Verlust brachte mir die Erkenntnis der Wichtigkeit der verlorenen Sache. Für die Einsamkeit, die man mir schenkte, bekam ich Empfindsamkeit, und jede vergossene Träne lehrte mich, was ich den mir wichtigen Menschen nicht antun sollte. Tatsächlich habe ich die ganze Zeit nur studiert. In der Lehre war ich und mein Lehrmeister war das Leben selbst.

Heute lebe ich in einem Land, das ich mein Zuhause nenne, und bin Part einer Kultur, die ich liebe. Ich esse von den Speisen, die mir zu Beginn fade und teilweise ungenießbar vorkamen. Ich spreche die Sprache eines Volkes, die mich am Anfang so oft zum Lachen gebracht hatte, und möchte nirgendwo anders leben als in diesem wundervollen Land.

Ich fühle mich ein bisschen wie Moses. Von meiner Mutter in der Not jemand anderem anvertraut, im Glauben, ihrem Kind ginge es so besser. In der Obhut einer Amme fast erwachsen geworden, liebe ich beide Mütter. Griechenland ist meine mittellose, mich liebende Mutter, die mir mein Herz geschenkt hat. Deutschland hingegen hat mich genährt wie eine pflichtbewusste Amme und mir meine Seele gegeben. Das ist viel mehr, als ich mir je erträumt hatte. Gehofft hatte ich immer, aber nie daran geglaubt. Ich werde beide Kulturen lieben und ehren, denn sie sind beide ein Teil von mir.

Mutter Griechenland teilt mich gerne. Sie war und ist sich meiner Liebe immer sicher.

Einmal im Jahr hat sie mich für sich allein, dann fragt sie mich, ob es mir gut geht in der Fremde und ob ich glücklich dort bin. Ob ich sie sehr vermisse und ob ich noch meine Wurzeln kenne. Ich sage ihr dann alles, was eine Mutter hören will und man ihr immer sagen sollte, und versichere, dass es nirgendwo auf der Welt schöner ist als bei ihr. Ob ich wiederkommen werde, fragt sie mich nicht. Sie meidet diese Frage. Insgeheim weiß sie, dass ich dort mein Zuhause gefunden habe. Ja, das ist wahr, Deutschland ist mein Traumland, doch gesagt habe ich es Mutter Griechenland nie. Das ganze Jahr über lebe ich dort. Ich habe Freunde, eine Arbeit und ein Haus. Gelegentlich auftretende Sehnsucht nach Mutter Griechenland bestätigt mir nur, dass ich lebe und atme, sehe und fühle.

Meine deutsche Verlobte aus dem Schaufenster des Frisiersalons in der Kölnstraße ist vor langer Zeit lebendig geworden. Eines Tages führte mich das Leben vor das Schaufenster und ich nahm mir die Zeit, einen Moment an sie zu denken. Lebendig geworden stieg sie zu mir herab, lächelte mich an und reichte mir die Hand. Dann neigte sie sich zu mir hin und sagte, sie habe lange auf mich warten müssen, doch nie daran gezweifelt, dass ich eines Tages kommen würde, um sie zu holen. Ihr Duft war der Duft der erfüllten Sehnsucht und ihre Stimme die Stimme der Ankunft.

So wurde aus meinem Traum Wirklichkeit. Zu gern hätte ich die Gesichter derer wiedergesehen, die mich einst aufgezogen haben. Wie gern wüsste ich, was aus Uwe, dem Hünen, geworden ist und wo Franko, der Italiener, jetzt lebt. Vielleicht ist ihm der Wunsch, nach Italien zurückzukehren, erfüllt worden. Jannis lebt seit einigen Jahren in Schweden und nimmt sich jedes Jahr vor, mich zu besuchen, jedoch bleibt es bei seinem Vorsatz.

Was meine Eltern betrifft, so sie haben Düren nie verlassen. Den Wunsch, in die Heimat zurückzukehren, haben sie irgendwann vor Jahren, als ihre Enkel geboren wurden, endgültig aufgegeben. Eine weitere Trennung hätten sie nicht übers Herz gebracht. Koulitza hat mittlerweile geheiratet und lebt mit ihren Mann und ihren zwei Kindern unweit von Düren. Jorgos ist Arzt geworden und lebt in Düsseldorf – zum Leidwesen unserer Mutter in wilder Ehe. Mein Vater hingegen schwebt in absoluter

Glückseligkeit in der Gewissheit, dass zumindest mein Bruder etwas Anständiges gelernt hat – nicht zuletzt, weil er während seiner Arbeitszeit in der neurologischen Klinik in Düsseldorf zur jeden vollen Stunden den Kaffee serviert bekommt.

Ab und an fahre ich durch unsere alte Straße in Nord-Düren. Die meisten Häuser haben den Besitzer gewechselt. Vor einigen Jahren ist die Straße saniert worden – moderner sollte sie aussehen und grüner. Natursteinpflaster und Bäume zieren sie jetzt, aber ihr Profil hat sie nicht geändert.

Wenn mein Weg mich durch sie hindurch führt, fahre ich besonders langsam. Dann höre ich die Stimmen der Kinder, unsere Stimmen, und es wird alles wieder lebendig. Dann sehe ich Uwe, den Stuntman, auf seinem roten Bonanzarad fahren. Ich sehe Männer in Uniform Musik spielen und hole Bier für Hubert in der Eckkneipe, in der alte Lieder den Charme vergangener Zeiten versprühen.

Wo immer ich auch sein mag, ich werde im Frühling an Erdbeeren mit Schlagsahne denken, im Sommer nach dem warmen Regen suchen – »et möt sich halt warm reschnen« – und im Winter werde ich Weihnachtslieder in deutscher Sprache singen. Ab und zu werde ich auf meinem veralteten Plattenspieler heimatlichen Klängen lauschen und in der Abgeschiedenheit meiner Fantasie wird mir die Bouzouki manch eine Träne hervorlocken.

Weitere Errungenschaften werden mein Leben schmücken auf der Suche nach fernen Horizonten, und mutige Fragen werden mir neue Wege und Dinge zeigen. Meine Erinnerungen werde ich gleichwohl bewahren, sie stets bei mir tragen. Sie werden mich immer wieder in eine Welt entführen, die es lange nicht mehr gibt. Ein Wort wird mich dorthin tragen, wo ich Junge sein darf, und meine Neugier aufs Neue beflügeln. Ein Wort, das eine gleichermaßen triviale wie geniale Errungenschaft bezeichnet. Ein Wort, das am Anfang eines neuen Lebens steht und das ich leise mit geschlossenen Augen ausspreche: »Milch in Papier«.

Meinen Dank möchte ich allen voran meiner Frau aussprechen,
die geduldig mit mir meine Texte gelesen und korrigiert hat.

Ebenfalls möchte ich der Freundin meiner Frau Michaela Silbernagel danken,
weil sie von Anfang an mich ermutigt hat, zu schreiben.

Meinem Freund Martin Kämper möchte ich danken,
weil er mein konstruktiver Kritiker war.

Jenen Menschen – sowohl die in Griechenland, als auch die in Deutschland –
die mich durch ihr Leben und Wirken stets mit jeder Menge Anekdoten versorgt
haben und immer noch versorgen,
gilt mein ganz besonderer Dank.

Zuletzt
möchte ich mich selbstverständlich bei Herrn Sewastos Sampsounis bedanken
für sein Vertrauen.

BIOGRAPHISCHES

Stefano Polis

Stefano Polis – geboren 1965 in Kozani/Griechenland, ist eines von vielen sogenannten Kofferkindern der Gastarbeiter in Deutschland. Er verbrachte seine Kindheit zwischen Griechenland und Deutschland und besuchte jeweils dort die Schule. Nach seinem Schulabschluss in Düren und der Ausbildung zum Friseur folgten 1987 die Meisterprüfung und die Eröffnung eines eigenen Friseursalons. Stefano Polis ist seit 1994 verheiratet, hat zwei Kinder und lebt heute in Jülich bei Düren. Er hat schon früh angefangen, Gedichte, Prosa, Kurzgeschichten und Film-Drehbücher zu schreiben. »Milch in Papier« ist seine erste Publikation.

GRÖSSENWAHN
VERLAG FRANKFURT AM MAIN

Lenaustraße 97
60318 Frankfurt
Tel.: +49 (0)69 48 00 29 92
Mobil: +49 (0)171 28 67 549
www.groessenwahn-verlag.de